ちくま学芸文庫

総力戦体制

山之内 靖

伊豫谷登士翁 成田龍一 岩崎 稔 編

筑摩書房

目次

刊行にあたって（伊豫谷登士翁） 007

I

第1章 総力戦の時代 012

II

第2章 戦時動員体制の比較史的考察——今日の日本を理解するために 022

第3章 方法的序論——総力戦とシステム統合 061

III

第4章 戦時期の社会政策論 132

第5章　戦時期の遺産とその両義性　168
第6章　日本の社会科学とヴェーバー体験――総力戦の記憶を中心に　220
第7章　一九三〇年代と社会哲学の危機　296

Ⅳ

第8章　総力戦体制からグローバリゼーションへ　334
補論　特別インタヴュー　総力戦・国民国家・システム社会　410
解説　山之内靖と「総力戦体制」論をめぐって（成田龍一）　471
初出一覧　493

総力戦体制

刊行にあたって

伊豫谷登士翁

第二次世界大戦は、いぜんとして「現代」という時代を読み解く鍵であり続けている。総力戦として戦われたあの戦争は、政治や経済だけでなく、文化や生活のあり方から人間の感受性までも変化させ、戦後に続く国民国家の型をつくりあげた。いま直面している多くの問題の根源には、国民国家の揺らぎがあり、総力戦の痕跡が刻みこまれている。時代を画する体制としての総力戦の研究へと道筋を切り開いたのは、二〇一四年に逝去した山之内靖であった。本書は、山之内の総力戦に関わる諸論考のなかから、その精髄を新たに編集したものである。

いわゆる冷戦体制の崩壊期であった一九八〇年代の末、当時、東京外国語大学の教授であった山之内は、日本とアメリカ、ドイツの研究者による総力戦研究のプロジェクトを組織した。これは、社会／人文科学の分野における国際学術共同研究のさきがけでもあったが、日本の研究者と海外の研究者が課題を共有するのは容易ではなかった。たとえば、日本における日本研究が、「日本」というナショナルな語りとその批判をめぐって行われてきたのに対して、アメリカの日本研究は、非西欧を対象とする地域研究という学問分野に組み込まれ、しばしばアメリカの対外政策の一環としての役割を担わされてきたからである。山之内が企図したのは、これまでナショナルな枠のなかで閉じてきた日本研究のあり方を転換し、現代という時代が共通して抱える課題として総力戦期を捉え返すことにあった。本書の編者である三人は、二〇年以上にわたって、山之内の研究プロジェクトに参画し、その研究から大きな刺激を受けてきた。

山之内にとって、総力戦研究とは、(1)歴史の問題、(2)日本の社会科学の問題、そして(3)近代知の問題、という相互に密接に関連する三つの課題にあったと言えるのではないだろうか。

第一の歴史の問題に関していえば、総力戦期を近代の歴史的な転換と位置づけることである。日本では、戦後啓蒙知識人が使った「八月革命」という言葉に象徴されるように、一九四五年の敗戦を大きな歴史的転換と考え、そのうえで、未完の事業であるものの戦前とは文化的にも道義的にも断絶したものとして「戦後」という概念が主題化されてきた。戦後という語には、敗戦をはさんで、戦争と平和、抑圧と民主主義、そして貧しさと豊かさの対比が、暗黙のうちに含意されてきた。山之内は、戦争が大きな断裂の傷跡を残してきたことは十分に承知したうえで、それにもかかわらず、戦後の社会的福祉国家の諸制度や思想状況の多くが総力戦への動員の時期に始まり、それは戦後の高度成長期といわれる時期に引き継がれてきた、と考えた。すなわち、敗戦を時代の画期とするのではなく、戦時動員期から一九六〇年代までをひとつの時代として捉え返したのである。しかも、国家による戦時動員を通じた社会的な国民統合は、日本やドイツだけに固有なことではなく、戦勝国とされたアメリカやイギリスにも共通する。すなわち、山之内にとって総力戦体制という観点が歴史にとって有する意義は、総力戦期が経済成長を基盤とする福祉国家という体制や旧植民地地域における開発主義国家と連続した過程であり、国民国家をシステム化された社会へと移行させた、という点にある。

第二は、戦後の日本の社会科学や思想が暗黙のうちに前提としてきた枠組み、とくに山之内の学問的な出自である市民社会派との格闘であり、それを山之内は「知の病」という表現を用いている。市民社会派の議論は、国家とは異なるレベルに理念型としての市民社会を想定し、日本が直面する課題を市民社会の未成熟に起因すると論じてきた。その根底にあったのは、「戦後」という聖域のような時期区分に基づくファシズム批判であり、国家と社会を別の次元で設定したことによって、総力戦の時代に社会科学が経験した認識論的転換を認めなかったことにある。

しかしこれは、いわゆる市民社会派だけの問題ではなく、戦時期に制度化されてきた日本の社会科学全体に関わる呪縛であった。日本の社会科学は戦時体制のなかに組み込まれながらも、戦後はその事実を、戦前と戦後との断絶というヴェールで覆い隠し、近代的な枠組みの危機と克服という課題を看過してきた。山之内が求めたのは、国家と社会との二分法や、普遍と特殊との二項対立から脱して、総力戦体制が提示した課題に向き合うことによって、現代社会の批判的な社会理論を創りあげることにあった。

第三の近代知の再考は、山之内の最晩年の構想である「二一世紀世界像革命」に関わるテーマであり、〈総力戦体制からグローバリゼーションへ〉という問題の立て方の延長上に、一九世紀から二〇世紀にいたる近代知を超えた新しい学的な知をどのように構想できるか、という大きな問いであった。山之内は最後の編著となった『哲学・社会・環境』（二〇一〇年）の序文（「近代の歴史的終焉とどう取り組むか」）において、「二一世紀初頭のわれわれ人類は、『近代』という時代全体の歴史的終焉を迎えて新たな時代の構築を模索し始めている」（九頁）と述べ、そのあとがきでは「〈時間性〉の軸に対して、〈場所と空間〉の領域を組み入れること、しかも、その〈場所と空間〉を自然環境＝〈大地〉として自覚すること、このことが、二一世紀を切り開こうとする人類にとって、社会的であると同時に哲学的な中心課題になるのは間違いなかろう」（二五四頁）と締めくくっている。

山之内が見据えていたのは、総力戦研究を通じたグローバリゼーション研究の方法であり、さらにその先にある知の未踏地であった。専門分化し、体系化し、制度化してきた近代的な知のあり方が批判されて久しい。山之内によって切り開かれた総力戦体制研究は、その批判に回答し、新たな枠組みを考える際の礎である。

I

第1章　総力戦の時代

第一次世界大戦において首相としてイギリスを指導したロイド・ジョージは、『回顧録』でその戦争がもたらしたまったく新たな体験について語っている。塹壕戦は戦争を長期化させ、当事国はたがいに停戦のきっかけを得ることが困難になった。タンクや航空機、潜水艦、さらには毒ガスといった新兵器の登場は、それまでの戦争の概念を一変させてしまった。戦争はいまや、狭義における前線の戦いではなくなり、国内の日常生活すべての領域までをも動員せざるを得ない性格のものとなった。ロイド・ジョージは、このような事態にたいする職業軍人の無理解と対応能力の欠如を語ってやまない。軍人はこのように変化した時代の戦争を全般的に見通すには適していない。というのも、彼らは社会生活全体と接することがないために、前線からの観点に制約されており、国内戦線（home front）の諸問題――産業・交通・教育・宣伝・輸送、等々――を配慮できないからである。また、官僚制化された昇進ルートに拘束されているために、指揮者として真に能力ある者を階級を超えて抜擢することができないからである。戦争はいまや、軍事戦略にもとづいて軍人によって遂行される種類のものではなくなったのであり、政府官僚によって企画され、統制されなければならない国家的事業となったのである。

ロイド・ジョージのもとで軍需相として戦時運営にたずさわったウインストン・チャーチルも、この戦争の恐るべき教訓についてこう述べている(『世界大戦』)。人類は、その道徳心においてほとんど改善もされず、より賢明な指導者に恵まれるようになっているわけでもないのに、「生まれて初めて、人類自身の総絶滅を達成すること請け合いという武器を手にいれた」。将来予想される戦争においては、「民衆ことごとくが戦争に参加すべく、すべてのベストをつくすべく」運命づけられたのであり、たがいに「敵国の激怒をこうむる」覚悟なしではいられない。あらゆる国民は「彼らの生存を安全ならしめるために、いかなる手段をとることにたいしても、なんらの拘束もうけない」であろう[1]。

第二次世界大戦において、チャーチルのこの予言はことごとく的中した。都市の無差別爆撃による非戦闘員の大量殺傷に加えて、ナチスによるホロコースト、日本による真珠湾奇襲攻撃・朝鮮人強制連行・南京虐殺、アメリカによる原爆投下は、その頂点に現れた事象である。スターリンは『ソ同盟における社会主義の経済的諸問題』(一九五二年)において第三次世界大戦の不可避性を語ったのであるが、それはかかる事態の継続を告げるものに他ならなかった[2]。ベルリンの壁崩壊とソヴィエト連邦の解体にいたるまで、世界は冷戦下にとどまり、戦時動員体制を解除することがなかったのである。
ロイド・ジョージもチャーチルも、将軍が馬上から勇ましく指揮をとるといった類の戦争は永久に過去のものとなったと感じ取っている。戦争は前線においてというよりも、一国全体のあらゆる資源――経済的・物質的資源のみならず、知的能力・判断力・管理能力・戦闘意欲を備えた人的資源、さらには、そうした人的資源を情報操作によって制御し得る宣伝能力という新たな資源[3]――を動員しうる官庁組織によってこそ、遂行され得るものとなったのである。戦争は、国内戦線においてこそ戦われる。来るべき将来の戦争は、前線の将軍によってではなく、「今日の諸官庁のように安全で閑静な、陰気な事務所の内部から、書記たちに囲まれた指導者」によって運営されることとなる。第一次世界大戦により、戦争は、武器が高度のテクノロジーを駆使する精巧な機械へと変身したことに対応して、人間のあらゆる能力を全国民規模で動員するところの、無機質な組織的ビジネスとしての性格を完成させたのである。

戦争はロマンとしての一切の性格を失う。だが、それだけに却って、戦争における死をいやがうえにも栄光に包み込むイデオロギー装置が、不可欠なものとして要請されることとなる。戦争における死が、前線だけでなく国内においても、例外なく平等に訪れる国民全体の運命となったこと、このことは、国民というフランス革命いらいの概念に、まったく新しい意味を与えることとなった。国民とは、政治に参与する権利と義務をもった者たちの呼び名ではなくなり、死に向かう運命共同体に属する者たち、死を肯定するに足る情念を共有する者たちの呼び名となった。[4] この情念を共有しえない者は、非国民として倫理的に糾弾された。国民という名称は、こうして、敵国および敵国に属するあらゆる人びとからは区別され、彼らとは絶対に相いれることのない文化的価値を共有する者、戦争において死の運命を共有する者、という意味を帯びるようになる。国民のイデーは、世俗生活を統括する情念でありながら、事実上、宗教となった。「想像の共同体」(ベネディクト・アンダーソン)としての国民概念は、総力戦時代に完成する。

近代社会において政治秩序の中心に位置していた議会は、総力戦の時代にはその統治能力を喪失する。ワイマール体制下のドイツが「権力の真空状態」(ブラッハー『ドイツの独裁』)に陥ったことはよく知られているが、類似の状況は一九二九年の世界恐慌いらい、すべての国々を襲った。議会にかわり、大統領府(アメリカ合衆国)、独裁政党(イタリア、ドイツ)、軍部独裁(日本)が登場する。世俗生活の宗教と化した国民国家は、社会の構造変革を強制的に押し進める力を獲得した。

階級や身分による差別は、国民としての運命的共同性を損なう重大な要素である。死の運命的平等性を前提とする国民主義的イデオロギーは、政治的権利としてのデモクラシーという理性的要請をはるかに超えた感情的動員力を備えている。近代政治は、中央官庁にたいし、議会によって決定された法案の忠実な執行者という限界をはめていた。しかし、総力戦時代の中央官庁とそのエリートたちは、死の運命共同体としての国民というイデオロギー装置を駆使することによって、こうした制約を突破するチャンスを摑みとることができた。

ドイツにおいては、カール・シュミットの憲法解釈がナチス官僚にたいしてそうした動員国家＝行政国家へのルートを用意した。日本においては、天皇機関説への弾圧が同様の役割をはたし、革新官僚を名のるグループを台頭させた。アメリカ合衆国においても同質の変化が進行した。第一次世界大戦がニューディール時代の大統領府を誕生させる歴史的起点であったことは、すでに歴史教科書（Jonathan Hughes, *American Economic History*, 1987）によって確認されているが[5]、このニューディールの時代に、アメリカ合衆国は革命をへることなしに建国期の憲法を事実上廃棄し、「第二共和制」時代に移行したと、セオドア・ローウィ（『自由主義の終焉』）は語っている。

ナチス官僚も日本の革新官僚も、また、ニューディール官僚も、市民と大衆の「国民化」（G・モッセ）に向けて精力的な活動を展開した。彼らが当面したのは、総力戦時代の国民的動員を従来のままの体制で遂行するならば、ロシア革命に類した破局は避けられないという切迫した事情であった。一九世紀型の階級対立は、教育改革・職業訓練・職業紹介・医療保険・失業保険・年金といった制度改革によって、あるいは労働者・農民・中小企業者・女性の保護によって、制度化されたコンフリクトへと体制内化されなければならない。本格的な福祉政策は、こうして、総力戦とともに始まった。シェルドン・ウォリンが福祉国家（welfare-state）とは戦争国家（warfare-state）の別名であると述べたのは、この脈絡を指してである。日本において内務省から厚生省が分離独立したのは第二次大戦中のことであったのは、象徴的である。満州事変以後になって国家資金（科学研究費）が大量に大学に供給されるようになり、大学（＝科学）の体制内化が進行したと指摘されていること（廣重徹）にも、注目すべきである。

階級対立の制度化と体制内化は、非妥協的な対立の諸モーメントをシステム内の機能的一環へと組み替えた。近代社会から現代社会への転換は、総力戦時代に進行した市民と大衆の「国民化」をバネとして現実化された。階級社会はシステム社会へと変身した。戦間期に発表された『社会的行為の構造』（一九三七年）に始まる一九世紀型社会理論（＝功利主義社会哲学）批判を出発点として、タルコット・パーソンズが社会システム論の形成へと向かったのは印象的である。『経済と社会』（一九五六年）はその到達点をしめしている。

現在、冷戦の終結、企業活動のグローバル化、情報のデジタル化、労働力の国境を超えた移動等をとおして、国民国家の枠組みはゆらぎ、大きく変容しつつある。この事態は、国家的諸規制――その多くは総力戦時代に構築された――の緩和・撤廃を伴うが故に、一見すると総動員の解除とそれによる自由主義路線への復帰を意味しているかに受け取られる。しかし、総力戦時代に達成されたシステム化は、もはや逆戻り不可能な社会的統合を実現している。現在の動向は、システム社会が国民国家的統合を基盤としつつ、それを超えてグローバルな統合に向かい始めたことを物語っている。この世界システム的統合のなかから、新たなエリート支配の構造が立ち上がってくる。「新しい社会運動」の登場は、システム社会のこの新たな段階に対応する対抗現象である。

すべての階層をシステム内に統合したことによって、一見したところ安定したかに見える社会秩序は、身体や自然の領域に起因する逸脱や逆機能（児童における登校拒否、成人における出社不能、老人人口の肥大化や医療費の天井知らずの高騰による国家財政の破綻、産業廃棄物・生活廃棄物による自然汚染等）の増大によって脅かされるであろう。二一世紀において人類は、近代が用意した生活様式の再吟味をせまられる。新しい社会運動は、そうした問題の到来を告げる予兆なのである。

註

（1）この問題については、サム・キーン『敵の顔——憎悪と戦争の心理学』柏書房、一九九四年、及び、ジョン・ダワー『人種偏見』TBSブリタニカ、一九八七年、を参照。

（2）スターリンによれば、資本主義内部の分裂によって第三次世界大戦は不可避となる。マルクーゼは、資本主義の組織化とその世界規模での統合を過小評価しているとして、このスターリン・テーゼを批判した。マルクーゼによれば、資本主義批判はいまや過剰統合による洗練された全体主義の登場という観点から行われなければならないのである（『ソビエト・マルクス主義』サイマル出版会、一九六九年）。西欧産業社会を新たな全体主義とみるこの観点は、『一次元的人間』河出書房新社、一九七四年、に引き継がれた。

（3） W・ミュンツェンベルク『武器としての宣伝』柏書房、一九九五年、を参照。

（4） 哲学において、個人の死を問題化し、そこから近代の時間概念を批判するハイデガー『存在と時間』が刊行されるのは、第一次世界大戦をへた後であることに注意。このハイデガーの問題提起を受けて、コジェーヴの有名な『ヘーゲル精神現象学講義』が行われたのは、戦間期のパリにおいてであった。そこでは、「主と奴」の弁証法は闘争における死の覚悟の有無という観点に立って解釈替えされた。山之内靖「システム社会と歴史の終焉」『システム社会の現代的位相』岩波書店、一九九六年、参照。

（5）「ニューディールにおいて戦時動員のテクニックは多方面で再利用され、以後、連邦政府の危機対策における主要な選択肢であり続けた。制度的進化に占める第一次大戦の重要性は、専門領域の研究者にとっては自明のことであるにもかかわらず、アメリカ経済史のテキストブックでは無視されてきた」（J・ヒューズ。『日本の社会科学とヴェーバー体験』筑摩書房、一九九九年、第五章参照）

II

第2章

戦時動員体制の比較史的考察――今日の日本を理解するために

一　戦場体験の二類型――レマルクとユンガー

社会科学の領域に属してはいるが、経済史学という歴史研究にもまたがる分野を専門としてきた人間として、私の念頭を去らない一つの問題がある。それは、第二次世界大戦期における動員体制が日本社会に及ぼした影響はいかなるものであろうか、又それはどう評価さるべきであろうか、という点である。これは、昭和一桁世代に属する私にとって、自己形成に関わる出来事である。私の少年時代の記憶は、どれ一つとして、戦争とダブらないものはない。小学校に入学して出会った最初の先生は、誰にとっても特別の印象を残す人と人との大事な出会いである。だが、若くて溌剌としたその先生は、二年生にもち上ってから間もなく、出征兵士となって学校の門から送りだされていった。私とよく遊んでくれた年上の従兄たちは、いずれも軍隊に徴集されていった。陸軍幼年学校を目指していた私の兄は、試験間際になって結核を患い、それがもとで、敗戦後の物資不十分な時代に、満足な治療を受けることもなく、空しくこの世を去っていった。生母が平塚の結核病棟で病死したのは、父が南方のブーゲンビル島に駐在している時であった。

戦争が親しい人間を引き裂く外的強圧として作用することは言うまでもない。しかし、又、その反対に、戦争は、民族の運命を賭けた非常事態という状況の中で、平時には起こり得ない結びつきを、人と人との間に発生させる。少年の私にとって未だに忘れ難いのは、学童集団疎開の日々である。

第一次世界大戦時の前線にあった兵士たちが、その塹壕の中で味わった共同生活はいかなるものであったろうか。その体験については、例えばレマルクの『西部戦線異状なし』が描きだすところを見れば良い（秦豊吉訳、中央公論社、一九二九年）。ところでその中には、開戦の知らせを受けた学校教師が、学生たちに愛国心を訴え、軍隊志願を促す記述がでてくる。この教師の軽率さを責めるのは容易だが、その前に、私たちは、当時一般には、現代の戦争は極めて短期間に収束する、と考えられていたことをも想起しておくべきだろう。このことは、B・ウエイツ『戦時の階級社会。一九一四－一八年のイングランド』が第一章の冒頭で記したことであって、私には印象深かった（B. Waites, *A Class Society at War. England 1914–18*, 1987）。商業や金融が国際的な錯綜したネットワークを作りあげたという状況にあっては、又その逆に、階級対立によって国民的統合が脅かされているという事態を抱えては、長期の戦争はありえない。これが当時のヨーロッパにおける一般的な理解だったとウエイツは紹介している。もし、レマルクの作品中に姿を現す学校教師が、あらかじめ戦争の長期化を、また、その結果の深刻さを予測し得ていたとすれば、恐らく、彼も自らの発言にいま少し慎重だったことであろう。

マリアンネ・ヴェーバーが記す夫の伝記を見ると、教職にこそついていなかったものの、あの偉大な社会学者マックス・ヴェーバーが第一次大戦の開始に当たって示した昂奮状態は、レマルクの描く教師とさして違っていなかった。しかし、戦争の長期化と共に、さすがにヴェーバーには、この非日常的な出来事がもたらす社会的結果が透けて見えるようになる。戦争の早期終結を期待して無駄な努力を重ねたヴェーバーは、やがて、戦後ドイツの政治改革について、こう言わねばならなくなる。プロイセンの三級選挙法（納税額にもとづく選挙人の等級区分）に代表される身分的格差がドイツに残されている限り、戦争ははなはだしい社会的不平等をもたらすであろう。合法的であるとはいえ、戦争は第一等級の人間に厖大な戦時利得をもたらした。これにたいし、戦場に出かけた労働者や農民からなる兵士たち——彼らは選挙人としては第三等級に属する——は、自らの血で国家を守り、戦時利得者のために利子を稼ぎださねばならない立場に立たされておりながら、このままでは政治的な発言権を行使できない。「そのようなことが行われるならば、そのこと自体、前代未聞のスキャンダルというべきであろう」。戦時動員体制の結果は、ドイツの政治秩序に関する根本的改革を不可避のものとしている。新秩序は、「戦地から帰還する一般兵士の手に委ねられねばならない」(「選挙権にかんする帝国の緊急法——帰還兵士の権利」一九一七年三月、『政治論集』I、みすず書房、一九八二年)。

『西部戦線異状なし』は、学徒志願兵のパウル・ボイメルと、靴屋でしたたかな古参兵スタニスラウス・カチンスキーの友情を軸として書かれている。レマルクの作品にイデオロギーの要素はみられないが、それでも、これが、戦争という異常体験の中ではぐくまれた学生と職人の心情的交友をとりあげ、これを軸として描かれた優れた反戦文学であることは確かである。ここには、ショーペンハウアーを愛読していた学生と、動物的な嗅覚をもってたくましく生きる職人という、戦前ならば到底相交わることのなかった筈の人間が、極限状況の中で交わし合った人間性を感じ取ることができる。

だがしかし、同じ「前線世代」の中からは、エルンスト・ユンガーのように、全く別のタイプのコミュニティを夢見るものも現れた。ユンガーは、物質的利害に基礎をおくリベラリズムもマルクス主義も、現代の技術文明に生命力を与えることはできないと主張する。先端的な機械技術が、冷たい数学的ないし物理学的合理性とではなく、身体と結合して人間の血肉と化するためには、ナショナルな運命共同体を欠くことはできない。ユンガーは、ドイツの右翼思想に流れていた前近代世界へのノスタルジアからはっきりと訣別し、これを先端技術と結びつけたという点で、先駆的役割を担ったのである。ユンガーに対して機械と身体の宥和という思想を植えつける源となったのは、言うまでもなく、兵士と軍事技術の結びつきを中心として生まれた戦士コミュニティの体験であったが、彼はまた、この体験を、戦前に試みたアフリカ旅行に際して感じ取ったエキゾティックな、しかし、根源的な生命感と重ね合わせたのである（Jeffery Herf, *Reactionary modernism. Technology, culture, and politics in Weimar and Third Reich*, 1984［現在ではこの書物は邦訳されている］）。

戦時動員体制の社会史的考察にあたっては、市民一般を問題とするだけでは十分でない。世代の相違によって、同じ体験が全く異なった意味をもつことにも配慮しなければならない。レマルクは主人公に次のように語らせている。「僕たちが戦争にでていらいというものは、昔の生活とはまるでぶち切られているのである。……もっと年をとった連中は、誰も今までの生活と固く結びついているのだ。そういう人たちはそれだけの基礎をもっている。細君がある。子供がある。職業がある。いろいろの利害がある。こういうものが仲々強くて、戦争位で破壊されやしないのである。……僕たちはまだ生活の中に根を下してはいなかった。そこへ戦争がやってきて、僕らを一掃してしまったのである」。

塹壕生活によって過去から断ち切られた若者世代にとって、彼らが頼りうるものは、いまや戦場において得た体験だけである。規範の世代間継承は不可能となる。学校教師カントレックの煽動によって心ならずも志願してしまった友人が、皮肉にも仲間の中の戦死者第一号となる。かつて主人公たちは、「労働と業務と文化と進歩と未来の世界への仲介者」たる役割を担う人々として、カントレックに代表される大人の世界を認め、その権威に従ってきた。「けれどもそういう確信も、初めて戦死者を見た時に、粉砕されてしまった。僕らは自分たちの年齢が、ああいう大人の年齢よりも信頼すべきものであることを、認めざるを得なかったのである。ああいう連中は僕らの前に、単に空虚な文句と巧妙さを示したに過ぎない……僕らの教えてもらった世界観は見事に崩れてしまった」。

二　戦時動員体制の社会史――理論的諸類型

戦時動員体制が社会に及ぼした影響を考える場合、戦場がもった意味は大きい。しかし、戦場という全くの非日常的世界だけを中心に考えるのは極端にすぎる。社会史研究は、やはり「国内戦線」(home front)として位置づけられた産業労働者に主たる焦点を合わせなくてはなるまい。あるいはまた、農民や中小企業経営者、さらには給与生活者《サラリーマン》にも光をあてなくてはなるまい。戦場の非日常的コミュニティに関する社会史は、「国内戦線」という日常的世界に関する社会史とのつながりにおいて、総合的に位置づけられるべきである。とりわけ、高度資本主義時代の総力戦として戦われた二つの世界大戦については、労働者階級の研究は核としての位置を占める。というのも、重化学工業から精密機械工業にいたる、あらゆる産業の粋を集めた軍需品を生産するには、労働者階級を戦争遂行に協力させることが、決定的に重要な意味をもつからである。「社会的分裂と紛争は、国家の統一にとり、軍事的敗北とほとんど同じ程度に脅威となる」(ウェイツ)。

戦場体験から国内戦線へと重点を移してみると、ここに一つの問いが生まれてくる。戦場体験においては、生活に根ざした経済という連続性の領域は極限的なまでに希薄となり、非連続的で非日常的な戦士コミュニティの体験が前面に押しだされる。これに対し、国内戦線という場に立って見直してみると、戦争の社会史においても断絶面よりは連続面の方が優位を占めることとなる。しかし、とはいえ、国内戦線においても、総力戦体制が平時では起こりえなかった政治的ないしイデオロギー的対応を余儀なくさせ、そのことによって社会構造に一定の変化を呼び起こすことは否定できない。国内戦線を中心にみた場合、断絶面と連続面は、相互にどのような質をもち、又、相互にどのように関連しあっていたのであろうか。

あらかじめ、理論的に考えうる立場を整理しておくと、次のような諸類型が成立するであろう。第一は、戦時動員体制がもたらした変化は、戦争という非日常的状態において起こった一種の逸脱に他ならない。この逸脱は、戦争が終われば元の平衡状態に還元される。したがって、戦後の経済的、社会的発展は、戦時期を除外して戦前との連続性において考察されねばならない、とする立場である。第二は、戦時動員体制において、戦前にすでにはらまれていた構造の内的な発展モーメントが国家の非常大権をテコとして上から促進される。したがって、戦後の社会構造は、戦時動員体制の研究を抜きにしては考察し難いが、しかし、すでに戦前の構造の中にも、戦後の発展を規定するモーメントは内包されていた、とする立場である。第三は、戦時動員体制も、当該社会の経済的基礎構造から全く自由に作動するものではないが、しかし、戦時の特殊状況によってひき起こされたイデオロギーや意識の領域（いわゆる上部構造）での変化が、国家による下層諸階級の体制内統合策等によっていったん制度の領域へと具体化されると、それは戦後においても不可逆的な影響力を及ぼし続ける、とする立場である。附随的に第四として、戦時動員体制という非合理な逸脱的条件が、にもかかわらず、戦争遂行という至上命令の下に、すべての資源と制度を戦争能力の拡張という目的に向って合理的に配置替えしてゆく、とする立場がある。

以上の理論的諸類型を考える場合、敗戦後まもなく大河内一男が発表した「労働政策における戦時と平時――戦時労働立法の所謂「遺産」に就いて」（『大河内一男集』第二巻、労働旬報社、原文は一九四九年）は示唆に富んでいる。第二次大戦の最中（一九四二年）に、コーリン・クラークは「一九六〇年代の経済学」という将来展望に関わる論説を発表していたが、そこでは、すでに大戦後の復興政策に関する指針があげられていた。それによると、戦後復興政策は、なによりもまず、国民経済を速やかに戦前の状態または水準に復帰させるものでなければならなかった。これに対し、大河内は次のように批判を加えている。日本の戦時体制は、出稼ぎ型労働に代表される前近代的労使関係を前提としたまま、天皇制イデオロギーをテコとする精神動員によって労働者を統合しようとした。しかし、経済法則が要求する合理性は精神主義の限界をあらわにする。戦時動員体制は、日本型労使関係の前近代的特性を解体することによって軍需生産力の正常な展開を図らねばならない、という事態に追い込まれる。確かに「戦時下における各種の労働政策は……凶暴な略奪経済と強制労働」を含むものであった。しかし、にもかかわらず、それは「依然として労使関係の合理化と近代化のための契機を準備する」ものであった。戦時動員体制は「戦後の労働関係の成立に対して、その狭義の「労働力」の培養という意味においても、また労働者組織の近代的展開という意味においても、一つの歴史的「遺産」をもたらした」。

大河内のこの発言は、日本の戦後経済改革のあるべき姿に一つのモデルを提示しようとする意図と重なっていた。敗戦によって新たな出発を迎えた日本は「戦時中の生産要素の国家の手中への集中・独占やそれらの近代化や高度化への契機を清算して戦前の「平和な」産業社会へ舞い戻る」べきであろうか。否である。大河内は、戦時動員体制がはらむ非合理性よりもむしろ合理性の面に力点をおき、戦後の再建は、戦時動員体制の全面否定の上にでなく、その合理性の継承の上に築かれねばならない、と論じたのである。大河内のこの構想については、マルクスの立場に立つ有力な経済学者の一部からも、これに同調する見解が示されたのであった（井上晴丸・宇佐見誠次郎・内田義彦「戦争経済の遺産」『潮流』第三巻一号、一九四八年）。

大河内らのこの発言は、あるいは、占領軍による日本経済の集中排除（財閥解体）政策に対し、左翼の側からひそやかな批判を唱えようとする意図に出たものだったのであろうか。この疑問は、今の所、確かめる余裕をもたない。興味深いのは、戦時における国家の非常大権下に合理化、近代化が押し進められるというこのパラドクシカルな歴史経過について、これを否定的にでなく、肯定的にとらえるという発想が、大河内の場合、すでに大戦期の一九四〇年頃から抱かれ、発表されていたということである。人は、民族の存亡をかけた非常事態の下にあって、事態をこのように突き放し、冷厳に観察しえた大河内の洞察力に、感嘆の念をもつであろう。と同時に、この発想が国家権力を媒介として押し進められる資本主導の合理化をさしたる疑念なしにプラスと評価している点に、テクノクラート的体質を感じ取るであろう（この批判点については、高畠通敏「生産力理論――大河内一男・風早八十二」思想の科学研究会編『共同研究・転向』中、平凡社、一九六〇年、を参照）。

右の議論を眺望した時、コーリン・クラークの見解が第一の理論類型に、大河内の見解が第四の理論類型に属することは、容易にみてとることができる。大河内の見解は、明治いらいの日本資本主義は伝統社会の要素と結びついた特殊類型のものだとしている点で、いわゆる講座派マルクス主義に近いものであった。とは言え、国家権力の中に個別資本にはありえない合理性を見いだし、この国家すなわち総資本の合理性にもとづいて戦時動員体制が近代化を押し進めるとした点で、ユニークな議論とみるべきである。ちなみに、バリントン・ムーアやラインハルト・ベンディックスらによれば、ドイツと共に日本では、第二次大戦による敗北と戦後改革をへることなしには本来的な意味での合理化も近代化もあり得なかったのである（バリントン・ムーア『独裁と民主政治の社会的起源』Ⅰ、岩波書店、一九八六年。R・ベンディックス『国民国家と市民的権利』Ⅱ、岩波書店、一九八一年）。ドイツについて大河内と類似した見解が公けにされるのは、大河内の所説よりもはるかに後になって、ダーレンドルフが、ナチズムは「意図せざる結果」としてドイツ社会の近代化を押し進めたとする有名なテーゼを発表した時点においてであった（R. Dahrendorf, *Gesellschaft und Demokratie in Deutschland*, 1965）。

第二の理論類型については、マルクス主義者がとっている国家独占資本主義という規定を代表例とすることができるであろう。この立場にあっては、単に経済の内的構造だけが問題とされるのではなく、政治権力装置としての国家が果たす役割が注目されるのであり、政治権力のあり方が社会構成体の性格を把握する不可欠のモーメントとされている。この点で、戦時動員体制を国家独占資本主義の成立と結びつける議論は、すべてを経済的下部構造に還元する一般のマルクス理論とは次元を異にしている。とは言え、マルクス主義者の場合、独占資本主義が国家独占資本主義へと高次化するのも、本質的には経済的下部構造内において段階的進化が一層進展するからだと考えているのである。

残されたのは第三類型の理論であるが、これについては、先に援用したウエイツの研究を代表例としてあげることができるであろう。この書物は、敗戦国のドイツではなく、戦勝国のイギリスに即して第一次世界大戦の社会史的考察を行っている。この点からも判るように、ドイツより戦時および戦争直後の社会変動が少なかった事例を対象としていると言えるのであるが、それだけに、この事例研究の中から第三の理論類型に属するものが出てきたことは、最近の研究者の関心がどこへ向っているかを知る上で興味深い。

ウエイツは、彼の著作の第一章で戦時動員体制に関わる社会理論を整理し、それを自分が行った実証研究とつき合わせている。以下、主にこの第一章に依拠して彼の論点を要約してみよう。

戦争は社会の構造変化にいかなる影響を及ぼしたのか。この点について理論的考察を行った成果は、必ずしも多くない。その中から代表的と思われるものとして、まず、W・ゾンバルトとマックス・ヴェーバーが選びだされる。

ゾンバルトは『戦争と資本主義』(W. Sombart, *Krieg und Kapitalismus*, 1913.〔邦訳、論創社、一九九六年〕)を書き、その中で、戦争とそれがひき起こす巨大な需要が近代資本主義の成立に大きな関わりをもったと主張している。このことは、第一次世界大戦中に勃興した新たな産業部門やオートメーションに代表される新たな産業技術によっても、証拠づけることができる。ゾンバルトの議論に問題があるとすれば、軍需と結びついた産業の進展に対して、平和的な産業や国際交易の後退がみられたことを見落している点である。この点、イギリスのように貿易依存度の高い国については特に慎重に吟味されねばならない。

ゾンバルトが戦争のもたらす経済的需要に注目したのに対し、ヴェーバーは戦争が社会的規律と合理化を生みだす点に着目した。戦争遂行に必要とされる行政装置は、資本家企業の直接のコントロール下にある権力とは区別される社会的権力の形成に際し、その源泉となった。ウエイツは、ガースとミルズの整理を援用しながら、ヴェーバーはマルクスの経済的唯物論を政治的・軍事的唯物論によって補完したのだ、と述べている（Cf. H. H. Gerth and C. W. Mills, eds., *From Max Weber*, 1948.［邦訳『マックス・ウェーバー』ミネルヴァ書房、一九六二年］）。官僚制機構としての国家装置が戦争遂行と結びついて肥大化してゆくこと、又、この国家が年金制度の準備や科学・技術研究の奨励、教育制度の拡大といった領域で積極的な活動を行うこと、こうした諸点で第一次大戦はヴェーバー理論の正当性を裏付けている、とウエイツはいう。ただし、第一次大戦後、戦時期の国家コントロールがかなり解除されたことは、留意しなければならない。もっとも、その中のいくつかは、戦間期に——一九二九年恐慌に対する対応策として——再導入されることとなった。

ゾンバルトとヴェーバーは、戦争遂行に伴う権力的諸連関が資本家的階級関係のあり方に外側から介入し、そこに大きな変化をもたらす点を理論化した点で示唆的である。これに対し、アンドレスキーは、戦争遂行が市民社会の内部において富や威信の配分関係に変化をそそい、そこから、下層階級の権力への参加という問題がひき起こされる点を指摘した（S. Andresky, *Military Organisation and Society*, 1954）。アンドレスキーによれば、社会的権力関係は本来的に軍事秩序を軸として形成される。なぜならば、闘争は人間性の最も本質的な部分だからである。外敵との闘争は軍事的指揮権の成立を要請し、軍事的指揮権は社会のハイァラーキーを必須のものとする。経済的要因――富の配分関係――が階層制に一定の作用を及ぼすことを認めはしたが、アンドレスキーは、長期的にみれば社会秩序は軍事権力の配置によって決定されるとしたのである。

アンドレスキーによれば、技術的環境と軍事的環境が社会的不平等の範囲を決定する中核要因である。まさしくそのために、戦争遂行に当たって大衆の協力が重要な意味をもつとなると、その社会は権力配分の水準化を生まずにいない。この関係を指して、アンドレスキーは軍事参加率（Military Participation Ratio）と呼んでいる。

アンドレスキーの理論は、社会構造を軍事エリートと大衆の関係性から説明しようとするものであり、モスカやパレート由来の社会的ダーウィニズムと結びついている、とウエイツは批判を加えている。又、ここでは、本質的に軍事権力社会であった封建社会と、市場的経済社会である現代社会を歴史的に区分するモーメントも欠けている。このため、イギリスではアンドレスキー理論は一般に不評のようである。しかし、世界大戦とその動員体制に関する数々の著作によって知られるマーウィックは、戦闘への直接参加というモーメントに力点をおくアンドレスキーとは距離をおきつつも、戦時に要求される労働や熟練をめぐって複雑な社会的バーゲニングが交わされること、このバーゲニングは参加の局面をはらまずにいないことに留意し、アンドレスキー理論を自らの研究に組み入れたのであった(A. Marwick, *Britain in the Century of Total War*, 1968. その他)。ウエイツはマーウィックの下で育った研究者として、この見解を継承しようとするのである。

マーウィックの議論は、自由党の急激な後退と労働党の台頭というイギリス政治史上のあの注目すべき事象を、第一次世界大戦の動員と結びつけて解釈する立場に立つ。これに対し、反対派の歴史研究者たちは、戦争はイギリス経済の構造変化に大きな役割を果しはしなかったし、又、民衆の政治的態度を変化させることもなかったとしている。変化があったとしても、それは戦前にすでに存在していた要因の延長上に現れたにすぎない。これが反対派の言い分である。

これに対して、マーウィックの路線を継承しつつ、ウエイツは、戦争は労働者階級の自己意識に変化を生みだしたと主張している。このことは、それまで社会的衡平に関する民衆の認識を規定していた集団的参照枠組み(group reference)について、大幅な転位が生じたことを意味している。労働者大衆の主観的意識に生じたこのような変化は、同時に、労働者内部の諸階層間にみられる経済的地位の変動と並行して進展した。戦時動員体制に伴う社会的水準化の結果として、熟練労働者や熟練職人に対し、より下層に位置する不熟練労働者の賃金水準が相対的に上昇したからである。労働党の選挙人名簿において重きをなしたのは、こうした変化のプロセスだったのである。

戦時動員体制に関する社会史研究の新たな動向は、同時に、階級理論に関する新たなアプローチをも探りだしつつある。ウエイツは、非常に広義の意味ではなおマルクス派に属する社会史研究者と呼んでよいであろう。しかし、労働者大衆の主観的な意識にウェイトをおく点で、彼の議論は明らかにマルクス正統派のそれとは異なっている。それだけではなく、ウエイツはギデンズから三階級区分に基づく社会分析の方法を積極的に導入している点でも、マルクス正統派とは区別されねばならない（A・ギデンズ『先進社会の階級構造』みすず書房、一九七七年）。ギデンズは、現代社会の階級関係を市場関係をめぐる支配能力とみている点で、基本的にはマルクスを継承している。しかし、市場化される能力の中には、マルクスの注目する資本所有に基づく能力と労働能力だけではなく、知的ないし技術的能力も入れなければならない。

ギデンズ自身の研究書をひもといてみれば判るように、彼の三階級論はマックス・ヴェーバーの官僚制論をマルクスの階級論と接合したものとみることができる。ウエイツは、ギデンズという媒介者を通してではあるが、我国の社会科学にもすでにおなじみの「マルクスとヴェーバー」の綜合という道を歩んでいるといってよいであろう。このような方法的模索に立って実証を進めた場合、どのような論点が浮び上ってくるであろうか。

ウエイツは、第一に、一九世紀のイギリス資本主義を最も純粋型に近い市場的資本主義とみなし、第一次大戦後の体制を福祉国家体制とみる通説に挑戦する。T・H・マーシャルに代表されるこの考え方は、第一次大戦後に現れてくる福祉国家体制を、本来の資本主義階級社会とは異なったもの、あるいはその修正形態とみる立場に立っている（T. H. Marshall, *Citizenship and Social Class*, 1950）。マーシャルによれば、漸進的に進められ、一九一八年の選挙法改正によって仕上げられたプロセスを通じて、労働者階級は、まず政治的権利を手に入れることができた。ついで一九〇〇年以降には、労働者階級の経済的不平等を克服する社会権の充足に向けた運動が進展する。「二〇世紀においては、［社会的］市民権と資本家的階級システムの闘争が進展した」（マーシャル）。

マーシャルを典型とするこの考え方に対し、ウエイツは、社会的市民権と資本主義的階級システムの闘争とみえるものは、実の所、階級紛争が制度化されるプロセスに他ならない、と主張している。ウエイツによれば、それは、資本主義が修正されて福祉国家体制に変質するプロセスとみるべきものではなく、階級社会としての資本主義がより完成された体制に向って再編されるプロセスに他ならないのである。

ウエイツは、一九世紀のイギリス資本主義がまだ完成というにほど遠かった根拠として、生産手段を保有する小親方的経営がまだ大量に生き残っていたこと、また、資本主義的経営においても、労働者雇用のサブ・コントラクト制が一般的にみられたことを指摘している。このサブ・コントラクト制においては、労働力のかなりの部分について、労働者階級中の熟練者ないし上位者が指揮・管理権を握っていたのである。政治構造の面からみても、イギリスのブルジョワ革命はまだ完成していなかった。というのも、伝統的農業支配階級が一九世紀を通してなお巨大な政治権力を握っていたからである。

第一次世界大戦は、イギリス社会が階級紛争の制度化に向って大きく前進してゆく画期であった。一九世紀のイギリスにおいて資本主義がその最盛期に達したとみる立場は、階級紛争の制度化をもって、そこからの逸脱だと見る結果を導きだすであろう。階級紛争の制度化は、しかし、資本主義の土台を崩すものではなく、むしろ、資本主義的統合に向けて社会的市民権を体制へと結びつけるものであった。ウエイツは、ギデンズの三階級論を援用することにより、さらに第二の論点へと進んでゆく。ここでは、階級社会に関する両極化論(polarization theory)と解放論(emancipation theory)が引き合いにだされ、それとの対比において、ギデンズ＝ウエイツの立場が展開される。

クリンジェンダーは、一九一六年から二一年にかけて活発化したロンドン事務職員労働組合の運動に着目し、これをもって、資本主義的社会秩序に対する事務職員層の忠誠が大幅にゆらいだ証拠とみた。「事務職員大衆の経済的地位は……ついに筋肉労働者階級のそれと不可逆的に一体化した」(F. D. Klingender, *The Condition of Clerical Labour in Britain*, 1935)。この結論は、ウエイツにより、誤りとしてしりぞけられる。むしろ、上記の運動は雇用の安定や昇進に関して事務職員層が享受していた社会的特権を防衛しようとする性格のものであった。ウエイツは、筋肉労働者と事務系職員層の格差は解消されず、その後にいたるまで持続している、とみるのである。

解放論を代表するのはバウリーである。バウリーは第一次大戦によってひき起された経済的変動を綜括し「諸階級の一般的混在化」が進むことによって「民主的感情」が促進されたと主張している。この結果、「経済的不平等や貧窮は避けることができるのではないか、という考え方が以前よりずっと真剣に受けとられるようになり、保険制度やさらに社会主義的傾向をもつ立法が押し進められる道が開かれることとなった」(A. L. Bowley, *Some Economic Consequences of the Great War*, 1930)。

バウリーの主張に一定の根拠があることは容認しつつ、しかし、ウエイツは、この考え方は結局、先にあげたマーシャルの見地に帰着してしまう、と述べている。バウリーの主張は、現実の階級関係に関する具体的分析に基づくというよりも、民主的感情や一体感に力点をおいており、問題を個人の属性に還元してしまっている。階級関係が本当に解放に向っているか否かは、社会的移動に関する実証研究によって検証されなければならない。労働者自身又はその子弟が非肉体的職業に移動するルートはどこまで開かれているかということ、これが社会的開放性をはかる尺度なのである。この点、とりわけ重要なのは、ホワイトカラーへの転身に道を開く中等教育に対し、労働者階級がどれだけアクセスしうるかなのである。

ウエイツは、一九四九年に行われた有名なグラスによる調査を参照しながら、階級間の社会的移動という点からみて、イギリス社会の流動性は決して高まってはいない点に留意を求めている（D. V. Glass ed., *Social Mobility in Britain*, 1954）。ただし、熟練労働者の子弟に限ってみるならば、その中から中等教育を受けて管理的職業へと上昇してゆく層がかなりみられたことに、ウエイツも注目している。問題は、不熟練・半熟練肉体労働者についてみた場合、ほとんど何の変化も生じていないことにある。

ウエイツは、他方、自らの立場をレーニン主義者の解釈からも区別している。レーニン派によれば、帝国主義体制の下において、労働組合官僚からなる労働貴族層は国家装置へと統合される。しかし、この見地は国家・資本家的雇用主・労働組合の三者間に生じうる葛藤のモーメントを過小評価し、三者間のコンセンサスを過度に誇張している、とウエイツは批判を加えている。

以上によって、ウエイツの理解がいかなるものであるかはほぼ明らかとなったであろう。ウエイツは、第一次大戦期に進展した労使間交渉を通して、階級紛争の制度化された形態が出現したとみている。この制度化された形態において、事務職員層の階級利害は資本家とも労働者とも一致しない独自の地位を占めている。この点を見落としている点で、古典マルクス主義の二階級モデルは有効性に欠けている。他方、解放説もレーニン派も、制度化された形態の中で、労働者階級（とりわけ、不熟練筋肉労働者）がなお独自のグループを形成し、独特の政治的意志表現を続けていることを見落としている点で、事態を見誤っているというのである。

以上のような限定を付してではあるが、ウエイツは、労働者階級の社会的地位は戦争によって著しく上昇した、とみている。こうした前提の上に立って、イギリス労働党は、労働者階級を資本主義社会にシステマティックに包摂する政治装置として機能したのである。

私は、ウエイツの研究を、戦時動員体制に関する第三類型の理論的アプローチとして紹介してきたのであるが、自らの理論的体質がそうした特性を有していることを、ウエイツもかなりはっきり自覚しているといえる。その点は彼の著作の結論をみることによってうかがい知ることができる。

ウエイツは、経済的基礎構造にすべてを還元する正統派マルクス主義の議論に批判を加え、その理論的枠組によっては戦時動員体制の歴史的考察は不可能だと指摘している。他方でまた、彼は、民衆の心性とその体験というミクロ世界の研究に没頭している社会史研究の他のグループにも疑問を投げかけ、国家体制に関わるマクロ領域の研究をおろそかにしてはならないと訴えかけている。ウエイツは、最近の社会史研究をふり返りながら、階級・社会的紛争・民衆意識の領域にラディカルな歴史家がひきこもってしまった結果として、政治や国家体制の分野は保守派の歴史研究者によって独占される、という好ましからざる傾向が現れていることに警告を発している。「以上の結果として、社会史は、社会および社会権力の構造が国家的統合に依存することによって持続性を保っている、という事実について、ある種の盲目状態に陥っている」。こうした傾向に歯止めをかける新たな試みとしてウエイツが評価するのは、先のギデンズを別とすれば、T・スコッチポルである（T. Skocpol, *States and Social Revolutions*, 1979. スコッチポルの歴史社会学に関する紹介として、山之内靖「スコッチポルと歴史社会学における三つの戦略」東京外国語大学海外事情研究所『地域研究ブックレビュー』第三号、一九八六年、を参照）。

「近代国家の統一性は、国家が言語共同体という姿をとった国民的アイデンティティにおいて、民衆の支持と正当性が与えられる焦点となっていること、ここに由来する」。体制批判的な歴史研究者たちは、資本主義社会の階級的不平等を強調する余りに、国家の統合機能を幻想に他ならないとみる見地に傾いてきた。階級社会において、国家はあくまでも暴力行使の正当性を独占する支配機構に他ならない、と彼らは主張してきた。しかし、この定式は、生活や思考慣習において大方は平和に時を過してきた人々から暴力行使や軍事規律への服従をひきだす能力を、国家はいかにしてもち得たかについて、何ら説明できないのである。

言語共同体をベースとする国民的アイデンティティという、意識の領域にまで分析を掘り下げてゆき、そこから国家による支配の正当性というモーメントを引きだしてこようとするウエイツの展望は、確かに、研究史に対する貴重な貢献と言えるだろう。ウエイツの研究は、経済的基礎構造には還元できないイデオロギー的・政治的モーメントを積極的に評価し、こうした上部構造の諸モーメントが制度として定着するプロセスに注意を払うものであった。上部構造の諸モーメントも、こうしていったん制度化されると、もはや単に経済的基礎構造の反映というレヴェルにとどまるのではなく、その後の歴史過程に不可逆的な作用を及ぼし続けるのである。

この点が確認されてみると、この第三類型の理論的アプローチからは、必然的に、国民的諸社会における制度化パターンの相違、という問題が引きだされてくることに気付くであろう。なぜならば、技術的合理性によって決定される度合いの大きい経済に対して、意識のレヴェルは、諸国民社会における慣習・規範・文化的価値によって規定される度合いがはるかに高いからである。現にウエイツも、結論の中で、イギリスに関する実証研究の結果がそのままの形で他国のケースに適用できる訳ではないことを指摘し、ドイツ・日本・ロシア等々との比較研究が重要な意味をもつことに留意を促している。

三　大量生産体制《マス・プロダクシヨン》から柔軟な生産体制《フレクシブル・プロダクシヨン》へ

現代社会の成立について、戦時動員体制はいかなる意味をもったのか。ウエイツの著作は、この点に関わる優れた研究書であり、今後の指針として各方面から参照されることであろう。しかし、ウエイツ自身が認めているように、彼の研究は第一次大戦期のイギリスのみを事例とする点で、いくつかの制約を負っている。階級紛争の制度化という事態は、確かに先進産業社会のいずれにも進展する普遍的事象に違いなかろうが、しかし、それが典型的に成立するのはイギリスないしアメリカにおいてであって、その他の国々では必ずしも同様に完成された姿をとって現れることはなかった。その点は、とりわけ、第二次世界大戦期を考えてみれば明らかであろう。イタリア・ドイツ・日本では、全体主義体制の下、階級紛争の存在そのものを否定して、これを、より上位にあると主張されたナショナルな共同体の中に溶融してしまう方向が打ちだされた。このいわゆるファシズム体制の下で、実際に階級紛争がどこまで抑圧され得たのかも、慎重に吟味さるべきであろう。しかし、いずれにせよ、イギリスやアメリカのケースとファシズム体制下の事例を同一レヴェルで論じることはできない。

さらに問題となるのは、一九七〇年以降になってようやく人々の意識に上るようになり、八〇年代に入ってから一挙に話題の中心に躍りだした感のあるいま一つの論点である。それは先進資本主義諸社会の構造が情報技術やコミュニケーション・システムの変化によって大幅な変動を示しはじめ、脱組織化（disorganization）といってよい方向をたどり始めた、という点と関わっている。ウエイツの研究は、基調としては、戦時動員体制を通じて資本主義体制の組織化が進展すると論じているのであるが、とすると、資本主義のこの組織化傾向は、現在進行中の脱組織化と、歴史的にどう関わり合っているのであろうか。

ここで、書物のタイトル自体として『組織資本主義の終焉』を選んだS・ラッシュとJ・アーリの議論を参照してみよう（Scott Lash & John Urry, *The End of Organized Capitalism*, 1987）。マルクス主義やヴェーバー社会学の流れを汲む社会理論では、一般に、現代社会を組織化——生産の集積・集中、金融資本の成立、官僚制の肥大——が益々進展してゆく過程として捉えてきた。そうした系譜に属する研究者の代表として、ラッシュとアーリは、ドイツのユルゲン・コッカを挙げている（ユルゲン・コッカ「組織資本主義か国家独占資本主義か」『現代の理論』現代の理論社、一九七六年四月号）。だがしかし、現在、我々の目前に展開しつつあるのは、むしろ「脱組織化」の傾向とみなければならない。著者らは序論の中で一四項目にわたってコッカの主張と自らの主張を対比しているのであるが、その詳細に立ち入る余裕はない。以下、主として第八章「労働組合の構造変化、ネオ・コーポラティズムの終焉」に即して論点を追うこととする。

一九世紀の末葉、ヨーロッパではリベラルな資本主義の時代が終わって、組織資本主義時代への移行が始まった。この時代に入ると、経済の諸領域には全国的規模で組織されたさまざまな利害団体・圧力団体が形成される。第一次大戦と一九三〇年代の大不況、さらに第二次世界大戦は、これらの経済諸団体と国家権力の結び付きをもたらした。国家行政は、今や、部分的にではあるがかかる経済的利害諸団体を介して行われるようになる。その代償としてこれらの団体は、彼らの構成メンバーに対し、国家に代わって一定の統制力を行使する。著者らはこの体制をコーポラティズムと呼んでいる。

事態が一層進み、イデオロギー資源・組織資源を備えた労働組合が全国的規模での統制力を行使し、それを武器として上の国家行政に加わるようになった時、これをネオ・コーポラティズムと呼ぶことができる。しかし、国家、資本家団体、労働組合からなる三者連繋が成り立たず、国家主義的コーポラティズムが成立するケースがある。これがイタリアのファシズム、ドイツの第三帝国、フランスのド・ゴール体制であった。

これに対し、一九六〇年代半ば以降になって、脱組織資本主義の時代が開始される。この体制を特徴づけるのは、ネオ・コーポラティズムを構成していた三者のいずれもが、ナショナルな規模での堅固な統制力を失うということにある。まず、金融資本的統制や資本家団体を介して強固に国民国家と結びついていた資本は、今やナショナルな凝集性を失って世界市場へと活動の足場を移してゆく。資本はナショナルな階級としての性格を薄めてゆくのである。これに伴って、国家は主要な経済プロセスに対する統制力を失い、あるいは低下させていった。労働者階級の内部においても、ナショナルな統合は著しく後退し、グループ間利害の相違が噴出しはじめる。特に、有力な先端的産業部門に属し、輸出志向性の高い企業の労働者と、他の組織・非組織労働者の利害が対立しはじめる。

労働者階級の統一性を弱めた最大の要因は、従来、欧米の労働組合をコントロールするセンターであった全国的組織の影響力が大幅に後退し、各企業毎に資本と交渉する職場委員ないし会社組合の力が強まったことにある。こうした動向は、とりわけ、ダイナミックな輸出志向をもった産業部門――電気産業・技術系労働者――において顕著である。

組織資本主義の時代において、規模の経済と結びつき、生産過程への巨大な投資に支えられて中核的な地位を占めていた抽出産業や製造業は、脱組織資本主義の時代にはその位置を著しく低下させる。それに代って、情報提供やファッション、レジャーに関わる産業部門が躍進しはじめる。脱組織資本主義時代を生みだすに当り、テレビの普及とそれに結びつく広告産業の活動は極めて大きな意味をもった。リベラルな資本主義の時代においてコミュニケーションの主役であったのは、人と人との直接の対面関係であり、会話であった。組織資本主義時代のそれは活字である。それに対し、脱組織資本主義時代の主たるコミュニケーションは、イメージ、音響、インパルスによって行われる。この時代に入るや、組織資本主義時代の労働者階級にアイデンティティを提供してきた組織的・文化的資源はそのヘゲモニーを喪失する。それに代り、技術者・管理者・ソシアルワーカー・大学教師・各種専門職からなるサービス階級のヘゲモニーが圧倒的に優勢となる。著者たちは、文化現象におけるポストモダンの隆盛を、労働者階級的文化資源の後退とサービス階級的文化資源の台頭によって説明しようと試みている（特に最終章「ポスト・モダン文化と脱組織資本主義」を参照）。

脱組織資本主義の時代には、ナショナルな資本家団体（そのうちにはカルテルなどの独占的統制も含まれる）の統制力も、ナショナルな労働組合団体の統制力も後退してゆく。それに代って、個々の企業とその企業で働く労働者の間に強固な利害共同性が生みだされるようになる。その結果として、有力な企業は、会社組合と手を結んで職場へのコントロールを強め、設備の改廃や労働力配置、雇用政策等々の領域において、柔軟《フレクシブル》な対応を行うことができるようになる。

以上の一般的動向を前提とした上で、ラッシュ＝アーリは、次のような比較を試みている。スウェーデン、ドイツ、フランス、イギリス、アメリカの五カ国について吟味してみると、次の二つの経験法則を得ることができる。第一に、組織化において進んだ国は、一般に脱組織化において遅れを取る。第二に、各国の組織化を進めるに際して主役としての役割を担ったもの——資本家集団、労働者組織、国家官僚のいずれか——は脱組織化に当っても、その主役を務める。著者たちによれば、大量生産体制から柔軟な生産体制への移行において主役を務めたのは、アメリカと日本では資本であり、フランスでは国家であり、西ドイツとスウェーデンでは労働勢力であった。

問題なのはイギリスである。というのも、組織資本主義時代への移行に当って主役を務めたのは労働者階級であったにもかかわらず、イギリスでは、今なお、労働者階級および労働組合の間に、柔軟な生産体制への移行に抵抗する勢力が根強く存在しているからである。

今、ここでウエイツの研究成果をラッシュ＝アーリの論点と重ね合わせてみよう。そうすると、階級紛争の制度化という体制を典型的な型で実現したイギリスは、そうした組織化パターンをたどったが故に、現在の脱組織資本主義への移行において遅れを取ることになった、という一つの仮説を構成することができるように思われる。

この仮説にとって問題となるのは、ラッシュ＝アーリが、階級紛争の制度化という点でイギリスと同じ型に属すると言ってよいアメリカについて、これを、脱組織資本主義への早熟的な移行のケースとみている点である。ラッシュ＝アーリらによれば、アメリカは、ニューディールの一時期を除けば、リベラルな資本主義からコーポラティズムないしネオ・コーポラティズムという中間段階をへることなしに、いち早く脱組織資本主義時代に移行していった国だ、ということになる。アメリカのこの例外性は、同国に早くから部厚いサービス階級の層が出来上り、彼らの政治的・文化的ヘゲモニーの結果として、階級利害を代表する政治勢力が出現しなかったことによっている。アメリカの二大政党は、早くから、いわゆる包括的政党としての姿を整えたのであった。

政治体制からみる限り、確かにラッシュ＝アーリの言い分は当っているかにみえる。しかし、現実の労使関係に眼を移してみると、彼等の分析には、いささかの飛躍があることに気付かされるであろう。というのも、ラッシュ＝アーリが大量生産体制から柔軟な生産体制への移行というテーマをそこから借用した当の研究書では、アメリカこそ、柔軟な生産体制への移行において最も遅れを取った国だ、とされているからである。

大量生産体制から柔軟な生産体制への移行という観点に立って、一九世紀末葉から現代にいたる産業史を素描したのは、ピオリとセーブルの『第二の産業分水嶺』であった（M. J. Piore and C. F. Sabel, *The Second Industrial Divide*, 1984.［『第二の産業分水嶺』筑摩書房、一九九三年］）。アセンブリー・ラインを備えた自動車産業を代表例として、アメリカには大量生産体制が成立した。大量の不熟練労働者を含む厖大な労働力群が産業都市に集積され、それらを雇用する巨大企業が形成される。第一次世界大戦と一九二九年の恐慌は、アメリカにおいても階級紛争の制度化を不可欠のものとしたが、それが完成された形態をとるのは、第二次世界大戦下においてであった。アメリカは、この時期に、資本家団体、ＣＩＯを中心とする労働組合のナショナル・センター、市民代表の三者からなる協議機構を設置し、その場を介して階級利害を調整する独特の機構——これを、ピオリらはフランスのレギュラシオン学派との連繋を意識しつつ、ミクロ調整《レギュレーション》機構と呼んでいる——を作りあげた。この調整機構において中心的な機能を担ったのは、労働者の作業を詳細に区分した職務表の作成と、これに基づく先任権（seniority）の承認であった。

アメリカの労使関係にみられるこの先任権について、日本では、小池和男の主張に代表されるように、日本の年功序列に類似したものとみる見解が流布している（小池和男『職場の労働組合と参加——労資関係の日米比較』東洋経済新報社、一九七七年)。だが、ピオリ＝セーブルは、これとは全く異なる立場に立っている。アメリカに成立したミクロ調整機構、とりわけ先任権制度は、労働者の配置転換や企業内再教育を著しく妨げる固定的性格を帯びており、日本の労使関係にみられる柔軟《フレクシビリティ》さを欠いている。アメリカの制度は、単一品種大量生産を基調とする時代において有効な機構たりえたが、現在のように、多品種少量生産を要請される時代においては、却って制約条件になってしまった、というのである。

ピオリ＝セーブルは、以上のような分析基準を立てることにより、アメリカとフランスを大量生産体制に伴う固定化の弊害によって経済的停滞に陥った国とする。これに対し、西ドイツ・イタリア・日本は、柔軟な生産体制への対応が進んだ国として評価される。とりわけ、イタリア産業の一部と日本には高い得点が与えられている。

ピオリ＝セーブルは、彼らの議論をさらに押し進める。小型コンピュータと結びついた多能型作業機械が一般化することにより、巨大企業よりも、むしろ、中小企業の方に先端的な技術の採用と製品開発の可能性が生まれている、というのである。先端技術を駆使した中小企業の群落が形成されることにより、産業地図は、今や、大きく塗り変えられようとしている。国家と結びつくことによって大量生産体制の維持をはかろうとする巨大企業とは異なり、この新しいネットワーク型の企業群落は、むしろ、大学や研究機関をセンターとしたローカルな結びつきを特徴としている。こうした事態の中に、ピオリ＝セーブルは、かつてプルードンが画きだした独立生産者たちのアソシエーションを読み取り、その夢が現実のものとなる可能性を示唆している。彼らによれば、柔軟な生産体制は、中央集権的なニューディール型のネオ・コーポラティズムに代り、草の根型のヨーマン・デモクラシーが復元する希望を与えてくれるのである。

四　結び——比較史的考察の基軸転換とその問題点

第二次大戦後の歴史研究において、比較史的考察の中心軸としての位置を占めてきたのは、何といっても、ニューディール（民主主義）とファシズム（全体主義）であった。あるいはこれに加えて、資本主義と社会主義という対立軸を取り上げてもよいだろう。しかし、後者の軸も、大きな区分けからすれば、民主主義対全体主義という基準の枠内にあったといってよい。というのも、問題は、資本主義と社会主義のいずれが民主主義のより高い可能性を保証するか、という点をめぐって争われていたからである。

しかし、現在の時点で社会史研究の先端をゆく諸著作を吟味してみると、研究者たちの関心に大きな推移が生じていることに気付かされる。第一次大戦期のイギリスを対象とするウエイツの研究においても、民主主義の進展を読み取ろうとしたT・H・マーシャルの見解は否定され、階級紛争の制度化という観点が前面に押しだされた。ウエイツの主張は、レーニン学派の見解と異なって、なるほど諸階級間のバーゲニングという民主的手続の存在を認めるものではあるが、しかし、イギリス型の解決法も、決して階級社会の構造を解放して流動化を大きく進めるものとは言えない、という結論に達している。要するに、それは階級支配のより進展した型なのであり、階級的統合のより洗練されたパターンだという意味では、或る種の全体主義でもあるだろう。

ラッシュ＝アーリ、および、ピオリ＝セーブルの論旨をみると、社会史的比較の方法的転換は一層はっきりとした姿をとっていることが判る。前者は、サービス階級を中心に進展する柔軟な生産体制への移行という点で、イギリスが西ドイツに対して大幅な遅れをとっているということ、この点を——積極的に表にだした訳ではないが——実践的な問題関心として踏まえている。後者は、アメリカの大量生産体制がそれに適合的な階級調整機構を生みだした点に着目しながら、アメリカは、まさしくそのことの故に、西ドイツ・イタリア・日本に対して、遅れを取っているとする。

ラッシュ＝アーリも、ピオリ＝セーブルも、共に、第二次大戦後の歴史学が前提としてきた比較史の基軸を、事実上、逆転している。というのも、現在、先端を進むものとしてモデルとされるのは、イギリスやアメリカのニューディール型民主主義ではないからである。ピオリ＝セーブルの場合には、対照性はさらに目立っている。というのも、彼らの場合、ニューディール型のアメリカが停滞する一方で、西ドイツ・イタリア・日本という、かつてのファシズム諸国が進歩の側に立つ、という構図となっているからである。

以上のように、ニューディール型の社会体制を世界史の進歩の側におく、という戦後歴史学の基本前提は、すでに過去のものとなった。ニューディールは、むしろ、国家・資本・労働の三極において、いずれも、全国的規模の統制力をもった中央集権的コントロールを前提とするのであり、まさしく、ネオ・コーポラティズムと呼ぶにふさわしいことが、当然のこととして諒解されるにいたったのである。これに替わって、いまや、大量生産体制から柔軟な生産体制への転換が、比較史的考察の新たな規準として登場する。このテーマの周辺には、組織資本主義から脱組織資本主義へ、中央集権から地方分権へ、集権的労働運動から新しい社会運動(反核・女性解放・エコロジー・エスニシティ等)へ、といった諸テーマが位置を占めている。

だがしかし、ラッシュ＝アーリ、ピオリ＝セーブルらの論調に我々が直ちに唱和することができるか、といえば、これもまた、否とされなくてはなるまい。というのも、彼らの展望は、新しく生みだされつつある体制への期待がいささか過剰であり、そのために、それがもたらすであろうマイナス面について、十分な目配りを欠いているからである。

例えばラッシュ＝アーリをみよう。彼らによれば、ポストモダンの文化的潮流は、体制に同調する面を残すとはいえ、相対的にみて「無階級」的文化形式だ、とされている。ピオリ＝セーブルの場合にも、柔軟な生産体制はプルードン的な理想を現実化するもの、と予期される。

私が本稿において戦時動員体制の問題をとりあげたのは、ラッシュ＝アーリやピオリ＝セーブルによって高く評価されている柔軟な生産体制が、かつてファシズムの体験をもった諸社会において先駆的に登場してきたという点に、なお、こだわり続けたかったからであった。ピオリ＝セーブルの著作を読めば判るように、イタリアは西ドイツよりもより柔軟な可能性をもち、日本はイタリアよりもさらに高い柔軟性を備えているとされる。また、ピオリ＝セーブルは、アメリカのミクロ調整機構が戦時動員体制と結びついて出来上った、その意味で歴史的に特殊な制度であることを正しく認識しながらも、西ドイツ・イタリア・日本のケースについては、戦時動員体制との関わりに何ら積極的な意味を認めていない。これはバランスを欠いた評価と言うべきであろう。

我々は、今や最先端をゆくとして世界の注目を浴びはじめた日本の産業組織が、戦時動員体制期において横断的労働組合の徹底的弾圧という抑圧的歴史を持ったことを、また、そうした抑圧的歴史を経たが故に、早熟的に会社組合的形態を発達させたという事実を、忘れることはできない。ニューディール対ファシズムという比較の基準は、確かに、今では歴史研究の中心軸たりうる地位を喪った。とは言え、世界史の先端をゆくポストモダン型社会の典型――つまりは日本――が、ファシズムという暗黒の時代をもったが故に、現在、会社組合を中心として強固な労資のアイデンティティを保持しえているという、この逆相関関係を見落してはならない。

この逆相関関係を念頭において事態をとらえ直してみると、ポストモダンの先頭を走ると言われる日本社会の貧困さが、否応なしに浮び上ってくるであろう。この社会においては、すべての人間が今や自分をミドルクラスだと感じている、とされる。しかし、実態としてみれば、それは全くの幻想という他ない。ミドルクラスの内部には、企業やその内部部局の頂点に立ち、高度なプログラムの実現に権力意志の充足を感じうるエリートと、彼らエリートのマシーンとして走狗の如く駆使される下層ホワイト・カラーの階級的区分が、蔽い難く存在している。労働組合の批判的力量が著しく低下している現在では、鋭く分化しつつあるこの分割線を押し戻しうる社会的対抗力は、どこにも存在していない。男女雇用平等化を目指した法律の効果も、ごく一握りのエリート志向女性を解放したにとどまっているというのが、実状であろう。現在、エリートを志向しはしない男女の下層サラリーマンが、ミドルクラスとか大学出の幹部という幻想をテコに、いかに非人間的な時間外労働や配置転換あるいは単身赴任を強制されているかは、周知の通りである。そして、今や、不足している単純労働力の壁を突破すべく、第三世界からの移民労働者導入が日程化されつつある。

国家論の領域についても、ラッシュ＝アーリの見解は安易にすぎないかを、慎重に吟味しなくてはなるまい。ウエイツの研究によれば、国家は、言語共同体関係をそなえたナショナルなアイデンティティ形成において、正当化の焦点として機能する。この機能をテコとして駆使しつつ、現代国家は、階級紛争の制度化を推し進めてきたのであった。しかし、現時点においては、かかる意味での国家機能は、少くとも先進産業諸社会においては、すでに完了の段階に入り、その役割を果たし終えたといってよい。ネオ・コーポラティズムの役割が終焉し、国家の果たす統制的機能が大幅に後退しつつあるかにみえるのはそのためである。この限りにおいて、ラッシュ=アーリの指摘は貴重な問題提示として受けとめるべきである。とはいえ、この先さらに国家は後退を重ねてゆき、マルクスの予想した「国家の死滅」過程が、「無階級的」なポストモダン文化の波に乗って進行してゆくと見るならば、それは甘すぎるだろう。

むしろ我々は、一見、国家の後退と見えるこの事態のなかに、国家の果たす役割の変化が示されていること、言いかえれば、国家が統制機能において新しい課題を担う地位に就いたということを、見届けねばなるまい。世界大の規模をもつ自己組織的体系として資本主義がその姿を整えるに伴い、先進産業諸社会の国家装置は、世界資本主義システムの安定的成長を支える下位体系として機能するようになったのである。一七世紀の誕生から二〇世紀中葉の帝国主義にいたるまで、近代の国民経済は、資本主義がそこを根拠として成長してゆく母胎であった。国民国家は、資本主義に対して支配の正当性を保証し、これを権力的にバックアップする上位体系であった。しかし、今や、両者の位置関係は逆転した。

資本主義は、世界システムとして自己維持的性格を獲得し得たのであり、それに伴って、国民国家の方が下位体系としてこの自己維持的システムの成長に貢献すべく、編成替えされたのである。I・ウォラースティンの「世界システム論」が社会分析の枠組として多くの読者の共感を呼ぶのは、このためである。

今日、対抗的社会運動は、国民経済という枠組を前提とし、その内部に視野を限定していたのでは――例えば、日本経済はアメリカ経済に従属している、という観点を中心に据えたままでは、あるいはその逆に、日本は帝国主義国家として自立した、という図式に固執しているままでは――、もはや展望をもち得ない。自己組織的体系としての世界資本主義を正面に見据えつつ、国境を超えた連帯へと視野を広げてゆくこと、この点が問われているのである。先に言及した「新しい社会運動」が、一見すると超階級的な普遍性を帯びて登場したのは、そのためであった。

戦時動員体制は、あるいはニューディールという型をとり、あるいはファシズムという姿をとりながら、先進資本主義諸国において、資本が社会的諸モーメントを全包括的に掌握するプロセスであった。自己組織的体系としての世界資本主義は、強力な国民的統合というこの前史をふまえて登場する。国家・資本・労働の三領域において、ともにナショナルなコントロールが後退しつつあるかにみえる現局面は、決してそのままで「無階級文化」を指向するものではあり得ない。それは、いまなお、前史が経由した抑圧の刻印を残しているのであり、また、抑圧を、例えば受験競争という形式的には平等な手続を介して、ますます加重しつつある。

戦時動員体制の比較史的考察は、脱組織資本主義の時代としての現在を照らしだす反射鏡である。世界の社会史研究者たちが、日本を柔軟な生産体制のモデルとして注目しはじめた今、そうした像の一面性を正すカウンター・クレイムを提示することは、我々の緊急の責務なのである。

第3章　方法的序論——総力戦とシステム統合

一　総力戦と社会の編成替え

日本の現代史にかんしてこれまで支配的であった見解を要約すれば、以下のようにいえるであろう。ファシズム時代の日本の歴史は近代社会が歩むべき本来の成熟過程から外れた非正常なコースをたどった。大正期（一九一二－二六年）に進展した民主化の傾向はファシズムの時代にいたって頓挫したのであり、それに替わって非合理的な超国家主義をイデオロギー的支柱とする強権的体制が国民を逸脱した戦時動員の軌道へと強制的に引き出していった。一九四五年の敗戦とともに始まった戦後改革は日本の歴史を大正デモクラシーの路線へと復帰させることとなった。一九四五年以後今日にいたる日本の歴史は、この戦後改革を起点としている。(1)

日本現代史にかんするこの見解を世界史に投影した場合、そこに出てくるのは第二次世界大戦の構図を非合理的で専制的なファシズム型の体制（ここにはドイツ、イタリア、日本が含まれる）と、合理的で民主的なニューディール型の体制（ここにはアメリカ合衆国、イギリス、フランスが含まれる）の対決として描きだす方法である。(2)

以上の見解には、今日でもそれなりの妥当性が見いだせるといってよい。しかし、こうした見解だけでは解きあかせない問題がすでに我々の周辺をとりまいているのも確かである。ニューディール型の民主主義体制ははたして我々に望ましい社会を約束したといえるであろうか。それは、確かにあらわな全体主義体制にたいしては民主的であったといえるのであるが、巨大化した国家官僚制の支配をもたらしたし、また、企業や学校や医療その他のあらゆる組織において専門家を頂点とする中央集権的なハイァラーキーを生み出したという点で、民主主義のありかたにおいて問題をはらむものであったといわねばなるまい。また、そこにおいては、官僚制的硬直化にたいする批判的対抗力として期待される労働運動でさえもがすでに体制の一部として制度化されたのであった。ニューディール型の民主主義体制においても、社会のあらゆる分野は巨大化した組織へと編成されたのであり、批判的対抗運動もシステムの存続を脅かすものではもはやなくなってしまった。その意味において、そこにもある種の全体主義と呼んでよい兆候が現れていたのである。(3)

ここで忘れてならないのは、ニューディール型の社会といえども、二つの世界大戦を経過することによって、そこから不可逆的な変化をこうむったということである。ニューデイール型の社会がしめす以上のような特徴は、人的および経済的資源を動員するにあたって高い効率性をしめすという点で、戦争遂行に適合的であった。というよりもむしろ、ニューディール型の社会も、ファシズム型の社会がそうであったのと同様に、二つの世界大戦が必須のものとして要請した総動員によって根底からの編成替えを経過したとみるべきである。(4) とするならば、我々は、現代史をファシズムとニューディールの対決として描きだすよりも以前に、総力戦体制による社会の編成替えという視点に立って吟味しなくてはならない。ファシズム型とニューディール型の相違は、総力戦体制による社会的編成替えの分析を終えた後に、その内部の下位区分として考察されるべきである。

総力戦体制のもとで進行した編成替えを吟味するにあたり、我々はその編成替えをどのように規定すべきであろうか。この点についての考察は、近代社会がその成立いらい、第一級市民とその他の市民の区分という階層性をそのうちにはらんでいた事実に注目することと、ここから始めなければなるまい。近代社会は強力な国民国家としての政治的統合なしにはありえなかったのであるが、この国民国家においては、宗教的な価値によって権威づけられた理念的な市民像が前提されてきた。例えば日本については一八九〇年に発布された「教育勅語」がその基準をしめしており、アメリカ合衆国においてはＷＡＳＰ（White Anglo-Saxon Protestant）がそれに当たるであろう。この理念的な市民像からすれば、それに適合的な資格をもった市民のみが本来の市民なのであり、その他の市民は第二級ないし第三級の市民として格付けされることとなった。こうした劣位におかれた市民としては、まず第一に労働者階級があげられる。法体系をその形式に即して解釈する限り、労働者階級を劣等市民とする根拠はないのであるが、労働者階級は雇い主である資本家と市場経済の場で交渉するとなると、圧倒的に不利な立場に立たされた。ここから労働者階級の闘争が起こってくる。日本についていえば、第一次世界大戦期における前例をみない経済的活況をへた後に、ロシア革命の影響もあって労働運動は激化し、農村の小作争議と連動して社会的な危機状況がもたらされた。

劣等市民としての位置に甘んじなければならなかった集団としては、その他に日本における朝鮮人やアメリカ合衆国における黒人のようなエスニック・グループ、および女性をあげる必要があろう。これらの集団も、ある場合にははっきりと法の規定に明記される形で、またある場合には抜きがたい社会的偏見を通して、国家市民としての正当性を剝奪されていた(5)。

総力戦体制においては、一国の経済的資源のみならず、人的資源までもが戦争遂行のために全面的に動員されなければならなかった。劣位の市民の存在は総力戦の遂行に際して重大な障害とならずにはいない。というのも、市民としての正当性を与えられていないい劣位の諸グループは、政治的責任を負うべき位置に立たされていないがゆえに、総力戦の遂行にあたって主体的な担い手になろうとする内面的動機を欠いていたからである。ドイツッのナチズムが行った「強制的均質化」（Gleichschaltung）について、シェーンボウムは「ヒットラーの社会革命」と呼ばれてよい内容がそこに含まれていたと述べている。ナチズムは、一方では、世界支配の使命を帯びたゲルマン民族というイデオロギーをもちだし、非ゲルマン民族の差別を、さらにはユダヤ民族の排除を押し進めた。しかし、他方においては、世界支配の課題を担った集団の内部については、総力戦時代における民族の運命的共同性という標語のもとに、社会的身分差別の撤廃に取り組んだのであった。「強制的均質化」を前者の意味においてではなく、シェーンボウムのいう後者の意味においてとらえるならば、それはナチズムによってのみとられた特殊な方策だとみるべきではない。むしろそれは、第二次世界大戦の主役となったすべての諸国（ニューディール型国家を含む）でとられた方策であった。

総力戦体制は、こうして、近代社会がその成立期いらい抱え込んできた紛争や排除のモーメントに介入し、全人民を国民共同体の運命的一体性というスローガンのもとに統合しようと試みた。「強制的均質化」は、戦争遂行という非日常的で非合理的な状況によって促されたのであるが、しかし、それだけにとどまったのではない。それは、人的資源の全面的動員に際して不可避な社会革命を担ったという点で合理化を促進した。この「強制的均質化」を通じて、社会のすべてのメンバーは戦争遂行に必要な社会的機能の担い手となること、このことが期待されたのであった。総力戦体制は、社会的紛争や社会的排除（＝

近代身分性）の諸モーメントを除去し、社会総体を戦争遂行のための機能性という一点に向けて合理化するものであった。社会に内在する紛争や葛藤を強く意識しつつ、こうした対立・排除の諸モーメントを社会制度内に積極的に組み入れること、そうした改革によってこれらのモーメントを社会的統合に貢献する機能の担い手へと位置づけなおすこと、このことを総力戦体制は必須要件としたのである。こう考えてみれば、総力戦体制が機能主義的に組織されたシステム社会の成立において重要な経過点をなしたことは、すでに疑いないところだといってよい。第二次大戦終了後、諸国民社会は平和な日常的体制に復帰したのであったが、しかし、この復帰は大戦前の状態の回復を意味しなかった。第二次大戦後の諸国民社会は、総力戦体制が促した社会の機能主義的再編成という新たな軌道についてはそれを採択し続けたのであり、この軌道の上に生活世界を復元したのである。

以上の見通しに立脚することにより、この序論では、総力戦体制によって遂行された編成替えの性格を「階級社会からシステム社会への移行」という観点に立ってとらえてみることにしよう。(6) この私の仮説が有効であるかどうかは、今後の歴史研究に待つ他ないが、ここではさしあたり、現代におけるシステム論的社会理論の起点をなしたタルコット・パーソンズの所説を取り上げ、システム社会にかんする彼の構想がどれほど総力戦体制下に進行した編成替えと照応しているかを考察することとしよう。システム論の成立が総力戦時代という歴史的背景と密接に関連していたことが明らかになるならば、そのことは「階級社会からシステム社会への移行」という問題設定の妥当性を証明するにあたり、少なくともその一つの論拠となるであろう。この作業を行うにあたって我々は、一九世紀初頭においてすでにシステム論的方法と呼んでよい社会認識の枠組みを提起していたヘーゲルの観点を参照する必要がある。というのも、ヘーゲルの体系は旧帝国主義時代といってよい英仏三〇年戦争の後、フランス革命によって「ヨーロッパ旧体制の危機」が顕在化した時点で構想されたものだという点で[7]、第一次世界大戦とロシア革命、それに一九二九年恐慌に集約される「資本主義の一般的危機[8]」を時代背景とするパーソンズの構想ときわめて似通った問題関心を、さらにはきわめて似通った方法をしめしているからである。ヘーゲルにおいても、また、パーソンズにおいても、システム論は一つの歴史的時代が終焉し、新たな社会秩序が誕生しつつある状況を背景として登場したのであった。ヘーゲルにおけるシステム論の構想は、やがてマルクスによって継承されたのであるが、このマルクスは、家族・市民社会・国家のトリアーデからなるヘーゲルのシステム論からもっぱら市民社会（資本主義）という側面のみを引き出し、伝統社会ないし身分制社会とは区別される「階級社会」の編成を描きだすこととなった。これにたいしてパーソンズは、総力戦という時代状況を背景として「階級社会」から「システム社会」への移行を検証してみせたのである。

この事実が確認されてみると、そこからさらに次の問題設定が可能であることに気づくであろう。ヘーゲルのシステム論とパーソンズのシステム論には、その相似性にもかかわらず明らかに相違している面がみてとれる。この相違は、ヘーゲルのシステム論が「階級社会」の登場期に現れたのにたいして、パーソンズのそれが「階級社会」から「システム社会」への移行期に現れたということ、この点に由来している。とすると、両者の理論枠組みを比較することにより、我々は「階級社会からシステム社会への移行」がその内実においていかなる変容を経過するものであったかについて、貴重な示唆を得ることができるはずである。以下の検討は、第一にシステム論の形成を「資本主義の一般的危機」⇩総力戦の時代的所産として理解すること、第二にヘーゲルのシステム論とパーソンズのシステム論の間にみられる理論枠組みの相違を通して、一九世紀型の社会から現代社会への変容がいかなるものであったかを吟味すること、この二つの問題設定に即して進められるであろう。

二　ヘーゲルからパーソンズへ

1　社会秩序の可能性

ニクラス・ルーマンは、システム論的社会理論の特徴を集約すれば「いかにして社会秩序は可能か」という命題に帰着すると述べている。システム論が登場するまでの社会科学は、ルーマンにいわせれば、一定の秩序をもった社会が実態として存在しているということを疑うことなく前提していた。社会科学の目標は、そこでは、この秩序の存在を探り当て、この秩序を成り立たしめている社会の客観的構造を明らかにすることへと向けられていた。要するに、システム論登場以前の社会科学は、確実に存在するものと前提された社会についてその構造を確定し、その構造の内部で働いている規則正しい法則性を明らかにすること、このことを本来の任務としていたのである。一九世紀にいたってそのスタイルを完成させた社会科学にあっては、こうして、確実性こそがその研究の目標だったのであり、不確実性は社会科学の真理性を損なうマイナス要因に他ならなかった。一九世紀型の社会科学においては、不確実な世界への探究を進めることによって、その世界を知識による支配が可能な確実性の領域に転換してゆくこと、このことが第一の目標とされたのである。

だがルーマンによれば、今日、社会科学にとってそうした客観科学としての特徴をそのまま維持することはできなくなっている。というのも、社会的機能の複雑な分化が極度に発達したために、社会は多様な下位体系へと細分化されたからである。これらの下位体系は、それぞれに自己言及的な自律性をもち、他の諸下位体系との間に発生する予測不可能な複雑性を対応可能な課題へと単純化＝縮減する。この単純化＝縮減も、なるほど複雑性を人間の知識によって処理可能な形式へと転換するプロセスなのであるが、しかし、そこでなされた単純化＝縮減は対象としての複雑性について完全に知り尽くすことを意味しない。単純化＝縮減は、あくまでもさしあたり処理可能な対象へと複雑性を加工し、一定の形式性へと還元する方法なのであって、対象としての複雑性そのものは相変わらず不可知で不気味な暗黒に閉ざされている。カント的にいえば、複雑性は物自体として人間知の外側にとどまったままである。それだけではない。複雑性を単純化＝縮減するという社会的解釈行動は、その解釈行動が呼び起こす連鎖反応そのものによって新たに予想不可能な複雑性の領域を生み出してゆくのである。

かつての社会科学にとって不確実性はあってはならないものであり、あるいは克服すべき対象であった。しかし、システム論の方法からすれば、不確実性はただちに非正常なのではなく、社会の機能的運行がいたるところで不確実性に直面することはむしろ正常な状態だとされねばならない。不確実性を社会科学から排除するのではなく、不確実性＝予想不可能性を内にはらんだ新たな方法が必要となっている。このルーマンの構想においては、不確実性と正常性とは相互に背反する二元性として対立しているのではもはやない。「不確実性と正常性とをいかにして理論的に総合するか」ということ、これがシステム論の課題だとルーマンはいうのである。かくして我々は、ルーマンとともにこういうことができるであろう。「いかにして社会秩序は可能か」という命題こそは、一九世紀型の社会科学から現代の社会科学への方法的転換を告知する標語に他ならないのである。(9)

社会的諸事象の客観的実在を前提することはできず、したがって、社会システムは絶えざる秩序の再構築を自己の課題として引き受け続けなければならないというこの命題は、「資本主義の一般的危機」を経過した後における社会科学のありようを物語っている。社会秩序はすでにそこに与えられてあるというものではない。あるいはヘーゲルやマルクスがいうように、不安定な変動のプロセス自体がそのうちに論理的あるいは歴史的な法則的秩序（＝弁証法）をはらんでいるというわけではない。そうではなくて、社会秩序は不確実性に直面してそれを処理し続けるシステムの能力によって初めて可能となる。この命題は社会システムが「資本主義の一般的危機」をいかように乗り越えたかをしめしている。この命題には、危機によって顕在化した社会システムの動揺が方法的に組み込まれているのである。社会システムは不動の秩序の実在によって安定しているのではない。「資本主義の一般的危機」以後、秩序のゆらぎと動揺を内在化することに成功したシステム社会が現れた。そのことによって初めて、社会は不確実性に取り巻かれながらも、その不確実性を危機にまでいたらせることなく処理することができるようになったのである。システム社会とは、絶えざる危機に直面しながらも、その危機の具体的な発現をゆるやかな水準へと中和し、このことによって危機管理が可能となった段階の社会を表す名称である。

2　近代社会のシステム論的考察――ヘーゲル――

ヘーゲルにとって近代社会の出現はまさしく絶えざる不安定性を呼び起こす危機状況の出現を意味していた。神学を学ぶ学生だったころにフランス革命に出会った青年ヘーゲルにとり、革命は新しい可能性を告知する時代の始まりを意味していた。しかし、フランス革命の経過とともにあらわとなった血なまぐさい権力闘争や、産業革命をいちはやく経過したイギリスを周期的に襲うこととなった景気後退と恐慌は、ヘーゲルをして次第に近代社会にたいする懐疑へと向かわせることとなった。[10] 一八二〇年代に行われた『法哲学講義』においては、ヘーゲルの関心はすでにフランス革命への熱狂から遠いところに到達していたのであり、それに替わって「いかにして社会秩序は可能か」という問題が彼の心をとらえるようになった。彼にとって、近代社会の客観的構造連関の解明は、決してそれ自体として秩序のありようとその秘密を明かしてくれるものではなかった。『法哲学講義』は本格的に登場しつつある資本主義の客観的構造連関を「市民社会」という次元でとらえたのであったが、この「市民社会」は倫理的精神の分裂態に他ならず、他の二つの社会領域――自然的倫理態である家族および理性的反省次元の倫理態である国家――とのシステム連関によって補完されることなしには決して安定しないのであった。周知のように、ヘーゲルは近代社会のシステム連関を、家族⇩市民社会⇩国家という底辺から頂上に達する移行の論理によって、つまりは下から上へと上昇する垂直的な運動によって説明することとなる。後にみるように、パーソンズの場合には、システム連関は同じ平面に属する諸下位体系の間の境界相互交換という水平的な運動によって説明されることとなった。

神学校時代のヘーゲルと『法哲学講義』時代のヘーゲルの中間に位置する一八〇七年の『精神現象学』には、フランス革命への彼の熱い思いがなお濃厚に残されていたとみてよいであろう。ここには、「ヨーロッパ旧体制の危機」を経過することによって新たな可能性をもった秩序が現れるとする展望が前面に押し出されていた。その点は、『精神現象学』の方法においてその基軸をなす「相互承認」の論理と、この「相互承認」論の帰結として導き出された「主と奴の弁証法」の構成を吟味することによって明らかとなる。『精神現象学』の方法が危機の時代を表現するという点について、最も鋭敏な解読法を提出したのはコジェーヴであった。二つの世界大戦の間という緊張に満ちた時代にパリにあったコジェーヴは、ここで『精神現象学』について従来の解釈を覆す画期的な解読法を発見したのであった。コジェーヴのこの発見にあたって鍵となったのは、ハイデガーの『存在と時間』であり、また、新たに発掘されて話題となっていたマルクスの『経済学・哲学草稿』であった(11)。

ハイデガーの『存在と時間』が第一次世界大戦という血と硝煙の臭いがただよう時代に産出されたということ、従来の戦争がもっていたある種の牧歌性を完全に過去のものとしてしまった無数の死者の記憶を素材として書かれたということ、このことをここで忘れるわけにはいかない。マルクスの『経済学・哲学草稿』もまた、一八四八年という全ヨーロッパを震撼させた変動を予感して書かれたものであった。そもそもヘーゲルの相互承認論そのものが、これまた一七世紀イギリスの騒然たる革命状況を背景として生き、その時代状況を冷厳な眼でとらえていたホッブズから多くの示唆を受けていた。要するにヘーゲルは、ヨーロッパ旧秩序の危機の時代に生き、その危機の時代の経験を素材として体系構築を行った哲学者だったのである。危機の時代は人々に平穏な人生を保証しない。危機の時代の哲学は、だから、死の脅威と向き合わざるをえないのであり、死の脅威の意味づけによって生を語るというスタイルをとらざるをえない。

ヘーゲルは人間の歴史的発展を「自由な意識」の発展とみなしていたのであるが、この「自由な意識」は自己の生存を賭して行われる「相互承認のための闘争」を経過することによって初めて獲得されうる。この闘争において、死をも恐れず自己の主張を貫徹し、そのことによって他者に自己の尊厳を認めさせた者、その者が支配者として主の座を獲得する。それにたいし、死を恐れて闘争の場から脱落した者は、主の尊厳を認め、これを受け入れる。「自由な意識」の発展において能動的な役割を発揮するのは主の側であり、それにたいして奴の側は受動的な位置に押し止められる。だがしかし、いったんは確定した主と奴のこの関係は、やがて次なる過程を経ることによって逆転する。というのも、主は承認へと向かう闘争に勝利することによって自己の人間性を確立するのであるが、そのことによって労働から解放されるからである。労働からの解放は同時に労働からの疎外を意味する。主はいまや奴の労働によって産出された富を一方的に享受するだけの存在になるのであって、その意味においては受動的存在へと転化する。これにたいして奴の側は、彼の労働を通して自然的世界のなかに立ち入り、自然的世界を変化させる。奴の労働は自然的世界を変容させてこれを人間化された歴史的世界に脱皮させるのであるが、この創造的活動を通して奴自身も変化し、新たな自己を創造してゆく。かくして奴は、主を排除し主を死にいたらしめることによって主を廃棄するところまで自己自身を変化させてゆく。コジェーヴが提示する『精神現象学』の筋道を要約すれば、以上のようにいえるであろう。みられるとおり、コジェーヴは「相互承認のための闘争」の解釈についてはハイデガーの観点を適用し、「主と奴の弁証法」の解釈についてはマルクスの方法を適用しているのである(12)。

死すべき存在としての有限な人間は、死を予定されているというその限界のなかで自己の尊厳を賭けた闘争を繰り広げる。この尊厳を賭けた闘争こそは「自由な意識」の発展を可能にする。『精神現象学』のこの筋道は、この時点のヘーゲルがヨーロッパ旧秩序の危機のなかに新たな可能性の誕生を感じとっていたことを物語っている。しかし、身分制社会において主であった旧貴族層がその支配権を失い、労働する奴の勝利を通して市民社会が登場してきたにもかかわらず、この市民社会はヘーゲルが寄せた期待を裏切るものでしかなかった。いまや、ヘーゲルにとって旧秩序の危機だけが問題なのではない。というのも、市民社会の登場そのものが新たな危機をもたらしていると認識されたからである。『法哲学講義』のヘーゲルは、もはや「主と奴の弁証法」を語ることはない(13)。むしろ弁証法は、市民社会を社会システム全体の一つの構成領域にすぎないものとして位置づけたうえで、それを家族および国家という他の二領域との関連において考察する方法へと組み替えられていった。この組み替え作業において、市民社会をそれ自体として自立した領域とみなす功利主義の社会哲学が批判の対象とされた。功利主義社会哲学にたいする対決の姿勢を固めたヘーゲルは、『法哲学講義』における彼の弁証法＝システム論によって明らかにある種の「経済学批判」を意図していたのである。後にみるであろうように、タルコット・パーソンズもまた、一貫して功利主義社会哲学批判の立場を貫徹し、そのことによって彼独特の「経済学批判」を展開したのであった。「経済学批判」はマルクスの専売特許というわけでは決してない。ヘーゲルにおいてもパーソンズにおいても、システム論の展開はそれ自体として一個の「経済学批判」とならずにはいなかったのである。

『法哲学講義』の組み立てを理解するのは容易ではない。そこには相互に矛盾しているのではないかと思われるいくつかの筋道が併存しているからである。まず、一読して最も明らかだと思われる筋道に即して要約してみよう。

『法哲学講義』の第三部「人倫」は、家族にはじまり市民社会を経て国家にいたる移行の論理によって組み立てられている。家族は「直接的もしくは自然的な倫理態」である。家族にあっては、主体性（Subjektivität）と客体性（Objektivität）、特殊性（Besonderheit）と普遍性（Allgemeinheit）という対抗的な諸モーメントは、まだ血の繋がりという自然性に基礎づけられた倫理によって封印され、眠り込んだままである。市民社会への移行とともに以上の諸モーメントは分裂し、バラバラになって活動しはじめる。いまや諸個人は家族の絆を離れて独立し、自己自身の目的達成のみを配慮する特殊性へと純化する。もちろん、特殊性は部分的であり一面的であるがゆえに他者との繋がりを必要とする。ここで特殊者たちが相互に取り結ぶ繋がりはすでに特殊性を超えているのであり、普遍性を帯びているが、しかしこの普遍性は倫理を欠くがゆえに内容がなく、形式的普遍性である他ない。特殊者の形式的連関であるにすぎない市民社会レヴェルの普遍性は、理性的反省によって初めて到達されるより高次元の段階、つまりは国家にまで移行することによって、真に実体的な全体（substantielles Ganz）に到達する。国家公民としての自覚にいたったとき、諸個人は倫理的存在へと立ち返ることができる（『法哲学講義』一五七・一五五節）。

ヘーゲルが『法哲学講義』において見いだした市民社会の普遍性は、実質を備えた真の普遍性ではなく、倫理の分裂態という状況の上に乗っている不安定な普遍性にすぎない。なぜならば、特殊者へと純化した諸個人の立場からすれば、他者は自己の目的を達成するために必要な手段でしかないからである。市民社会の成立によって確かに血縁共同体や地縁共同体の狭い外枠は越えられた。しかし、ここでは人間による人間の手段化が――のちにマルクスが用い、マックス・ヴェーバーによって継承された用語法によれば社会関係の物象化（Versachlichung）が――全面化する（『法哲学講義』一八二節）。

ヘーゲルは、市民社会にみられる形式的普遍性＝物象化の問題性を強く意識せざるをえなかった。周知のように、ヘーゲルはここを論拠として功利主義的社会理論の批判に向かい、とりわけその国家論を批判の的に捉えた。功利主義的社会理論はその国家論として社会契約説をもちだしてくるのであるが、ヘーゲルにいわせればこれは国家論ではなく、市民社会レヴェルの論理である契約を国家にまで延長した言説にすぎない。なぜならば、社会契約説の筋道によれば、国家の存在理由は市民の財産を保護し、市民の人格的自由を保障することとされるにとどまるからである（『法哲学講義』一八二・二五八節）。ヘーゲルはこれにたいして有機体説の立場を対置する。真に意味あるものは公共的な実体としての国家である。国家はバラバラな市民が契約によって構成するというものではなく、市民の存在に先行する社会的有機体なのである（『法哲学講義』一四五節）。

この筋道をたどってみると、ヘーゲルはいかにも保守的な哲学者であるかにみえてくる。保守主義者ヘーゲルは議会の構成についても周到な配慮を怠らない。ヘーゲルの議会論は身分制という中世的関係を保存することを前提として構成されている。一方の議会は「実体的関係を基礎とする身分」すなわち農民・土地所有者身分から選出され、他方の議会は

「特殊的欲求とこれを媒介する労働とを基礎とする身分」すなわち市民社会を構成する商工業者から選出される。市民社会の構成員は生活の基盤を変動つねなき市場関係において いる。ヘーゲルは市民社会のメンバーが国家権力の中心に進出し、政治の領域を占拠してしまうことに大きな危惧の念を抱いていた。農民・土地所有者身分は「自然的倫理の身分」と呼ばれているのであるが、この「自然的倫理の身分」が政治的に意味ある存在なのは、彼らの多くが「譲渡しえない長子相続権(Majorat)を背負い込んだ世襲財産(Erbgut)」の所有者だからである。経済的市場関係から切断され、半永久的に同一の資産を保持し続けるこの世襲財産という形式は、単に市民社会から隔離されているだけではない。それは「国家からの庇護」を受けることなしに存続しうるという点で、近代国家以前的な安定性を保証するというのである(『法哲学講義』三〇三・三〇五・三〇六節)。市民社会的関係から自立した存在である家族とその安定的資産に注目するがゆえに、ヘーゲルは「家族は国家の第一の倫理的根底である」と述べたのであった。ここで「国家の第二の倫理的根拠」として職業団体(Korporation)があげられていることにも注意しておこう。中世社会のギルド制に由来するこの職業団体は、家族が市民社会の外部に存在するのにたいし、市民社会の内部にあって市民社会の物象化を制約すると期待されているのである(『法哲学講義』二〇一・二五五節)。

『精神現象学』時点のヘーゲルと比べた場合、『法哲学講義』時点のヘーゲルが市民社会にたいして著しく懐疑的になっていることがみてとれる。ヘーゲルのこの後退を彼の保守化として批判するのはたやすい。しかし、我々は、ヘーゲルが市民社会の到来によってダイナミックな経済的発展が可能となったことをみてとったばかりではなく、同時に利害の深刻な対立と倫理的頽廃がもたらされずにはいないことを見抜いていたことにも留意しなければなるまい。人間が相互に他者を手段として、つまりは単なる物として利用する関係の全面化は、社会秩序をきわめて不安定なもの、あるいは不確実なものとするであろう。ヘーゲルは最初のシステム論者にふさわしく、彼なりの仕方で「不確実性と正常性とをいかにして理論的に総合するか」という課題に取り組んだのであった。[14]

だが、これだけでヘーゲルにかんする考察を終えるわけにはいかない。というのも、『法哲学講義』には以上の筋道とはかけ離れており、この本筋とはどうしても矛盾していると思われる別の筋道が読みとれるからである。この別個の筋道は、ヘーゲルをして功利主義的社会理論のすぐそばまで連れだすような性格のものであり、そのことによって結局は彼のシステム論的構成を解体する類のものであった。

まず家族論についてみてみよう。ヘーゲルによれば、家族はあくまでも男女「両人格の自由な合意」に基づいていなければならない。ヘーゲルがこう述べるとき、そこには婚姻が自由な人格的結合によるものではなく、「家」と「家」と(Stämme oder Häuser)の結合であった身分性社会への批判が込められていたことに注目しなければならない。ヘーゲルのこの観点は一貫しており、財産所有についても、それは自由意志による結合の単位である夫婦に所属すべきものであり、決して「家」関係に所属すべきものではないとされる。家族財産の相続も、だから、独立した自由な人格という前提に立って論じられている。ヘーゲルによれば、財産相続から娘を除外したり、長男のために他の子供を除外したりすることは「所有の自由の原理」を侵害するものだといわねばならないのであった（『法哲学講義』一六二・一七二・一八〇節）。家族において行われるべき教育についてヘーゲルの発言をみると、そこでは「子供を、その生来の状態である自然的直接性から抜け出させて、独立性と自由な人格へと高め、こうして子供に家族の自然的一体性から出てゆく能力を獲得させる」と明記されていることに気づくであろう（『法哲学講義』一七五節）。ここにみられる家族論は本質的に近代的である。ヘーゲルの家族論は、その具体的な展開について吟味してみるならば、血縁という自然的直接性に重点をおいているものではなく、自由な独立的人格という近代の原理に立っている。ヘーゲルの家族論は、この筋道からみるならば、むしろすでに市民社会論のレヴェルに属しているのである。とすると、ヘーゲルのこの筋道が先にみた身分制に基づく議会制論の内容と全く矛盾することがわかってくる。というのも、議会制論においてはMajoratつきのErbgutという近代以前の家産制的財産関係がもちだされ、この家産制のもつ自然的安定性によって市民社会の不安定性を制御しようという提案がもちだされていたからである。若きマルクスがこの点を取り上げ、ヘーゲル

『法哲学講義』の構想は支離滅裂であって、近代と中世とを和解させようとする「最悪の寄せ木細工」だと酷評したのも無理はなかった[15]。

市民社会論のレヴェルではどうであろうか。ここでもヘーゲルの構想の具体的内容は一見したところで印象づけられるそれとは著しく乖離している。市民社会においては倫理的規定は廃棄されており、「特殊的なものが私の第一の規定者となるという関係」が生じている。だが、市民社会を倫理的分裂態と思わせるこうした印象は、実は正しくないとヘーゲルはいう。この印象は個別的な私の立場に囚われた者の錯覚である。市民社会に生きる人間はあくまでも特殊者として形式的普遍性のレヴェルで活動し、主観的には利己的個人としての自己を意識している。にもかかわらず、この主観的な利己主義者は、客観的には普遍的精神の展開に意識せずして奉仕している（『法哲学講義』一八一節）。『歴史哲学』における「理性の狡智」（List der Vernunft）の発想は、すでにこうして『法哲学講義』の筋道のなかで先取りされていたのであった。この筋道は、ヘーゲルをしてアダム・スミスに始まる経済学へと引き寄せていったのであり、その背後に流れるイギリス功利主義社会哲学の継承者という位置に立たせるものであった。ヘーゲルはスミス、セー、リカードの名前を明記したうえで市民社会についての学の可能性を語り始めている。市民社会はいかにも秩序がなく、無規定的・無法則的であるかのようにみえる。だが、市民社会における「恣意のこうしたうごめきは、それ自身のなかから普遍的な諸規定を産みだすのであって、この一見バラバラで無思想に見えるものが、おのずから生じる一個の必然性によって支えられるのである。ここでのこの必然的なものを発見するのが国家経済学の目的」なのである。ヘーゲルはこの箇所で経済学を天文学に対比している。天文学が「いつも肉眼には不規則な運動しかしめさない」太陽系の動きに整然たる法則性を発見したのとちょうど同じように、経済学は特殊性の活動する市民社会の圏内に普遍的な法則が働いていることを発見したのであった(『法哲学講義』一八九節⑯)。

無秩序な倫理の分裂態とみえる市民社会は、実のところ、その内部に自己調節的機能を備えている。このことが確認されてみると、国家の論理も有機体説のそれとは異なった構成へと向かう方向をたどり始める。ヘーゲルの国家論には、その本来の立場である有機体説を解体させかねない着想がすでに忍び込んでいた。ヘーゲルはマルサスとリカードの間に交わされていた恐慌論争を興味をもってフォローしていたと思われる。市民社会はその倫理的分裂態としての性格からして内部に分裂のモーメントをはらんでいる。経済現象としては、それは生産者と消費者の異なった利害の衝突として現れる。のちにケインズによって有効需要の不足として語られることとなる事態をかなり正確に理解していたヘーゲルは、この問題の解決についてこう述べている。「特殊的利益は、［国家による］上からの規制に反対して右の商工業の自由を求めはするが、しかしそれは、盲目的に利己的目的に没頭してしまえばしまうほど、ますますこうした規制を必要とし、普遍的なものへと連れ戻されるのであって、その結果、私益の危険な突発的衝突は緩和され、そうした衝突が調停される時間的長さも短縮されるのである」(「」内は山之内)。ヘーゲルは有機体説の立場に立つ論者にふさわしく、景気変動にたいする国家の上からの調節を求めているのであり、このことによって国家の市民社会にたいする優越性を認めているかのようにみえる。しかし実はそうではない。というのも、国家の役割は、ここでは、すでに市民社会に内包されている自己調節能力を前提しているからであり、「衝突が調停される時間的長さを短縮」するという観点から論じられているからである。「この衝突は、上からの規制がなくても、知らず知らずのうちに必然的な道をたどってついには調停されるであろうが、それに要する時間的長さが、上からの規制によって短縮されるのである」(『法哲学講義』二三六節)。ここでの国家の役割は、みられるように、市民社会が内包している自然的な治癒力を上から補助する控えめな看護者のそれであるにすぎない。

ヘーゲル『法哲学講義』における構想は、それが掲げる有機体説的国家論という建前にもかかわらず、功利主義的社会理論の論理に引き寄せられてゆく誘惑にさらされていた。市民社会がその内にすでに自己調節的能力を備えているとするならば、また、その自己調節能力を——あたかも天体にかんする天文学の知がそうであったように——市民社会のなかに読み取る学=経済学が成立可能であるとするならば、家族・市民社会・国家のトリアーデによらずしては倫理的実体性の回復が望めないとしたヘーゲルのシステム論はその根拠を失うであろう。こうして、ヘーゲル『法哲学講義』のなかには、ヘーゲルのシステム論を解体させてゆく契機がすでにはらまれていた。実際、一九世紀における社会科学の歩みは、ヘーゲル的総合を解体して経済学・政治学・人類学・社会学等へと分解する方向を歩んでいった。諸学はそれぞれに固有の対象領域を占有しているのであり、諸学の科学性はそれぞれが有する自己完結性によって保証されるのだということ、これがこの解体を正当化する論拠であった。とりわけ経済学は、ヘーゲルでさえもが遂にはその軍門に下ってしまうほどの説得性を備えていた。しかし、第一次世界大戦を経過した後ともなると、時代は『ヨーロッパ諸学の危機』(フッサール[17])を自覚せざるをえない段階へと入り込んでいた。「資本主義の一般的危機」は否応なしにヘーゲル的総合の解体がもたらした咎めを明らかにしたのである。ヘーゲルへの回帰がここに課題として浮上せざるをえなくなる。とはいえ、このヘーゲル回帰はヘーゲル体系の解体を経過した後の動向であらざるをえない。タルコット・パーソンズが『社会的行為の構造』(一九三七年)において自覚したのはこうした問題状況であった。

3 現代社会の機能主義的再編成——パーソンズ——

社会科学は乗り越えがたい障壁にぶつかって立ち往生している。この難局はこれまでの社会科学が依拠してきた功利主義哲学の限界を物語っている。『社会的行為の構造』は、功利主義的社会理論を前提とする限り当面する時代状況――「資本主義の一般的危機」と我々が呼んでいる状況――を突破する可能性は開けてこないという発想に立って、社会理論に新たな方向を与えようとする試みであった。『社会的行為の構造』が着手したこの試みは誠に壮大なものであった。それは、一方では功利主義とは質を異にする観念論哲学の伝統をドイツに探り、社会的行為の理念的根拠づけという点でマックス・ヴェーバーにまでいたりつく。他方でそれは、フランスの思想伝統を訪ねてデュルケームから規範的統合の観点を引き出してくる。[18] ここでパーソンズが到達するのは、社会的行為にかんする功利主義の前提を批判し、それにかわって主意主義（voluntarism）の立場を設立するというものであった。こうした大がかりな探究の全体を再現する余裕は我々にはない。ここでは、『社会的行為の構造』がその冒頭において展開したホッブズ論とロック論に即して、パーソンズが功利主義的社会理論の問題点をどのようにとらえていたかを吟味すること、この点に検討を限定することとしよう。

パーソンズによれば、功利主義的社会理論の特徴は次の四点に集約される。一、諸個人の独立性が強調された結果として社会的な相互関係にかんする共同性の契機は欠落してしまい、世界は原子論的様相を帯びたものとして描きだされる。二、諸個人の行為を動機づけるのは目的・手段関係における合理性であるとされた結果、宗教や儀礼といった目的合理性を超える領域にかかわる行為動機について社会学的な評価ができなくなってしまう。

三、他方、実証的で経験的な検証によって因果関係を確定するという科学思考は大いに促進される。四、諸個人の行為を動機づける目的は、目的合理性の側面を除けば相互にランダムだとされ、科学的考察の対象外に排除されてしまう(*Structure*, pp. 51–60)。

市民社会において展開する経済的行為は、一見すると全く恣意的で個人的な道具主義的=目的合理的動機によって支配されているかにみえる。ここでは社会的に共同化された行為の規範的整合性は欠落しているかにみえる。功利主義的社会理論においても、すでに初発からその点に由来する難点を主題化した人物が存在していた。市民社会の状態を「万人の万人にたいする闘争」として描きだし、そのことのゆえに社会契約によるレヴァイアサン国家の創設が必須の条件となると指摘したホッブズは、そのことをよく承知していた。パーソンズは、こうして、功利主義的社会理論の創設者でありながらややもすると異端的位置に立つとされがちであったホッブズに、自らの発想の源泉を見いだしたのであった。物象化された道具主義的世界においては「万人の万人にたいする闘争」が常態とならざるをえないのであって、この場合、社会秩序はその外部に強力な権力的調整者を設立することによって初めて保持されることとなる。パーソンズにいわせれば、功利主義的社会理論の出発点に位置したにもかかわらず、「秩序問題」のもつ重要性を論じ尽くしたという点で、ホッブズこそは一般的危機の時代における新たな社会科学の設立にあたって最も注目すべき思想家なのである。といっても、パーソンズはホッブズをそのまま受け入れるわけではない。パーソンズは、ホッブズが市民社会の外部に権力的調整者をおいたのにたいして、調整機能をシステムの内的作用としてとらえ直す方向に向かった。後述するように、権力もまた、パーソンズの場合、市民社会の外部にあって市民社会にたいして発動されるものではなくなり、市民社会のシステム連関を維持する統合作用としてシステムの内部に位置づけ直されることとなった。この点でパーソンズの構想は、ホッブズのそれと異なっているばかりではなく、ヘーゲルのそれとも異なるものとなった。だが、ヘーゲルとの相違を論ずるのはまだ早すぎる。ここではまず、パーソンズがヘーゲルと同じく危機の時代に生まれた思想家であることの確認から始めなくてはならない。

「目的のランダム性」によって特徴づけられており、それゆえに「ホッブズ的秩序問題」を抱え込まざるをえない状態、これが功利主義的社会理論から不可避的に導きだされる近代世界の問題点である。ホッブズに発想の源をおいたという点で、パーソンズは市民社会を倫理の分裂態とみたヘーゲルと類似の立場に立ったのであった。パーソンズもまた、ヘーゲル同様、危機の時代に生き、危機の克服へと向かった思想家だったのである。

このパーソンズの立場からすると、従来、功利主義的社会理論の出発点に立つ理論家として正統性を与えられてきたロックの価値は大幅に引き下げられることとなる。ロックこそは、あの『統治論』の第五章「財産について」で展開された「労働に基づく所有」の論理によって労働価値説の原型を提示し、そのことによってアダム・スミスに道を開いた人物であった。だが、このロックの議論は、「ホッブズ的秩序問題」の所在に気づいていないという点で、ホッブズに比べて科学的な厳密さに乏しいとされる。ロックは、耕作されるべき大地は無限であり、それゆえに、すべての人間が自己の労働をそれに結び合わせるべき自然の恵みにたいして平等に接近しうるという「非現実的仮定」をおいている（*Structure*, pp. 99f）。この非現実的仮定を疑うことがなかったために、ロックは「既成事実」と「暗黙の規範的仮定」との間にある巨大な距離に気づかなかった。彼は、社会的に成立している安定的秩序（＝既成事実）がその安定性を維持できているのは、一定の規範について人々があらかじめ社会的に合意しているからだということ、このことの重要性を見落としたのである。パーソンズが社会的行為にかんする功利主義哲学の立場を批判し、主意主義の観点をこれに対置するのはこのためであった。社会的諸利害は、ロックがいうように「自然的な一致」（*Structure*, p. 102）をみるものではありえない。それはホッブズが強調するように、なんらかの調整者の働きなしには調和しえない。この調整者をホッブズはレヴァイアサン国家に求めた。これにたいしてパーソンズは、調整者を社会構成メンバーによる規範的合意に求める。ロック以降の功利主義的社会理論は規範的合意が社会秩序においてもつ独自な重要性を無視したのであり、これを「暗黙の仮定」として「既成事実」のなかにすべりこませてしまったのである。ホッブズはこの功利主義的社会理論の歴史において異端的な例外者であった。(19)

以上の論述をみる限り、パーソンズのロックにたいする評価は著しく低い。だが、にもかかわらず、パーソンズのロック論にはこの否定的評価とは異質なトーンが響いていた。というのも、パーソンズにはロックからアダム・スミスにいたる経済学の系譜を貴重な科学的遺産として肯定的にとらえようとする観点も働いていたからである。パーソンズはいう。ロックにおいて「秩序の安定性」という問題が考慮の外におかれたのは、いってみれば、「好運な誤謬」であった。「理論的にはこの「間違った」前提から正しい——といっても一定の限界内においてであるが——帰結が生じ、しかも社会科学においてはおそらく最も高度に発達した理論体系［つまり経済学のこと。山之内］が成長した」からである（*Structure*, p. 101）。パーソンズは経済学の哲学的背景にまでさかのぼり、彼独特の経済学批判を展開する。しかし、この経済学批判は、マルクスの場合とは異なり、ロックにはじまる功利主義社会哲学を根底から覆すことを意図したものではなかった。それは、功利主義的行為理論から主意主義的行為理論への展開を図ることによって、功利主義の観点を目的合理的な市場活動という限定された部分体系——後のシステム論的な表現によれば下位体系——のなかに位置づけ直すこと、このことを意図するものであった。パーソンズの経済学批判は、経済学にたいする革命ではない。それは、経済的行為にたいして規範的合意がもつ関係の考察という、より高次な理論的領域の所在を明らかにし[20]、そのことによって経済学にたいし、それにふさわしい限定された機能的位置を与え直すものであった。それは、経済学が自己完結的な科学ではありえないことを明らかにしたという点で、紛れもなく経済学批判であった。パーソンズは、当面する危機の性格を分析するためには経済学だけでは不十分だということを宣告した。しかし、だからといって経済学は全く不毛だというわけではない。それは「間違った前提」を立てたがゆえに「最も高度に発達した理論体系」として展開しえたというパラドクシカルな意味を付与されたのである。

経済学に与えられたこの理論的位置価の変更は、その他の政治学や家族社会学、あるいは経営学や組織社会学についてもあてはまる。こうしてパーソンズは、一九世紀いらい発展してきた社会科学の個別領域を、主意主義的行為論の観点を中心としてシステム論というより包括的な理論体系のなかに位置づけ直すこととなった。ここでパーソンズの構想をその基本的枠組みにおいて整理するならば、次の二点が重要であるだろう。

第一に、一般的には宗教に由来し、人々の行為にたいして動機を与える価値体系は、それ自体としては高度に抽象的な規範的命題として存在するにとどまる。この抽象的な規範的命題が社会の具体的な場面において作用するためには、次の三つのプロセスのそれぞれが充足されていなければならない。(A)価値体系が社会を構成するメンバーによって共有されるようになり、各メンバーのパーソナリティのうちに内面化されること。(B)価値体系が社会の分節化されたレベルにおいて制度化されること。(C)価値体系が社会のさまざまな集合体レベルにおいてそのメンバーを統合する機能を果たすこと。この内面化・制度化・集合体的統合について論じたものとしては、雑誌『ノモス』に発表された「権威、正当化および政治的行為」(一九五八年)[21]が参照さるべきである。

第二に、社会の主要な下位体系——さしあたり政治・経済・家族・組織の四つ——の間には、いかなる関係が存在しているかを考察すること。この下位体系の相互関係をパーソンズは境界相互交換の図式によって説明するのであるが、この境界相互交換を通じて諸下位体系および下位体系内部のさまざまな集合体に属する各メンバーは社会の有効な機能的運行に貢献することとなる。システム社会のこの機能的運行については『経済と社会』(一九五六年)[22]が参照さるべきである。

中期以降のパーソンズが力を注いだこのシステム論の内容について、ここでこれ以上立ち入るわけにはいかない。ここではただ、「資本主義の一般的危機」の克服という課題に直面したパーソンズが、その危機にもかかわらず社会秩序の成立は可能であることを明らかにする点に関心を集中させていった結果、社会のあらゆる要素とプロセスは全体システムの機能的運行に「貢献」するように配置されているとみなすにいたったこと、このことだけを確認しておこう。パーソンズを特徴づけるこの調和主義的観点は、従来、社会的紛争の原因ないし階級対立の焦点として考察されてきた二つのカテゴリー——すなわち経済学における利潤と政治学における権力——について加えた彼の解釈替えのなかに最も明瞭に現れてくる。

パーソンズにいわせれば、利潤は生存競争に生き残った者が手にする成功報酬なのではなく、また、剰余価値の労働者からの搾取でもなく、あたかもオーケストラの指揮者が受け取る報酬と同じような「組織的統合というサーヴィス」への報酬に他ならない。パーソンズにおいては、こうして資本家は組織的統合という社会的機能を担当することによって社会システムの運行に「貢献」するのである。こうした思考のゆきつくところ、利潤はついには労働者が受け取る賃金と本質的に変わるところはないという規定が現れる(*Economy and Society*, p. 269)[23]。

これと同様に、権力はいまや社会の少数グループが多数グループにたいして行使する支配の現れだとはみなされなくなり、「集合的目標の利益のために事をなさしめるある社会体系の一般化された能力」と定義される('Authority, Legitimation, and Political Action,' p. 181)。パーソンズにおいて権力とは社会の一部の強者が他の弱者に向かって一方向に行使するものなのではなく、社会のすべての構成メンバーによって不可欠な機能として共有されるものなのである。社会の全メンバーは、彼がその社会からの例外的な逸脱者でない限り、権力が果たす集合体的統合の機能によって恩恵に浴するのであって、権力から被害を受ける存在なのではありえない。この意味において、権力は社会のあらゆる領域にわたって拡散しているのであり、社会メンバー全員によって相互に支持され、相互に行使されているのである。かくしてパーソンズにおいて権力は権威と同質化されてしまい、集合体の利益を実現するシステム機能へと一元化されていった。パーソンズによる権威の次の定義——「有効にして正当なる集合的行為」という観点に基礎づけられたところの、「集合体のメンバーからの支持を期待する「リーダーたち」の権利の制度化」('Authority, Legitimation, and Political Action,' p. 186)——は、こうして、先に掲げた権力の定義と内容的に同質である。パーソンズにいわせれば、権威のみならず権力も、社会の安定的運行の維持に貢献するシステム機能に他ならないのである。[24]

三　システム社会と私生活の公共化

パーソンズのいうところによれば、権力とは少数の特権者が社会の多数メンバーにたいして行使する支配の能力なのではなく、社会の安定的運行の維持に貢献するシステム機能である。かつてマックス・ヴェーバーがカリスマという特殊な能力の持ち主と結び付けて理解した権力は、パーソンズにおいていまや社会メンバー全員によってその機能的意味が支持される一般的作用とされる。権力は、だから、社会のいたるところであまねく機能しており、市民のだれでもがそれを行使する潜在的資格を与えられたものとして表象される。この定義において権力者とは、例えば大学の野球部のキャプテンのような集合体のリーダーに他ならない。彼はたまたま集合体の役職者という資格においてリーダーの役割を果たすだけなのであり、彼の役職任期が終われば平凡な一般メンバーの位置に戻る(25)。権力とは、だから、社会のいたるところで作用しており、メンバーが相互に行使し合う秩序維持機能のことなのである。権力とは、ここでは、選出されたリーダーのもとで集合体が自己を維持しようとする規範の作用に他ならない。ここでの権力の表象は、パノプティコンの比喩によって語ったミッシェル・フーコーの権力概念に奇妙に近づいている(26)。両者における権力概念に相違があるとすれば、それは、フーコーが近代社会の権力について批判的吟味という姿勢を堅持しているのにたいして、パーソンズが現代社会の権力についてこれを危機克服の鍵を握る作用とみなし、これに肯定的な意味を付与しているということであろう。両者はともに、権力とは市民社会の外側にあって市民を強制する抑圧機構なのではなく、市民の日常意識の内に内面化された自己規律なのだということを指示している。フーコーが監視の内面化としてとらえた同じ現象を、パーソンズはフーコーに先立って価値の内面化としてとらえたのであった。監視の内面化（フーコー）も価値の内面化（パーソンズ）も、ともに社会システムの自己維持機能において鍵を握るプロセスなのである。

フーコーは監視が内面化されて自己規律に転化する画期を近代社会の成立に求めている。それにたいしてパーソンズは、「資本主義の一般的危機」という時代背景のなかで思考している。この相違にもかかわらず、両者の距離はそれほど大きくはない。フーコーが近代社会成立期に現れる言説様式の変化としてとらえた現象の対応物を、パーソンズはマックス・ヴェーバーの宗教社会学に学ぶことによって宗教改革に求めている。フーコーは近代社会の成立期に焦点を合わせているのであるが、パーソンズは宗教改革期に形成された価値規範が社会システム全体の機能的運行において十分に作用するためには、アメリカ合衆国という新たな天地が必要であったと考えているのである(27)。階級社会としての制約を強く帯びているヨーロッパ諸社会にたいして、アメリカではいちはやくシステム社会への移行が起こった。というのも、アメリカでは経営者革命がはやくから進行し、株式会社が普及していったからである。

権力が特定の人格と直接に結びついている階級社会――ここでは資本家は資本所有者であるとともに経営者でもある――にたいして、株式会社が一般化した現代社会においては、資本所有と経営機能とは制度的に分化している。さらに、資本所有そのものが細分化された結果として、資本所有は個人の手を離れ、生命保険をはじめとする各種の保険・年金基金・投資信託などの投資機関へと団体化されていった。株式会社が全面化した現代社会においては、いまや古典的な資本家は姿を消し、かつて資本家が一身に集中していた権力は、株式会社における官僚制の発展とともに、役職という客観化された機能の内に制度化されていった(28)。権力の客観的制度化というこの現代社会の仕組みにおいては、労働者階級の一員だと主観的に意識している者といえども、法制度化された保険や年金の仕組みに加入することによって、すでに間接的な資本所有者なのである。権力が特定の人格との直接的な結合から解放され、社会内部における役割の細分化に応じて制度化されたこと、このことによって、古典的な資本主義社会の仕組みには本質的な変化が生じた。二つの世界大戦により、この変化は国民国家が要請する社会的動員の仕組みと結びつけられることとなった。総力戦体制は、国民共同体における運命的共同性という事情に促されて、さまざまな社会政策的対応に乗り出さざるをえなかった。この戦時の社会政策的対応は、階級対立を制度化された労資間交渉の場へと推移させることによって、あるいはエスニックな差別を市民的権利の平等という原理によって希釈化することによって、さらに兵役に従事した市民の死亡や傷病にたいする戦時補償という措置によって、先に述べた権力の社会的制度化を全社会的規模へと拡張させることとなった。総力戦時代の社会政策は、かくして、株式会社という企業レヴェルで始まった権力の社会的制度化を、社会全体が準拠すべき公的原則へと引き上げた[29]。パーソンズの社会学は、このような時代の変化に対応して登場したのである。

ここで、ヘーゲルのシステム論にたいするパーソンズのシステム論の相違について我々の見解を整理しておく必要があるだろう。ヘーゲルの場合、社会秩序の可能性は、自然的倫理の場である家族から倫理の分裂態である市民社会への移行、倫理の分裂態である市民社会から理性的倫理の場である国家への移行という垂直的な展開プロセスによって説明されていた。ヘーゲルにおいては、倫理的精神の自己展開を中心におきながら、その自然的統合、自然的統合の分裂、理性レヴェルでの再統合という弁証法的構成がシステム論の骨格をなしていた。

これにたいしてパーソンズのシステム論では、自然性から理性への上向的発展という垂直的構成は姿を消している。確かにパーソンズにおいても垂直的関係は重要な理論的筋道の一つとなっているのであるが、この垂直的関係は、宗教改革によって産出された価値体系が、(a)社会メンバーの行為動機へと内面化されるプロセス、(b)社会の分化された諸機能を担当する仕組みへと制度化されるプロセス、という上から下への下降プロセスとして設定されている。この価値体系の内面化と制度化という中心軸にたいして、家族・企業・政府・組織統合という主要な下位体系は、これに水平面をなして交差する形で関連し合っている。この四つの主要下位体系の相互関係は、四角形の四つの頂点にそれぞれが位置を占め、さらに対角線によって結ばれているという図形を描けば明らかなように、家族―企業、企業―政府、政府―組織統合、組織統合―家族、組織統合―企業、家族―政府、という六本の線で結ばれている。この六本の線で結ばれる関係を、パーソンズはそれぞれの下位体系が産出する固有の要素の境界相互交換という、交換関係としてとらえていた。例えば、家族は労働者を企業に提供するが、その交換に企業は家族に賃金としての貨幣を支払う。この賃金によって家族は企業の産出した財を購入し、それと交換に企業に貨幣を支払う。

このパーソンズの図式において特徴的なのは、第一に、国家は特殊に高次な理性的位置を占めるというヘーゲル的観点が採用されていないことであり、また第二に、市民社会を倫理的精神の分裂態とみなすヘーゲルの観点は消滅していることであり、さらに第三に、家族は市民社会からも国家からも質的に区別される自然的倫理の場だとする論点は姿を消していることである。パーソンズの境界相互交換図式においては、国家は特別な地位を占めるものではなく、単に政府という姿をとって現れるにとどまる。この政府は、企業・家族・組織統合という他の下位体系にたいして、政府でなければなしえないサーヴィスを提供するだけである。パーソンズにおいて国家は市民社会から区別される特別な質を帯びてはいない。国家は市民社会が占める平面と同じレヴェルにまで引き下げられているのである。同様に家族も、もはや自然的倫理の場として市民社会の外部に位置しているわけではない。家族もまた、パーソンズにおいては市民社会と同一の平面に位置している。家族はただ、それに固有なサーヴィスを他の下位体系に提供するにとどまる。

ヘーゲルのそれと区別されるパーソンズのシステム論は、一面からすると、パーソンズが一貫して遂行した功利主義批判にもかかわらず、有機体説的国家論の消滅という点で、功利主義社会理論の完成といってよい性格をもっていた。というのも、国家はここでは個人としての市民に先在する全体的共同体ではなくなっているからである。だが、他面からすると、パーソンズはヘーゲルの構想をシステム化された現代社会に対応する形式へと再構成したといえる。なぜならば、価値体系の内面化と制度化という両プロセスを中心軸とする彼の認識においては、個々の市民は個人であるというよりも社会システムという有機体に所属する細胞のごとき存在だからである。生命体における個々の細胞は、それがもっている相対的な自立性にもかかわらず、全体の有機的運行に「貢献」する。これと同様に、パーソンズの構想における市民は、社会システムの内部に複雑にめぐらされたネットワークに配置され、彼にたいして割り当てられた機能を担当する役割存在と考えられている。ヘーゲルが国家のレヴェルに焦点を合わせて構想した有機体的全体性を、パーソンズはシステム社会というより包括的な場に移したのであった。パーソンズのシステム論は、この意味において、ヘーゲル的有機体説の現代版なのである。社会システムは、パーソンズにおいても、あるいはその洗練された新版であるルーマンにおいても、自己組織性あるいは自己言及性という中心概念が示唆しているように、有機生命体を特徴づけるオートポイエーシスとして構想されているのである。[30]

パーソンズのシステム論は、一九六〇年代の末葉いらい、体制維持的保守性を指摘されるようになり、その権威を失った。パーソンズはニューディールによって頂点に達したアメリカ型民主主義のスタイルを世界の最良のモデルとみなしていた。彼にいわせれば、その他の諸社会はいずれこのアメリカ型モデルへと収斂することとなる。この楽天的な進化論が一九七〇年前後の社会的紛争に直面して崩壊したのは当然だったといってよい。[31] いまやニューディールは、かつての栄光を剝奪されて批判の対象となっている。だがしかし、パーソンズの認識からその体制維持的イデオロギーを取り除いてみるならば、彼の提出した現代社会像を批判的観点に立って再構成することは可能であろう。事実、すでに我々が整理してみたように、パーソンズによって描きだされた現代社会の姿は、ミッシェル・フーコーのそれと類似する面を多分にもっていたのである。

こうしてみてくると、かつてマルクーゼがアメリカ合衆国に代表される現代社会を一種の全体主義とみなしたのも、全く的外れだとはいえなくなってくる。現代社会を洗練された全体主義の世界だとみなす警告は、ミラン・クンデラの発言にも見いだされる。クンデラによれば、東ヨーロッパ社会を覆った一九四五年以降の全体主義は、それがどんなに西側世界と異なったものとみえようとも、現代西ヨーロッパ社会の秩序と全く異質なのではない。現代の西ヨーロッパ社会もまた、きわめて洗練された全体主義の一種に属するのである。現代の日本社会についても、最近、それを巧妙な全体主義的秩序だとみなす発言が相次いだ。代表的な事例として、経済思想史研究者の内田義彦や政治学者の藤田省三のケースをあげることができる[32]。

クンデラがかつての東ヨーロッパ社会のみならず現代の西ヨーロッパ社会をも全体主義の一つの形態だという場合、彼が問題にするのは、個人の私生活が社会的公共性の領域に組み込まれ、「公生活と私生活とがただ一つのものになる」という事態であった。「私生活と公生活とは本質によって異なる二つの世界」である。しかし、現代社会においては、他人の私生活を暴いてセンセーショナルに書き立てるジャーナリズムによって、個人生活の静けさは破られている。クンデラが欠くことのできないものとして要求しているのは、自己の身体にかかわる領域についてまで他人が勝手に侵入してくることは許されないとするささやかな個人主義である。この個人主義は、クンデラがそれを羞恥心(la pudeur)と呼んでいることからわかるように、近代市民社会のメンバーが社会的活動の場において実践する積極的個人主義なのではなく、社会的活動の場から隔離された静かさにかかわる消極的個人主義である。(33) 身体的経験の形成とかかわる個人生活においては、個人は社会が要求する同調や参加から一歩距離をおいて、自己の責任において判断する秘密の時間、あるいは自由な空間を保持していなければならない。この秘密な時間、自由な空間は、たとえそれが出発点において消極的で受動的なものであるとしても、自己自身による判断を生み出す拠点となるという点で、能動的な態度設定をもちうるための不可欠の条件なのである。

四　戦時期日本の社会政策思想

第二次世界大戦期の総動員体制は、この消極的個人主義を大幅に縮減する画期となった。この時代に活動した日本の経済学者大河内一男は、個人の消費生活にかかわる領域を放置してきたという点で従来の社会科学には欠陥があったと指摘している。これまでの経済学は、経済の中心問題を生産活動においてきたのであり、家族の場で営まれる消費生活については積極的に論ずることがなかった。しかし、経済現象の考察においては、生産活動のみならず消費生活の分析が重要だと大河内はいう。従来、消費生活は純粋に唯物的な領域であり、それについて語るのは卑しい行為だと考えられてきた。そのために生活領域が科学的態度をもって分析されることは少なかった。だが、消費を含む生活全般は、単なる個人にかかわる領域なのではなく、「国民経済全体」にかかわる領域なのである。消費生活を正当化する論拠として大河内がもちだすのは、それが生産活動の維持＝保全にとって欠くことのできない鍵を握っているという点である。この観点に立ってみるならば、「消費は経済全体にとって積極的な社会的行為である」。こうして大河内は、従来、単に主婦による家政運営という観点からみられるにとどまってきた消費生活を、経済学の中心問題として位置づけなければならないと主張する。生産の経済学だけではなく、消費の経済学もまた、戦時経済にとって「死活を制するほどの重要性」をもつのである(34)。

大河内が消費生活の重要性を強調したとき、そこでは、軍部による独裁のもとで市民生活を顧みない非合理的な収奪が行われる傾向にたいし、歯止めをかけなければならないという理性的判断が働いていたことは確かである。だから戦後においても、大河内は戦時期の彼の発言が軍事独裁批判の立場にあったことを誇りをもって振り返ることができたのであった。しかし、大河内の論理は決して戦争遂行に反対するものだったのではなく、生産活動と消費活動の相互媒介的連関という観点から戦時経済の合理化を目指すものだったことは否定できない。大河内は「われわれの久しい慣習となってきた伝統的な消費生活の様式を協同的なもの協力的なものに移して行く」ことにより、戦時経済の合理的運営に向けて生活過程を動員してゆく道を指し示したのである。大河内は軍部独裁に抵抗したのであったが、しかし、戦時動員体制の合理化には積極的に貢献したのであった。戦後日本の社会科学において大河内が果たした指導的な役割は、戦時体制にたいしてとった彼のこの立場と無関係ではない。大河内に代表される戦後日本の社会科学は、その成立の根拠を、総力戦そのものへの抵抗に求めるものではなかったのであり、戦時体制の合理化に貢献すること、ここにおいていたのである。大河内が戦後に行われた財閥解体に際して、戦時期に成立した日本産業の合理的水準を破壊してはならないという立場を表明していたことは、また、この観点を有力な経済学者のグループが支持していたことは、この意味において、見過ごすことができない。(35) 戦時経済はそれなりに合理的な性格をもっていた。その合理性によって達成された改革の成果を後退させてはならない、と大河内らは考えたのである。さらにまた、大河内の主張するところによれば、第二次世界大戦後の日本経済を特徴づけ、その高度成長の支柱となった労働力編成は、戦後改革によって初めて形成されたものではなく、まさしく戦時期の動員体制によってその基礎を築いたのである。(36)

戦時期に発表された大河内の消費生活論は、私生活領域に属する消費に公共的な意味を与えるという点で、かってない積極性をもっていた。この点は本稿の筋道にとって重要である。大河内の消費生活論は、家族生活の場を伝統的な家政の領域から解放して市民社会へと開いたという意味で、もちろん、近代化の筋道に即するものであった。と同時にそれが、消費生活の場に公共的な意味を付与し、それを私的な隠された場からガラス張りの社会的空間へと引き出したことも見落とすことができない。大河内の議論に含まれる合理性は、クンデラのいう消極的個人主義＝羞恥心が尊重される余地を大幅に狭めることに貢献したのである。

大河内の発想から読み取れるように、戦時動員体制は、こうして、現代社会の日常生活を歴史的に構成するうえで大きな役割を果たしたのであった。かつてヘーゲルが自然的倫理の場と考えた家族生活は、国家や市民社会から隔離された自律性を失い、大河内においては、企業の生産活動を維持＝保全するうえで欠くことのできない領域として公的な意味を与えられ、社会的総循環のうちに組み入れられている。大河内にはシステム論の発想は欠けていた。しかし、にもかかわらず、大河内は企業という下位体系も家族という下位体系による補完なしには機能しえない部分領域であることをはっきりと自覚していた。さらに国家も、労働力の社会的配置やその維持＝保全という点で企業活動の合理的運行に貢献しなければならない。家族も国家も、ここでは、市民社会と同一の平面に属する下位体系として社会的総循環のシステム的運行に貢献しているのである。大河内の発想は、事実上、タルコット・パーソンズのそれと大幅に重なっている。「公生活と私生活とがただ一つのものとなる」(クンデラ) 現代社会においては、市民社会としてヘーゲルが家族や国家から区分した領域の自律性は後退し、家族も国家も市民社会と同一の平面に属する下位体系に変質する。家族は市民社会化して市民社会レヴェルに相当する公共性のなかに包摂される。国家はヘーゲル的な意味での理性的反省の場という独自性を失って市民社会化し、福祉国家という形態へと変貌する。国家はいまや、市民社会レヴェルに相当するサーヴィスの供給と保持に貢献する場となってゆく。市民社会のほうも、家族や国家から区別される独自性を失う。市民社会はいまでは、かつて家族が担ってきたサーヴィスの部分的担当者なのであり、あるいは国家が遂行する政策の下請け機関という役割を引き受ける。こうして現代社会は、イタリアの社会学者メルッチのいうところによれば、「公的性格と私的性格を分離不能な形で結びつけている諸組織の織物の総体」(37)という様相を呈してくる。

最後に、現代社会の全体主義的性格に対抗する可能性について、ハーバーマスの戦略を参照してみよう。ハーバーマスはシステム社会を特徴づける機能主義的理性を批判的に相対化しなければならないと主張し、この相対化を可能ならしめる根拠をコミュニケーション的理性に求めている。(38)だがしかし、公生活と私生活が相互浸透してしまい、両者を分離することがきわめて困難となったというクンデラやメルッチの指摘が正しいとすると、ハーバーマスの戦略に有効性が認められるとはいい難いであろう。このような段階においては、ハーバーマスのように、システム統合の領域と社会統合の領域とを区分し、前者による植民地化から生活世界を防御するために後者を抵抗拠点にしようと試みることは、もはや無意味だといわねばなるまい[39]。現代では、私的な生活世界もすでに政治システムの公共性と区分されえなくなっているからである。

五　国民国家を超える可能性

総力戦時代が推し進めた合理化は、公生活のみならず、私生活をも含めて、生活の全領域システム循環のなかに包摂する体制をもたらした。戦後日本に成立した憲法は民主主義の原理を高らかにうたいあげたという点で一つの頂点にまで達したといってよい。にもかかわらず、この民主主義は、戦時動員によってその軌道が敷かれたシステム社会化によってその内容を大幅に規定されていた。ここにおいて実現された福祉国家（welfare-state）は、実のところ、戦争国家（warfare-state）と等記号によって繋がっているのである[40]。このような状況においては、社会的平等を制度化してゆく民主主義的改革も国民国家による支配と統合を後退させるものとはならない。このような状況のもとでの民主主義的改革は、国民国家による統合をより強化するという傾向から自由ではありえない。

現代社会が陥ったこのジレンマについて、一体、いかなる処方箋がありうるのであろうか。ここで我々は、社会学者たちが「新しい社会運動」と呼んでいる一連の批判的な抗議運動に注目すべきであろう。(41)これまでの社会運動は、国民国家において十分な政治的ないし社会的処遇を受けてこなかった社会層を主な担い手とするものであった。これらの社会層は、国民国家において正当な社会的評価を受ける価値があることをアピールすることによって、市民としての権利を獲得することを目指して運動してきた。この従来型の社会運動は、彼らの民主的権利を獲得することによって国民国家の市民として社会的に統合される道を歩んだのである。この従来型の運動は、国家市民としての統合というその性格のゆえに、要求の実現を通じて体制内に制度的に組み入れられることとなったのであり、その結果、不可避的に国家の内外において統合から取り残された社会層を生み出していった。体制内統合によって獲得される民主主義的権利は、不可避的に排除と差別を構造的に制度化してゆくのである。

それにたいして「新しい社会運動」においては、担い手となる特定の社会層を限定することはできない。ここでは、社会的出目にかかわりなく、運動が掲げるシンボル的目標に共鳴する人々が集合する。ここでは、運動は自分たちの生活スタイルをめぐる文化的ないし美的な新しい価値の表現に力点をおくのであり、自分たちの市民的権利の国民国家的レヴェルでの制度化を目指すのではない。典型的には公害や資源の乱開発をめぐって登場した市民的反対運動があげられるであろう。いたずらに延命だけを目指すような近代医療に反対し、個人の選択可能性を重視しようとする尊厳死への関心の高まりもこの運動の最近の局面を代表している。この尊厳死の運動は、極限にまで達した医療テクノロジーにたいする新しい生活態度の形成を物語っている。ここでは、高度なテクノロジーの発達は場合によっては人間の人格的尊厳を著しく傷つける結果を伴う、という事態が自覚されているのである。フェミニズム運動の一部、エスニックな価値の再評価を掲げる運動の一部、あるいは地域に固有な生活スタイルの保存や開発を目指す運動の一部も、この「新しい社会運動」のカテゴリーに属するであろう。要約すれば、この「新しい社会運動」においては、近代に始まり、総力戦体制によってシステム社会にまでいたりついた資本主義にたいし、また、このシステム社会化した資本主義が繰り広げる果てしなき合理化にたいし、システム内への統合に距離をおくことによって対抗しようとする自覚化された意識が表現されている、ということができるであろう。この運動にとって最も重要な特徴の一つは、国民国家の内部に自己の権利を獲得することを目標とするものではないという点にある。むしろこの運動は、安易な権利の制度化がシステム内への統合をもたらすことにたいする警戒をその本質としている。この特徴のゆえに、「新しい社会運動」は国際的な連帯に向かって開かれたものとなっているのである。

かつてマルクスは資本主義がもたらす高度な生産力は身分、階級、地域、国境を超えた国家を普遍的な連帯を可能にすると考えたのであった。階級支配のための抑圧機関として国家を欠くことができない資本家階級にたいし、労働者階級は資本主義が用意した普遍的な連帯を実現する世界史的な使命を帯びている、とマルクスは主張した（『共産党宣言』）。しかし、労働者階級はマルクスの予言とは異なって、今日では国民国家システムの内部に統合されている。これにたいして「新しい社会運動」は、マルクスが挫折したまさしくその場所を自らの出発点とする。「新しい社会運動」は資本主義がもたらした高度な生産力に期待するのではなく、むしろ、資本主義的生産力がもたらす合理化がその裏側にはらまずにはいない非人間性ないし非合理性を問題化する。「新しい社会運動」もまた、資本主義の発展が生み出した社会的所産であり、資本主義の超国家的な活動がもたらした対抗的抗議運動の一つである。その点で「新しい社会運動」も、従来型の社会運動と同様に、資本主義システムに内在する運動に他ならない。しかし、それは資本主義がもたらす高度な生産力にプラスの意味を付与するものではなく、資本主義的生産力が伴わずにいないマイナスの意味に着目する。その点で「新しい社会運動」は資本主義システムの範囲外にその立場を求めている。

資本主義的発展の行く先に人類の解放された世界を展望するマルクスの構想には、ヘーゲルに由来するキリスト教神学の思想が色濃く投影している。生産力発展の彼方に「自由の王国」を展望するという思想（『資本論』第三巻、「三位一体の範式」）は、典型的な宗教的救済の願望に他ならない。これにたいして「新しい社会運動」の思想は、むしろ、若いマルクスが『経済学・哲学草稿』の時代に影響を受けたフォイエルバッハの系譜に繋がるといってよい。フォイエルバッハは、彼のキリスト教批判を通してヘーゲル哲学にはらまれる救済願望を暴露した。フォイエルバッハは、哲学と神学の一体化を目指すヘーゲルにたいし、死を免れない人間の生の現実にとどまり続けることを良しとした。フォイエルバッハは、完成された救済の世界は永遠にやってこないという冷厳な事実を恐れることなく受け入れることを提唱した。受苦する存在であるからこそ、人間は相互に理解し合えるのであり、相互に連帯することができるのである。生産力発展の結果に期待し続けるのではなく、受苦者（Leidendeswesen）の連帯という観点に立つことによって、フォイエルバッハは自らを社会主義者と規定したのであった[42]。今日必要とされるのは後期マルクス型の社会主義なのではなく、若きマルクスがなおその影響下にあったフォイエルバッハ型の社会主義なのである。

現代社会においても従来型の運動によってしか克服されえない問題はなお多い。それゆえに従来型の運動が「新しい社会運動」によってただちに取って代わられることにはならない。両運動は今後も長らく併存し続けるであろう。しかし、「新しい社会運動」の比重が確実に増してゆくことは疑いない。というのも、テクノロジーの発展は止むことがないからであり、現代世界の合理化がもたらす非合理性もとどまるところがないからである。

こうして「新しい社会運動」の展開は次第にその重みを増してゆくのであるが、それにつれて近代世界とともに誕生した国民国家という権力単位もその性格を変えてゆくのである。

註

(1) 通説を代表するものとしては、次の二冊をあげることができる。三谷太一郎『新版大正デモクラシー論』東京大学出版会、初版一九七四年・新版一九九五年。松尾尊兊『大正デモクラシー』岩波書店、初版一九七四年・再版一九九四年。三谷によれば、大正デモクラシーは「国家的価値に対する非国家的価値の自立性を主張することによって、自由主義の基礎をつくった」。この自由主義が「戦後民主主義につらなる政治的伝統を形成した」のである。「新版あとがき」参照。松尾もまた、大正デモクラシーの本質を「広汎な勤労民衆の自覚に支えられた運動」ととらえ、「戦後民主主義の日本社会への定着は大正デモクラシーを前提としてはじめて可能であった」とする。「はしがき」参照。

ただし、この二冊ともが、その論拠を脅かす歴史的事実に言及していることに注目。三谷によれば「近代日本の政治的伝統において、権力への国民参加を正当化する民主主義の要素は必ずしも弱くはなかった」。権力への国民参加が自由主義を切り捨てて民主主義を実現していったこと、このことに三谷は昭和期の問題性をみている。この三谷の論点に従えば、自由主義なき民主主義は容易に全体主義に転化するのである。他方、松尾によれば勤労民衆の運動もまた、「大国主義」「帝国主義」の「思想的汚染」に容易に浸透されたのであった。だとすれば、はたして大正デモクラシーはそれに続く戦時動員体制と切断されてよいのであろうか。また、戦時動員体制はそれに続く戦後民主主義と切断されてよいのであろうか。大正デモクラシーにはそれを崩壊させる政治的・社会的要因がすでにはらまれていたのであり、そうした解体要因が戦時体制を用意してゆくとみたほうがよいのではなかろうか。さらには、戦時体制には、戦後民主主義の政治的・社会的構造を準備する要因が豊富にはらまれていたのではなかろうか。以下の私の論点は、三谷や松尾に代表される観点へのそうした疑問に答えようとする試みである。

三谷や松尾の断絶説にたいしては、マルクス主義の方法である国家独占資本主義論に立脚して戦時期と戦後の連続を主張する大内力の観点が対立していた。大内『国家独占資本主義』東京大学出版会、一九七〇年。しかし、一九八〇年代以降になると、単に経済の領域に限定するのでなく、広く社会的過程全体の転換に注目する新しい研究動向が現れてくる。大石嘉一郎の整理によれば、「戦争の過程で起きた『社会変革』に着目し、それを戦後への『遺産』として再評価し、戦後日本経済の諸特徴を戦争経済のなかに見いだそうとする研究」がそれである。大石「序章——第二次世界大戦と日本資本主義」『日本帝国主義史』3、東京大学出版会、一九九四年。大石はそうした新しい動向を代表する研究として次の諸論文をあげている。山之内靖「戦時動員体制の比較史的考察」『世界』一九八八年四月号〔本書第2章〕。同「戦時動員体制」社会経済史学会編『社会経済史学の課題と展望』有斐閣、一九九二年。雨宮昭一「体制移行と社会——ドイツ・イタリア・日本の戦前と戦後」『茨城大学教養部紀要』21号、一九八九年。同「総力戦体制と国民再組織」坂野潤治他編『シリーズ日本近現代史・構造と変動 3 現代社会への転形』岩波書店、一九九三年。岡崎哲二「戦時計画経済と企業」東京大学社会科学研究所編『現代日本社会 4 歴史的前提』東京大学出版会、一九九一年。なお、本書とは立場を異にしているが、日本の戦時経済にかんする最新の研究動向を代表するものとして、原朗編『日本の戦時経済』東京大学出版会、一九九五年、を参照。

(2) 民主型のニューディールと専制型のファシズムの対立という構図によって第二次世界大戦の時代を描きだす研究としては、関口尚志・梅津順一『欧米経済史』放送大学教材、初版一九八七年・改訂版一九九一年、が代表的である。遠藤輝明編『国家と経済――フランス・ディリジスムの研究』東京大学出版会、一九八二年、も同様の立場に立っている。

戦後日本の社会科学において有力な潮流をなした関口らの立場は、ヴェーラー(H. U. Wehler)やコッカ(J. Kocka)に代表されるドイツの社会構造史(Gesellschaftsgeschichte)グループときわめて近い。Heinrich A. Winkler, Herausgegeben von, *Organisierter Kapitalismus*, 1974. 保住敏彦他訳『組織された資本主義』名古屋大学出版会、一九八九年、を参照。ヴェーラーやコッカからの組織資本主義論――そこでは組織資本主義の「権威主義的・ファシズム的体制」と「大衆民主主義的・社会国家的体制」の区別が強調された――について詳細な紹介を行った大野英二も、ドイツ社会史の研究を通して関口らと共通する観点に立っている。大野『現代ドイツ社会史研究序説』岩波書店、一九八二年。

(3) ニューディール型の社会もある種の全体主義に近づいているという警告を最も明確に語ったのはマルクーゼであった。「ファシズムと国家社会主義は敗れ去ったが、これによって全体主義への傾向が阻止されたわけではなかった」。Herbert Marcuse, *Reason and Revolution*, Epilogue, 1954. 桝田啓三郎他訳『理性と革命』「一九五四年版エピローグ」岩波書店、一九六一年。資本主義の組織資本主義への移行は、ヴェーラーやコッカの場合には「大衆民主主義的・社会国家的体制」への可能性をもつものとして肯定的に評価されているが、マルクーゼにおいては、それは全体主義への傾斜をしめすとされた。『理性と革命』で表明されたこの観点を、マルクーゼは後の著作で全面的に展開した。*One Dimensional Man. Studies in the Ideology of Advanced Industrial Society*, 1964. 生松敬三・三沢謙一訳『一次元的人間』河出書房新社、一九七四年。なお、最近の発言としてはミラン・クンデラのものを参照。Milan Kundera, *Les testaments trahis*, 1993. 西永良成訳『裏切られた遺言』集英社、一九九四年。クンデラはベルリンの壁崩壊以前の東欧社会がいかに過酷な全体主義的統制のもとにおかれていたかを語っているのであるが、しかし、それは現代西欧社会が自由で解放された社会であることを証明する言説なのではない。クンデラは現代西欧社会もまた、かつての東欧のそれと質を異にしているとはいえ、一種の全体主義に傾斜していると示唆している。とりわけ、第九部「きみ、そこはきみの家ではないのだよ」(Là vou n'êtes pas chez vous, mon cher) を参照。

　他方、ニューディール以降のアメリカ社会を全体主義と規定しているわけではないが、それが民主的社会として有効に機能しなくなっているとする発言は数多く聞かれる。日本においてよく知られているのは、なによりもまず、Theodore J. Lowi, *The End of Liberalism. The Second Republic of the United States*, second edition, 1979. 松村岐夫訳

『自由主義の終焉』木鐸社、一九八一年、である。TVAの実態を調べてみた場合、地方政治をめぐる利権の介入（co-optation）によって議会および連邦政府の本来の意図は大幅に歪曲されたといわざるをえないとする、Philip Selznick, *TVA and the Grassroots*, 1953. および、組織化された社会におけるフリー・ライダーの出現を問題化した、Mancur Olson, *The Logic of Collective Action*, 1965. 依田博・森田俊雄訳『集合行為論』ミネルヴァ書房、一九八三年、も、この文脈に属する文献として日本でよく知られている。私自身が長年その研究に携わってきた社会経済史の領域についてみるならば、ダグラス・ノースによる新古典派経済学モデルの批判と新制度派経済学の提唱は、日本でも、ニューディール型社会の行き詰まりのなかから現れた新しい試みとして受けとめられている。Douglas C. North, *Structure and Change in Economic History*, 1989. 中島正人訳『文明史の経済学』春秋社、一九八九年。

ここでScott Lash & John Urry, *The End of Organized Capitalism*, 1987. に代表される最近の研究動向にふれておく必要がある。ヴェーラーやコッカ、あるいはマルクーゼは、相互の対立にもかかわらず、ルドルフ・ヒルファーディング（Rudolf Hilferding）の命名を受け入れ、現代社会を組織資本主義の段階に属するととらえる点で共通していた。しかし、ラッシュとアーリによれば、哲学の領域でポストモダンと呼ばれる時代に入った現代社会の性格は、もはや組織資本主義という名称にふさわしいものではない。ラッシュとアーリのこの見解は正しいとされねばなるまい。二つの世界大戦を経過することによって先進産業社会は階級社会からシステム社会に移行したと考えられるのであるが、そのシステム社会は、ポスト産業社会（Daniel Bell）の到来とともに最初の段階を終え、第二段階に入ったとみるべきであろう。「組織資本主義の終焉」というラッシュとアーリのテーゼはそのことを表現しているのである。

組織資本主義段階の日本社会分析としてすぐれている Ronald Dore, *British Factory-Japanese Factory. The Origins of National Diversity in Industrial Relations*, 1973. 山之内靖・永易浩一訳『イギリスの工場・日本の工場』筑摩書房、初版一九八七年・再版一九九三年、は産業社会段階の記述に他ならないのであり、ポスト産業社会時代に入った現在ではすでに日本社会の実態に合わなくなっている。その理由も、システム社会の第一段階（産業社会）から第二段階（ポスト産業社会）への移行という観点から説明できる。

（4）アメリカ経済史のテキストに次のように述べられているのに注目。「第一次世界大戦は、二〇世紀のアメリカ経済をとらえることとなった一連の危機の冒頭に位置している。第一次大戦においてとられた行動とそこでの学習は、きたるべき諸事態の青写真となった。一九一八年以降の相次ぐ危機に対処するにあたり、戦争の制度的装置からその多くが利用されたということは、興味をそそる」。「ニューディールにおいて戦時動員のテクニックは多方面で再利用され、以後、連邦政府の危機対策における主要な選択肢であり続けた。制度的進化に占める第一次世界大戦の重要性は、専門領域の研究者にとっては自明のことであるにもかかわらず、アメリカ経済史のテキストブックでは無視されてきた」。Jonathan Hughes, *American Economic History*, 2nd edition, 1987, p. 413. 日本語による文献としては、次の著作が第二次大戦期の戦時動員体制に焦点を合わせており、新しい研究潮流を開拓した。河村哲二『パックス・アメリカーナの形成――アメリカ「戦時経済システム」の分析』東洋経済新報社、一九九五年。現代イギリス社会の形成を戦時動員体制と結びつけてとらえる研究としては、A Marwick, *Britain in the Century of Total War*, 1968; B. Waites, *A Class Society at War, England 1914-18*, 1987. を参照。この問題にかんする日米両社会の比較としては、山之内靖、ヴィクター・コシュマン、成田龍一編『総力戦と現代化』(柏書房、一九九五年)に採録されたフックスとジュソームの共同論文「戦争行為と国家の変容」を参照。

ドイツについては、ナチズムがその非合理的な暴力性にもかかわらず、近代化の推進に貢献したとする研究系譜が――もちろん、正統派の歴史研究にたいする異端として――存在したことが注目される。Ralf Dahrendorf, *Society and Democracy in Germany*, German edition 1965, English edition 1967; David Schoenbaum, *Hitler's Social Revolution. Class and Status in Nazi Germany 1933-1939*, 1966. 大島通義・大島かおり訳『ヒットラーの社会革命』而立書房、一九七八年。最近になって、この研究系譜は近代化への批判的懐疑と結びつき、新たな展開をしめすにいたった。Detlev J. K. Peukert, *Die Weimarer Republik. Krisenjahre der Klassischen Moderne*, 1987. 小野清美訳『ワイマル共和国――古典的近代の危機』名古屋大学出版会、一九九三年、*ibid*., *Max Weber's Diagnose der Moderne*, 1989. 雀部幸隆・小野清美訳『ウェーバー 近代への診断』名古屋大学出版会、一九九四年、Michael Prinz und Rainer Zitelmann, Herausgegeben von, *Nationalsozialismus und Modernisierung*, 1991. この問題をめぐる最近のドイツでの論議については、『総力戦と現代化』前掲、に採録されたミヒャエル・プリンツの論文「ナチズムと近代化」を参照。

アメリカ合衆国やイギリス、あるいはドイツや日本という個別の事例に即してではなく、社会学理論の再構成という点に立って戦時動員体制の重要性に注目した次の二つの著作は、今後の研究に大きな影響を及ぼすと思われる。Anthony Giddens, *The Nation-State and Violence*, 1985; Christopher Dandecker, *Surveillance, Power and Modernity. Bureaucracy and Discipline from 1700 to the Present Day*, 1990. ギデンズは、近代社会の形成が一貫して戦争のための準備と動員を伴う国民国家によって担われてきたことに留意を求めている。ギデンズによれば、マルクス主義社会学もリベラリズムの立場に立つ社会学も、ともにこの点で欠陥をしめしている。ギデンズが自らの論点の先駆と認めるのは、オットー・ヒンツェ（Otto Hintze）とマックス・ヴェーバー（Max Weber）である。ダンデカーは、その著作の副題にしめされているように、マックス・ヴェーバーの官僚制論とフーコー（Michel Foucault）の規律権力論を結び合わせ、近代国民国家の監視能力とアイデンティティ形成において戦争が中心的な役割を果たしたとする。ダンデカーによれば、民主的な市民的権利の拡張は戦争遂行に伴う国家権力の拡大と矛盾するものではなかったのであり、むしろ、この両者は相互に補完し合っていたのであった。ギデンズとダンデカーの研究は、T. H. Marshall, *Class, Citizenship and Social Development*, 1964. に代表される従来の正統派的潮流への、真正面からの批判となっている。

（5）第二級市民である女性が戦時動員体制においてどのような動向をしめしたかという重

要な論点については、『総力戦と現代化』前掲、に採録された成田龍一による日本のケースにかんする分析を参照。

植民地問題を近代の文明化作用という観点からとらえていた日本の代表的な社会科学者の視点が、政治的従属と民族問題への認識を欠いており、植民地出身者を第二級市民化する点に無自覚であった点については、姜尚中「社会科学者の植民地認識——植民政策学とオリエンタリズム」『岩波講座　社会科学の方法』第三巻、岩波書店、一九九三年、を参照。

アメリカ合衆国において第二級市民としての位置を強制され、コンセントレーション・キャンプの経験をもつ日系市民については、数多くの文献のなかから次の日本人による著作を参照。竹沢泰子『日系アメリカ人のエスニシティ』東京大学出版会、一九九四年。

第二次世界大戦期の動員がアメリカ黒人市民にとっていかなる意味をもっていたかについて筆者は知識をもたないが、次の記録は一九六〇年代末における市民権運動の起源が第二次大戦期にあったことを示唆している。Alan M. Osur, *Blacks in the Army Air Forces during the World War 2*, 1980. なお、日系市民や黒人市民にかんする文献目録を含む Richard Polenburg, *War and Society. The United States 1941-1945*, 1972. を参照。

（6）　この観点はあくまでも編者としての私の個人的見解であり、『総力戦と現代化』に寄稿した執筆者のすべてがこの立場に同意しているわけではない。『総力戦と現代化』に採録された諸論文の間にみられる相違のなかで最も重要だと思われる論点を指摘しておくとすれば、次のことがあげられる。それは、編者の一人である山之内が『総力戦と現代化』

というタイトルのうち、「現代化」(*modernization*)についてこれを「近代化」(*modernization*)と明確に区別しているのにたいし、他の何人かの筆者がこの区分を採用せず、「現代化」を「近代化」に連続するものととらえている点と関連している。「現代化」として山之内が念頭においているのは、古典的近代が階級社会としての性格を強く帯びた資本主義社会であったのにたいし、現代社会はシステム社会としての性格を強く帯びた資本主義社会へと転換した、という事実である。総力戦の時代について、これを「階級社会からシステム社会への移行」の時代ととらえる場合、山之内は次の諸事実を指標としている。システム社会化により、(A)階級対立は国家を仲介とする労資交渉の場に移され、社会的に制度化された。また、国家の介入を通して社会的上昇ルートが設定され(とりわけ教育機会の拡張が重要な意味をもった)、階級の壁を超える社会的流動性が制度化された。(B)以下の本文で論述されるように、ヘーゲルは近代社会を構成する家族・市民社会・国家のそれぞれにたいし、他の二者には還元できない特別な社会的位置を与えていた。だが、総力戦時代を経過することにより、国家と市民社会、家族と市民社会の間の境界線は曖昧化し、相互浸透が進行した。国家と市民社会の相互浸透はいわゆる福祉国家をもたらし、家族と市民社会の相互浸透は私生活の公共化あるいは公共空間の私的空間化をもたらした。(C)以上の二過程を経過することによって、現代社会は古典的近代とは異なる段階に到達した。ここでは、階級対立その他の社会的紛争は歴史的変動をもたらす主要な動因ではなくなり、絶えず社会的にルール化され、制度化されてゆく。しかし、それに替わって新たな問題群が登場する。社会システムによっては容易に吸収されることのない他のシステム領域、すなわち、身体システムおよび生命系システム（自然環境システム）が、社会システムとの間にきわめて深刻な摩擦を起こすからである。
もちろん、この新たに登場した問題群も、社会システムの対応によって解決ないし回避される他ない。しかし、この新たな問題群は、それらが社会システムの外部に所属する他のシステムとの関係に起因しているために、階級対立その他の社会的紛争の場合のように、社会システムの内部だけで処理することは不可能である。これらの問題群は、社会システムそのものの根本的性格を変化させることによってしか、対応できない性格のものである。現代社会の歴史的変動は、これら新たな問題群との対応に関連して余儀なくされる社会システムの根本的性格転換を軸として現れるのである。

　山之内がこのような観点を構成するにあたって最も大きな示唆を受けたのは、カール・レーヴィットの諸著作であり、なかでも Karl Löwith, 'Vico's Grundsatz. verum et factum convertuntur. Seine theologische Prämisse und deren säkulare Konsequenzen', 1968, *Sämtliche Schriften*, 9, 1986. 上村忠男・山之内靖訳『学問とわれわれの時代の運命』未來社、一九八九年、であった。山之内靖「ヴィーコとスミス、そしてマルクス――木前利秋『トピカと労働の論理』に寄せて」東京外国語大学海外事情研究所研究報告49、一九八九年、および、同「システム社会と歴史の終焉」『岩波講座　社会科学の方法』第一巻、岩波書店、一九九三年、をも参照。

（7）日本の経済学説史研究に大きな足跡を残した内田義彦は、彼の著名な『経済学の生誕』一九五三年（『内田義彦著作集』第一巻、岩波書店、一九八八年）においてアダム・

スミス『国富論』の研究に取り組み、新しい解釈を試みた。内田は『国富論』の成立をイギリス・フランス二大強国の対立を中心とする「重商主義的帝国主義」という時代背景と関連させて説明した。この内田の理解によれば、『国富論』は重商主義的帝国主義時代の列強対立によってもたらされた「ヨーロッパ文明の危機」にたいする処方箋なのであり、フランスのルソーの思想やフィジオクラート系経済学者との国際的連携によって危機を克服しようとする構想なのであった。内田のこの着想に、第二次世界大戦によって引き起こされた「近代文明の危機」の体験が投影していることはいうまでもない。私の以下の論点は、この内田の観点を一九九〇年代という現時点において継承し、発展させようとする試みである。なお、自らの構想の成立史を振り返った内田の遺書ともいうべき講演論文「考えてきたこと、考えること」一九八三年(『内田義彦著作集』第一巻、前掲)をも参照。なお、内田が戦時期および戦後期の日本において占めた思想的位置については、山之内靖「市民社会派の系譜とレギュラシオン理論」海老塚明・小倉利丸編著『レギュラシオン・パラダイム――社会理論の変革と展望』青弓社、一九九一年、および『総力戦と現代化』前掲、に採録された杉山光信の論文「「市民社会論」と戦時動員」を参照。

(8)「資本主義の一般的危機」という概念は、ファシズムの台頭という状況を前にしてコミンテルン系のマルクス主義者によって提起された。このいささか古びた概念を改めて採用するのは、タルコット・パーソンズの理論形成がいかなる時代背景のなかで行われたかを確認したかったからである。危機的な時代状況との取り組みというパーソンズがおかれていた位置が忘れられた結果、パーソンズはいささか安易に捨て去られてしまった。

（9）Niklas Luhmann, 'Wie ist soziale Ordnung möglich?', *Gesellschaftsstruktur und Semantik*, 1981. 佐藤勉訳『社会システム理論の視座』木鐸社、一九八五年。

（10）*Hegel's Phenomenology of Spirit*, translated by A. V. Miller, 1977. 金子武蔵訳『精神現象学』岩波書店、上・一九七一年、下・一九七九年。

（11）Alexandre Kojève, *Introduction to the Reading of Hegel. Lectures on the Phenomenology of Spirit*, edited by Allan Bloom, 1980. 上妻精・今野雅方訳『ヘーゲル読解入門　『精神現象学』を読む』国文社、一九八七年。コジェーヴによる『精神現象学』の解読については、Michael S. Roth, *Knowing and History. Appropriation of Hegel in Twentieth-Century France*, 1988. および、山之内靖「システム社会と歴史の終焉」前掲、を参照。

（12）コジェーヴの『精神現象学』解釈がハイデガーからの影響を強く受けるものであった点については、Roth, *op. cit.* を参照。

（13）*Hegel's Philosophy of Right*, translated by T. M. Knox, 1967. 藤野渉・赤沢正敏訳『法の哲学』中央公論社、一九六七年。

（14）註9に記したルーマンの論文を参照。

（15）'Contribution to the Critique of Hegel's Philosophy of Law, 1843', *Marx-Engels. Collected Works*, Vol. 3, 1975.「ヘーゲル国法論の批判」『マルクス・エンゲルス全集』第一巻、大月書店、一九五九年。

（16）初期ヘーゲルにみられる経済学の摂取については、Georg Lukács, *Der junge Hegel*.

Über die Beziehungen von Dialektik und Ökonomie, 1967. 生松敬三・元浜清海訳『若きヘーゲル』上・下、白水社、一九六九年、および、Manfred Riedel, *Studien zu Hegels Rechtsphilosophie*, 1969. 清水正徳・山本道雄訳『ヘーゲル法哲学——その成立と構造』福村出版、一九七六年、を参照。

(17) Edmund Husserl, *Die Krisis der europäischen Wissenschaften und die transzendentale Phänomenologie*, 1936. 細谷恒夫訳『ヨーロッパ諸学の危機と先験的現象学』中央公論社、一九七〇年。

(18) Talcott Parsons, *The Structure of Social Action*, 2 vols, 1968. 稲上毅・厚東洋輔訳『社会的行為の構造』五分冊、木鐸社、一九七六‐八九年。『社会的行為の構造』にかんする日本人社会学者の研究は数多いが、なかでも、高城和義『パーソンズとアメリカ知識社会』岩波書店、一九九二年、を参照。

(19) 初期パーソンズにおける「ホッブズ的秩序問題」の意味を論じた文献としては、John O'Neil, 'The Hobbesian Problem in Marx and Parsons,' in *Exploration in General Theory in Social Science. Essays in Honor of Talcott Parsons*, edited by Jan J. Loubser et al., Vol. 1, 1976. を参照。日本においても、初期のパーソンズとシステム論を展開し始める中期以降のパーソンズをどう比較するかをめぐって討論が行われている。その概要については、山之内靖『現代社会の歴史的位相』日本評論社、一九八二年、二〇一‐二〇二頁の注(2)「第六章「パーソンズにおけるマルクス・ウェーバー問題」の第二節「「ホッブズ的秩序問題」と功利主義批判」」を参照。

(20) 社会システムの統合において果たす価値と規範の意味を強調するパーソンズの立場からすれば、マルクスの方法はこの観点を欠いている点で批判の対象となる。パーソンズのマルクス批判としては、『社会的行為の構造』の該当箇所の他、'Social Classes and Class Conflict in the Light of Recent Sociological Theory', *American Economic Review*, No. 39, 1949, in *Essays in Sociological Theory*, revised edition, 1954; 'Some Comments on the Sociology of Karl Marx', *Sociological Theory and Modern Society*, 1967. この論点をめぐる日本での議論については、山之内『現代社会の歴史的位相』前掲、の第六章、第三節「分析的抽象の高度化とマルクスの超克」を参照。

(21) Talcott Parsons, 'Authority, Legitimation, and Political Action', *Structure and Process in Modern Societies*, 1960.

(22) Talcott Parsons and Neil J. Smelser, *Economy and Society. A Study in the Integration of Economic and Social Theory*, 1956. 富永健一訳『経済と社会』Ⅰ・Ⅱ、岩波書店、一九五八・五九年。

(23) Parsons, 1956, p. 269. 邦訳、Ⅱ、一二七－一二八頁。パーソンズの利潤論については、山之内『現代社会の歴史的位相』前掲、二四六－二四九頁、の整理を参照。ここで私は「オーケストラの指揮者」という比喩を用いたが、この比喩はカール・マルクス『資本論』第三巻の株式会社論から借用されたものである。マルクスはここで、社会主義的共同経営においてもオーケストラの指揮者に当たる経営者は必要とされるが、その機能は資本の所有者による支配とは異なったものだと論じている。

（24） Parsons, 1960, pp. 181, 186. パーソンズの権力論については、山之内『現代社会の歴史的位相』前掲、二七二－二八五頁、の整理を参照。システム統合という見地からする自らの権力論を、パーソンズは権力の「ゼロ・サム概念」と区別している。権力の「ゼロ・サム概念」はマックス・ヴェーバーとハロルド・ラスウェルによって代表される概念であり、そこでは権力は「体系内の一単位が他の単位の反抗を押し切ってその目的を達する能力」と規定される。

これにたいしてパーソンズは、権力とはシステム統合の機能に他ならないとする。パーソンズによれば、Wright Mills, *The Power Elite*, 1956. の権力概念も同様に「ゼロ・サム概念」に立脚している。'The Distribution of Power in American Society', *Politics and Social Structure*, 1969. 新明正道監訳『政治と社会構造』誠信書房、一九七三年。

（25） Talcott Parsons, Introduction to: Max Weber, *The Theory of Social and Economic Organization*, translated by A. M. Henderson and Talcott Parsons, 1974. この Introduction の整理としては、山之内『現代社会の歴史的位相』前掲、二六三－二七一頁、を参照。

（26） Michel Foucault, *Surveiller et punir. Naissance de la prison*, 1975. 田村俶訳『監獄の誕生——監視と処罰』新潮社、一九七七年。

（27） アメリカ合衆国の社会秩序をヨーロッパ宗教改革の延長上にとらえた文献としては、Talcott Parsons, *The System of Modern Societies*, 1971. 井門富士夫訳『近代社会の体系』至誠堂、一九七七年。

(28) パーソンズは、『経済と社会』第五章「経済における成長および制度的変動」において株式会社の一般化という問題を取り上げ、現代社会の制度的変動を論じた。

(29) 総力戦の時代に推進された社会のシステム統合については、本論文の註4にあげた諸文献、とりわけ、ギデンズおよびダンデカーのそれを参照。

(30) ルーマンのシステム論が内包するオートポイエーシスの視点について多くの論者が言及しているが、さしあたり次のものを参照。Wolfgang Lipp, 'Autopoiesis Biologisch, Autopoiesis Soziologisch. Wohim führt Luhmann's Paradigmawechsel?', *Kölner Zeitschrift für Soziologie und Sozialpsychologie*, Heft 3, Jg. 39, 1987.

(31) パーソンズ批判の潮流を代表する文献としては、次のものが日本でもよく知られている。代表的には、Jere Cohen, Lawrence E. Hazelrigg, Whitney Pope, 'De-Parsonizing Weber. A Critique of Parsons's Sociology', *American Sociological Review*, Vol. 40, No. 2, 1975. を参照。新明正道『タルコット・パーソンズ』恒星社厚生閣、一九八二年、がコーエンらのパーソンズ批判を紹介している。

(32) 内田義彦「考えてきたこと、考えること」前掲。藤田省三『全体主義の時代経験』みすず書房、一九九五年。

(33) Kundera, *op. cit.* p. 302. 邦訳、前掲、二九八頁。

(34) 大河内一男「生活理論と消費理論」『スミスとリスト』一九四三年（『大河内一男著作集』第三巻、青林書院新社、一九六九年）。なお、他に、「国民生活の理論」一九四三年、「消費論と社会生活」一九四三年（ともに『大河内一男集』第六巻、労働旬報社、一九八一年、所収）を参照。

（35）大河内「労働政策における戦時と平時――戦時労働立法の所謂「遺産」について」一九四九年（『大河内一男集』第二巻、労働旬報社、一九八一年、所収）。大河内のこの立場に同調する主張が、宇佐美誠二郎・井上晴丸・内田義彦「戦争経済の遺産」『潮流』一九四八年一月号、において表明された。もっとも、彼ら三人による大河内への支持は間もなく撤回された。

（36）大河内「「産業報国会」の前と後と」長幸男・住谷一彦編『近代日本経済思想史』Ⅱ、有斐閣、一九七一年。大河内の位置づけについては、山之内「参加と動員――戦時期知識人のプロフィール」東京外国語大学海外事情研究所『地域紛争と相互依存』3、17号、一九九二年、を参照。山之内「戦時期の遺産とその両義性」『岩波講座　社会科学の方法』第三巻、岩波書店、一九九三年〔本書第5章〕、はこの「参加と動員」の縮約版である。産業報国会については、佐口和郎『日本における産業民主主義の前提』東京大学出版会、一九九一年、および『総力戦と現代化』前掲、に採録された佐口の論文「産業報国会の歴史的位置――総力戦体制と日本の労使関係」を参照。

（37）Alberto Melucci, *Nomads of the Present. Social Movements and Individual Needs in Contemporary Society*, edited by John Keane and Paul Mier, 1989, p. 171. メルッチの論点を組み入れて現代社会における批判的社会運動の意味を論じた文献として、山之内「システム社会の現代的位相――アイデンティティの不確定性を中心に」『思想』一九九一年六・七月号、を参照。

(38) Jürgen Habermas, *Theorie des kommunikativen Handelns*, 2 vols, 1981. 河上倫逸他訳『コミュニケイション的行為の理論』上・中・下、未來社、一九八五－八七年。Axel Honneth et al., 'The Dialectics of Rationalization: An Interview with Jürgen Habermas,' *Telos*, No. 49, Fall 1981.

(39) この問題にかんするハーバーマスの難点を指摘したものとして、Johannes Berger, 'Die Versprachlichung des Sakralen und die Entsprachlichung der Ökonomie,' *Zeitschrift für Soziologie*, Jg. 11, Heft 4, Oktober 1982. を参照。ハーバーマスの論点にたいする筆者の批判としては、山之内「システム社会の現代的位相」前掲、を参照。

(40) 「福祉国家」は「戦争国家」でもあるという指摘については、Dandecker, *op. cit.*, pp. 222f. を参照。

(41) 以下の「新しい社会運動」にかんする記述は、Melucci, *op. cit.* に依るところが大きい。山之内靖・矢沢修次郎「A・メルッチへのインタヴュー『新しい社会運動と個人の変容』」『思想』一九九五年三月号、をも参照。

(42) L. Feuerbach, *Das Wesen des Christentums*, 1841. 船山信一訳『キリスト教の本質』上・下、岩波文庫、一九六五年、Ditto, *Vorläufige Thesen zur Reformation der Philosophie*, 1842. 松村一人・和田楽訳「哲学改革のための暫定的命題」『将来の哲学の根本命題』岩波文庫、一九六七年。フォイエルバッハの宗教批判とその思想的根拠としての「受苦的存在」については、山之内「初期マルクスの市民社会像」『現代思想』一九七七年三－五月号、を参照。

III

第4章

戦時期の社会政策論

一　まえおき――「階級社会」から「システム社会」への移行

今回の報告で取り上げる問題は、次の二点に集約される。

第一の問題は、二つの世界大戦を特徴づける総力戦体制――とりわけ第二次世界大戦のそれ――は、近代社会に終わりを告げる画期となったのであり、現代社会の登場をもたらす起点となったという点である。ここで現代社会の登場というとき、そこでは、資本主義がそのうちに調停しがたい階級対立をはらむ「階級社会」から、諸利害を社会的に異なった役割へと再編成した機能主義的な「システム社会」へと移行したという事実が念頭におかれている。

第二の問題は、これまで社会科学の理論体系として諒解されるにとどまっていた社会システム論を、歴史分析の方法として組み替え、歴史的構成としての「システム社会」の生成を説明する手法として採用するという点、ここに設定される。

以上の二つの問題を吟味する際に、その素材として戦時期における大河内一男の所説が取り上げられる。大河内の文献のうち、社会科学の方法を問題とした資料としては『スミスとリスト』(一九四三年)、社会政策論を展開した文献としては『戦時社会政策論』(一九四〇年)が主たる検討対象となる。(1)

社会システム論の歴史分析への適用というとき、かつてマルクス『資本論』についても類似の問題が吟味されたことを、ここで想起しておきたい。『資本論』には第一巻「本源的蓄積」および第三巻「商人資本の歴史的考察」といった、直接に歴史過程をあつかった章が存在していた。しかし、『資本論』の全体構成を歴史分析の方法として援用するためには、一定の方法的加工が必要とされた。第一のケースは山田盛太郎『日本資本主義分析』(一九三四年)である。山田は『資本論』第二巻「再生産論」を歴史分析の方法として加工し、そのことによって日本資本主義論争へと発展する実りある議論に道をひらいた。第二のケースは宇野弘蔵『経済原論』(一九五〇年)である。宇野は、原理論としての『資本論』を歴史理論から切り離すことにより、歴史的展開を対象とする経済政策論および現状分析をその外側に設定するという構想を提示したのであった。

このかつての『資本論』をめぐる構想のアナロジーとして語るとすれば、総力戦体制は現代のシステム社会が成立するに当たり、その本源的蓄積過程としての役割を担ったのであった。

二　総力戦とシステム社会の形成――理論と実践の循環関係

近代社会から現代社会への移行につれて、社会科学の枠組みにも根本的と言ってよい転換が要請された。もちろん、社会科学の枠組みの転換といった場合、そこには複雑な問題が存在している。しかし、その中心に位置する出来事の一つを指摘するとすれば、それは社会科学における客観的認識の可能性について、現在では、近代の社会科学者たちがそう考えたように楽観的ではいられない、ということが挙げられるであろう。

社会科学者が客観的と考える法則認識にそくして政策を立案し、それが政府や国際機関によって実行されるとなると、すでにその認識は客観的世界のなかにそれまでは存在していなかった新たな歴史的要素となって付け加えられる。社会科学的認識は、こうして、現実の世界からは距離を保つ客観的な観察だということはできなくなり、現代においては、現実を構成し、あるいは変更してゆく主体的な実践としての性格を帯びるようになってくる。社会政策学という学問は、それが本来、政府の行う政策の科学的分析にかかわるものであるが故に、とりわけ、その発足の当初から、客観的認識と主体的・実践的行為の交錯ないし循環という困難な問題に直面せざるを得なかった。大河内一男による社会政策学の展開もまた、社会科学の理論とその政策的実践の間の循環関係というこの困難な問題と正面からかかわらずにはいられなかった。大河内の出発点をなした「社会政策の形而上学」（一九三七年）[2]とそこでのエドゥアルト・ハイマン批判が抱え込んだ問題も、まさしく、ここに発していたのである。

以上、社会科学的な認識者がもはやたんに客観的な認識者にとどまるのではなく、現実を構成してゆく主体的実践者でもあるということ、いいかえれば、社会に関する客観的な認識の結晶であるものが対象を構成する社会システムの一部ともなってゆくということ、この理論と実践の循環過程が明白に認識されたとするならば、その認識の成立こそは、近代の社会科学の限界を超えて現代の社会科学が登場したことをしめす重要な分水嶺となる、といってよかろう。

大河内一男が戦時期に発表した『スミスとリスト』こそは、日本の社会科学においてそうした分水嶺が踏破されたことを宣言する記念碑的な著作であった。大河内の『スミスとリスト』は、理論と実践の循環過程に関する認識の成立を画したのであったが、この事実は、資本主義社会が近代社会としての限界を超えてでシステム社会としての現代社会へと移行し始めたという事態の、思想的な投影に他ならなかった。社会科学は、社会の客観的な描写をその主題とするものではもはやあり得ず、社会のシステム的な秩序維持においてその責任の一端を担うもの——システム論者の表現に従えば、社会の秩序維持においてその役割機能を分担するもの——として、大きく衣替えすることとなったのである。

この点についていま少し立ち入ってみよう。社会科学が客観的認識の立場を厳守し、社会についてその自然的発展コースのなすがままに委ねるとするならば、社会科学は確かに観察者としての位置に安住していればそれでよい。しかし、ひとたび社会科学が、社会が自己を維持するためのシステム機能の一部だということになると、事態は一変してしまう。というのも、社会科学による社会への実践的介入は、その介入そのものの故に社会システム内部に複雑な波紋を呼び起こさざるを得ないからであり、その波紋にたいして、社会科学は再び社会への実践的介入を余儀なくされるからである。こう言い換えてもよい。現代の社会科学は、社会システムの不安定性を解消ないし軽減しようとして社会の現実へと政策的に介入するのであるが、その介入自体が予期し得ない波紋を社会に呼び起こし、さらに新しい政策的介入へと呼び出されるという終りなき循環過程に引き入れられてしまったのであり、そのことによって、政策発現の無限軌道へと否応なしに連れだされてしまったのである。

とすると、現代の社会科学は、もはや、正常な社会状態と非正常な社会状態を区別することが難しいという難題に直面することとなる。社会科学は、本来、社会の非正常な状態を修正し、社会に望ましい正常状態を回復させるという課題を抱えている。しかるに、その正常化に向けての社会科学の介入が、不可避的にあらたな非正常状態を産んでしまう。

とするならば、社会について客観的で確実な知識を獲得するという近代社会科学が疑うべからざる前提としてきた命題も、もはやそのままでは通用し難くなってくる。社会システム論の領域において現代の動向をリードする立場にいるニクラス・ルーマンは、この点を指してこう述べている。現代の社会科学は「社会的交通の正常さを打ち消す可能性」をその内部に備えていなければならない。社会科学者が社会システムの内部において専門職として分化してくるということは、彼らにたいしてそうした事態への対応が委ねられているということに他ならない。ルーマンは端的にこう述べている。「正常なものの不確実性(Unwahrscheinlichkeit des Normalen) がその科学の内部においても認められ、一般的に受け入れられた基準にあてはまる理論とみなされるのでなければならない[3]」。このルーマンの見解に従うとすれば、現代の社会科学にとって、不確実性は拒否されるべきものではない。むしろ、不確実性は社会科学にとってあたりまえなものであり、正常な状態ということになる。

ここでふたたび、戦時期における大河内の発言に戻ろう。『スミスとリスト』はその「序」においてこう述べている。「新しい経済の建設は、日に日に、たくましく、すすめられている。それにもかかわらず、経済倫理は、未だにこれを押し進めるだけの主体的な力になっていないし、経済理論はまたこの新しい経済秩序の成熟を外に理論的であり得るかの如く考えている。現実の事態に対してひたすらに追従することだけを心得ているか、積極性のない悪しき批判主義に落ち込んでしまうか、さもなければ、理論の課題を著しく技術化してその防風林の中に身をちぢめてしまう。その上、経済倫理と経済理論とは、二本の平行線のように、相交わることのないままに放置されている」（傍点は山之内のもの。旧仮名遣いおよび旧漢字は適宜修正した）。

ここに見られるように、大河内は経済学者たちにたいして、経済秩序を外側から客観的に観察することにとどまっていてはならず、経済社会において活動しているさまざまな経済主体の行為動機、つまりは倫理に働きかけてゆかなくてはならない、と呼びかけている。経済学の創成期を担ったスミスとリストという両巨人について大河内が第二次世界大戦の最中に情熱を燃やして取り組んだのは、この二人の先達のなかに、「経済倫理が日常の経済生活の『中から』生まれ出たものでなければならないということについて」「限りなく深い暗示」を見いだしたからであった。「経済理論というものは、その出発点に何らかの形で経済倫理と人間型を前提しなければならないし、たとえ後代の著作家たちがいかほどこの事実に無関心であろうとも、近代における経済学の発展は不識のうちにそれらのものを経済理論の形成のための礎石としていたのである。この関係を素晴らしい形で自覚し、率直に述べた人こそアダム・スミスであった」。この観点に立って大河内は近代の社会科学に哲学的基礎を提供してきたイギリス功利主義を激しく糾弾している。「それ自身の世俗的な素性の底に秘められた精神を自覚し反省することに極端に無関心なイギリス的自由経済は、アダム・スミスによって生々しく述べられた経済倫理の意味を置き忘れ、イギリス的経済秩序の確立と安定とに狎《な》れて、経済生活の対外的および対内的な転換に当面しながらも、経済生活の底にかくされてきた精神と人間との問題を取り上げることを敢えてしないし、またそれだけの勇気を持ちえないのである。経済のイギリス的秩序の保持を唯一の政策として怪しまないものが、経済倫理の意義と『経済人』の限界とについて深く思いを致すということがあり得ようはずがない。アダム・スミスにはじまるイギリス古典派の経済理論は、今日に至るもなおその偉大な祖師の問題としたところを自覚さえもしないのである」。

『スミスとリスト』に見いだされる激しい功利主義哲学批判をみて、同時代を生きた一部の社会科学者は、マルクス学者大河内の日本型ファシズムへの加担ないし転向を告げるものと受け取った。大河内と同じ河合栄治郎門下に属していた安井琢磨は、敗戦後になって大河内がふたたびマルクス学者として登場したことに違和感を隠しきれなかったのであり、大河内のこの変身ぶりを評して、「戦時中も評判よく、戦後も評判のよい学者、ちょうど[奇術の]天勝のようなものである」という痛烈な皮肉を浴びせたのであった(4)。

安井のように、この大河内の呼び掛けを直ちに日本型ファシズムへの加担だとして断罪するのは妥当とは言えない。大河内はイタリア・ファシズムやナチスの理論家を参照することによって近代の社会科学を批判したのではなく、近代社会科学の源流に遡り、他ならぬスミスやリストのなかに近代の社会科学を超えてゆく思想的可能性を発見しようとしていたからである。とは言うものの、大河内の発言のなかに、総力戦という時代状況に密着しつつ、日本国家の権力的発動に由来する知識人動員の呼びかけに対して、それに積極的に対応し参加してゆく姿勢が読み取れることも、否定できない。大河内は同書の「序」の中でこう述べている。「われわれは常に経済思想史の研究が、現在の立場において、すなわち当面日本の経済に与えられた巨大な課題、この具体的な、差し迫った、国民的な命令を、より速やかに、よりたくましく、より自信に満ちて遂行するという明白な目標に係わらしめてのみ、その全き意味を得るのだという点を忘れてはならないだろう」。

私が今回の報告において戦時期の大河内をとりあげたのは、大河内の思想が日本型ファシズムに同調するものであったか否かを判定すること、この点に関連してではない。すでに言及したように、近代社会から現代社会への転換という巨大な歴史の動態に関わって社会科学の理論構成にも根本的と言ってよい転換が要請されるにいたったということ、この点こそが今回の報告の焦点である。大河内によるスミスとリストの研究は、時代状況の変化に応じて経済学古典の読み方にも革命的といってよい変化が必要とされていること、この点を激しく問題提起することによって、近代の社会科学にたいして方法の革新を要求するものであった。そこで語られていることは、イギリス功利主義の社会哲学がすでにその時代的使命を終えてしまったことを明示し、社会科学の領域においても「近代の超克」が必要不可欠な課題となっていることを宣言するものであった。

ここで大河内の議論を「近代の超克」という時代的要請に対応するものだと言った場合、私はもちろん、戦時期の日本において当時の論壇を賑わしたかの有名な座談会のことを念頭においている。戦時期から戦後におよぶ日本の歴史学および社会科学については、石田雄『社会科学再考——敗戦から半世紀の同時代史』(5)のように、「近代の超克」座談会およびその潮流の一環をなす京都学派の立場(6)をもって日本型ファシズムを主導した思想的動向とみなし、これに対するに丸山眞男、大塚久雄に代表されるいわゆる市民社会派をもって戦後民主主義の担い手として対置する見解が提出されている。戦後日本の社会科学について語る場合、この石田に代表される見解は有力な整理法として一般に受け入れられてきた。しかし、こうした整然とした二分法による形式的な区分は、当時の知識人たちが直面しなければならなかった歴史的課題の一面のみを取り出し、そのことによって他の諸側面を見えなくさせてしまう、という単純化を免れていないと思われる。

ここで私たちは、アメリカにあって同時代に生きたタルコット・パーソンズが、彼の処女作『社会的行為の構造』を、大河内の『スミスとリスト』とほとんど同じ時代に刊行していることに注目してしかるべきであろう。パーソンズもまた、この処女作において「目的のランダム性」あるいは「ホッブズ的秩序問題」に注目し、これらの論点を無視したままで体系化されている近代の社会科学理論は、もはや時代の要請に対応し得ないのだと主張した(7)。大河内と同じ時代状況のなかで、大河内と同じく、パーソンズもまた、社会統合において占める価値や規範の重要性（倫理問題）を問題提起していたのであり、そのことによって、功利主義社会理論との対決を敢行したのであった。その意味においてパーソンズの『社会的行為の構造』もまた、明らかに「近代の超克」を意識した理論的著作というべきものであった。戦時期における日本の社会科学は、少なくとも大河内のケースにおいて、アメリカのそれとほとんどパラレルといってよい軌跡を描いて、近代から現代へと変身しつつあったのだということ、この点こそは、今日、重要視してしかるべき事柄なのである。

敗戦後の日本において、大河内に代表される戦時期の理論的革新が評価されることはなかった。戦時期の思想的遺産は継承の機会を与えられることなく、今日まで埋没したまま放置されてきた。日本の社会科学がおかれていた世界史的な同時代性の忘却というこの不幸な事態のなかから、敗戦後の思想状況に特有なバイアスがもたらされた。このバイアスの結果、戦後日本の社会科学においては、日本社会を特殊な歪みないし特殊な個性を帯びた社会とみなす根強い偏見が発生し、広い支持を得てしまったのである。

三　戦時社会政策論——戦時動員体制と福祉国家体制の同一性

大河内理論として知られる社会政策学の体系は、その成立の土壌を戦時期に求めるものであった。もちろん、戦後になっても大河内の精力的な活動は止むところがなかったのであり、次々と著作や論文が産出されていった。しかし、今日になってこれらの戦後の産物を吟味しなおしてみると、それらのほとんどはすでに戦時期に提出された議論の延長上にあることが判る。この事実を、私たちはどのように理解すべきであろうか。

あるいは人は、第二次世界大戦という状況を社会の平常状態からは著しくかけ離れた例外ないし異常とみなし、したがって、この時代における社会科学の営みについても、それを緊急避難的な例外的対応に他ならないと考えるかも知れない。しかし、大河内自身はそう考えていなかった。戦後間もないころに書かれた「労働政策における戦時と平時——戦時労働立法の所謂「遺産」について」（一九四九年）[8]のなかで、大河内はこう論じている。イギリスの経済学者コーリン・クラークによれば、戦時期の経済は一種の「混乱期」に他ならないのであるから、その時期に固有な政策的対応ないし制度化は平和の回復とともに解除され、戦前の正常な状態へと復帰がはかられるべきである。これに対して大河内は真正面から批判を加え、こう論じている。「戦時経済は、その物的設備や人間的要因の点からみても、産業構造の点からみても、単なる消耗の期間ではなく、戦後のいわば新しい経済秩序を媒介し、それと不可分の関係にある」。

大河内は昭和研究会の主要な部局の一つであった労働問題研究会に参加し、その理論的リーダーの一人として戦時期の社会政策立案に積極的にかかわったのであるが、その経験を振り返りながら日本の戦時動員についてこう評価している。戦時動員体制は「日本資本主義が明治いらい創出してきた日本に固有な労働力型を一面ではいよいよ利用」するという方向性をもっていた。それは確かである。しかし、それだけに終始したと考えるのは当たらない。日本の戦時動員体制は「この同じ日本型労働の型を崩壊せしめることによって軍需生産力の正常な展開を図らなければならない事情」という、先の方向性とは明らかに対立し矛盾する課題に直面し、その解決に取り組まなければならなかった[9]。この観点の延長上に、さらに重要な次の発言が飛び出してくる。戦後における諸改革は、すでに戦時において自覚的に取り組まれていた処方箋の延長上に理解されるべきだ、という発言がそれである。例えば敗戦後になって実現をみた八時間労働制は「終戦後になってはじめて登場した原則ではなく」、「戦時中にみられた「過度労働」の行き詰まりとその適正時間への模索」を直接に継承する政策に他ならない。戦時経済のもとで進展した産業構造の軽工業から重工業・化学工業への重心移動については、さらにこう述べられる。「これによって日本資本主義における労働力構成も、主として出稼ぎの女子労働者群＝「工女」を中心とするものから、青年男工を中心とするものに切り替えられた」。

大河内のこの発言は、時代状況に積極的にかかわった人物の証言という点で、きわめて貴重だとしなければならないであろう。だが、それだけではなく、以上の大河内の発言は、一九八〇年代以降になってにわかに登場してくる新しい歴史認識の先取りという意味をもっていたのであり、その点の先見性という点で、注目に値する内容であった。

そうした新しい歴史認識の代表として、ここではアンソニー・ギデンズの『国民国家と暴力』（一九八五年）およびクリストファー・ダンデカーの『監視・権力・モダーニティ。一七〇〇年から現代にいたる官僚制と規律』（一九九〇年）だけを挙げておこう。[10] ギデンズは言う。「二〇世紀に生を受けた者ならば、軍事権力、戦争準備、そして戦争それ自体が社会的世界に与えた巨大なインパクトについて一瞬たりとも否定したりできようはずはなかろう」。だが、残念なことに「これまでの社会理論の主潮流においては、この厳然たる事実を理論のうちに組み込む努力は払われてこなかった。例えば社会学においては、家族、階級、逸脱等はおなじみのテーマとなっているが、戦争および軍事制度、ないしそれにともなう暴力が近代社会にとってもつ意味は、まともに論じられることがなかった」。

ダンデカーの議論はさらに刺激的である。ダンデカーによると、これまでの社会理論において、市民的権利の拡充を目指す民主化の方向は、自ずと国家の権力的性格と対立する性格をもっている、と前提されてきた。しかし、現代的な国民国家の登場とともに、市民的権利は国民国家の発展とまさしく並行して拡充されるようになったのであり、その意味で、官僚制的規律の強化、および軍事動員体制による全社会的統制の拡大と矛盾するものではなくなった。ダンデカーから現代社会の成立にかかわる印象的な諸定義を援用すれば、以下のようである。「世界戦争の軍事至上目的は、現代国家の監視能力を軍事をこえて劇的に拡大した」。「鉄道とともに、戦争に向けた全社会の動員が可能となった。……軍事組織と社会の間の区分という一八世紀的特徴は解体した。官僚制的軍事マシンは社会それ自体へと拡大した」。「近代官僚制的戦争マシンの出現は、戦争と平和の区分を解体するという結果をともなった」。「戦争の産業化と民主化は、戦争と平和、軍事と非軍事の区分を曖昧にした」。

ダンデカーの論旨は、次の文章によってその最高潮に達していると言える。「戦争の圧力と軍事的有効性のための政治的欲求は、確かに、多くの社会を衝き動かして社会構造の近代化へと向かわせた。ここに言う近代化とは、産業発展であり、また、権威主義的たるとリベラルたるとを問わず、市民権の拡充である」。市民権の拡充という民主主義的要請は、必ずしも国民国家の軍事的動員体制と対立したり矛盾したりするものではなく、むしろ後者と緊密に関連しあって進行したのだとダンデカーは指摘している。ここからは、戦時動員体制（warfare-state）と福祉国家体制（welfare-state）の同一性というパラドックスが浮かび上がってくる。このようなギデンズとダンデカーの主張を、たとえば一九六〇年代を代表するラインハルト・ベンディックス『国民国家と市民的権利』（一九六四年）やバリントン・ムーア『独裁と民主政治の社会的起源』（一九六六年）の論調と比較してみれば、その間に見られる断絶といってもよいほどの違いに驚かされるであろう。大河内の一九四

九年の論文は、三〇年以上の時空を超えて、むしろギデンズやダンデカーの論旨と接続する内容をもっていたのである。(11)

なるほど、一九四五年の敗戦とともに日本は大規模な戦後改革に取り組むこととなったのであり、しかも、新憲法は国際紛争を解決するための軍事力行使を放棄するという、人類の歴史に前例のない決断を世界に向かって表明した。それとともに、労使関係に関する民主的法規が整備され、財閥解体や農地改革も遂行された。しかし、にもかかわらず、大河内の見るところによれば、そして現代の社会理論がその先端において展開しはじめた議論に従えば、日本のこの戦後改革も、総力戦時代に進行した社会の国民的動員と統合によって、その根本的性格を大幅に規定されていた、ということになる。平和憲法の下での戦後諸改革にもかかわらず、その後に現れた日本社会の構造は、総力戦という未曾有の緊急事態に迫られて着手された社会改造によってその方向性を決定されていた、と大河内は見ているのである。

敗戦直後という時点で、大河内は戦時動員体制のなかに不可逆的な構造変動のモーメントを読み取っていた。この観点が、彼によって戦時期に展開された社会政策論の内容と深く結びついていたということ、これが重要である。一九四〇年に日本評論社から刊行された『戦時社会政策論』に即して、その点を確認しておこう。そのなかに収められている「戦時社会政策の基本問題」(一九三九年)は、従来の社会政策理論に全面的な批判を加え、それらによっては戦時社会政策の構想はおよそ展開不可能だと強調している。大河内は、第二次世界大戦期に現れた戦時社会政策を対象としながら、ここに正常な社会発展コースからの逸脱を見ようとしたのではなく、むしろ、新たな構造を作りだしてゆくダイナミックなモーメントの現れを認識している。この大河内の観点からすると、従来の社会政策理論はいずれも、戦時社会政策のこの独特のダイナミズムを捉え損ねている点で限界をもっている。これが大河内の論点であった。

第一に、資本主義において精神的価値の保有者たる人間が商品化（＝物化）したことを問題とし、これに対して倫理的批判を加えるタイプの社会政策論が取り上げられる。このタイプの理論は経済に内在した論理を欠いており、したがって経済にたいする外部からの批判に終始しておわる。第二としては、社会政策の本質を階級闘争に求める社会民主主義者の主張が取り上げられる。ここでは社会政策は、資本家と労働者というあい対立する階級の社会的衝突が相互に均衡される場合の、その均衡の制度化として理解される。ここでも社会政策はいぜんとして経済機構外部の政治的調整に依存するものと捉えられている。

これら二つの立場の理論的限界を指摘した大河内は、自らの積極的な立場を対置してこう論じる。「社会政策をば経済機構との内的な、機構的な、連関において知ろうとしないこのような理論が、戦時経済の進展が社会政策に何を要求しているかを理解するに由なく、従って、総じて戦争が社会政策と如何に内的な連関を持つかに答えることを得ないのは当然である。［これらの立場においては］戦争は社会政策をもたらさず、むしろその反対のものをもたらすというのがその総結論となる」。だが、事態はこれらの通説が言うところとはまさしく逆である。「戦争は経済体制の戦時体制への編成替えを通じて社会政策を強度に押し進める。それは平時の経済においては極めて長時間にわたって初めて実現し得る社会政策を、戦時経済体制への急速な編成替えの必要上、極めて短時間に実現する」。

戦時下という非日常的な状況にあって、大河内はその非日常的状況を危険なものとして避けようとするのでなく、むしろこれを社会政策の新たな展開のための絶好のチャンスとして受け取っている。若くして抜群の構想力をしめし、自らの学問的達成について、ヨーロッパにおける社会政策論の水準をすでにはるかに凌駕し得ていると確信していた大河内は、この総力戦体制を積極的に利用し、彼の理論的構想をもって日本社会の全面的な改造のための青写真たらしめよう、と考えはじめたのであった。その青写真は次の四点となって総括される。

第一は、社会政策の本質にかかわる規定である。資本主義的営利経済のもとにおいては「労働力」にたいする配慮は貫徹され得ないという観点、つまりは、営利経済を否定的にみる観点からは、社会政策のための正しい理論は導き出されない。そうではなく、社会政策は、資本主義的営利経済の機構を順当に継続させるためには「「労働力」に対する社会的規模における合理的配慮」が必要不可欠だということ、この点に立脚することによって初めて導き出される、と大河内は主張する。ここでの大河内は、個人としての資本家や個人としての労働者という立場からの発想はしばしば全体をみない非合理性に陥る、としているのであって、労働力の全社会的観点からする合理的な再生産、つまりは「社会的総資本の合理性」にもとづく労働力政策こそが、社会政策の本質をなすと言うのである。ここで指摘されている「社会的総資本の合理性」は、「社会システムの合理性」と言い換えてもさして不当ではないであろう。大河内は、社会政策という国家の機能を、階級利害対立の調停というもっぱら政治的なもの、あるいは経済の運動の外部にある政治的介入と見ているのではなく、経済の内部に位置する政治的機能、つまりは社会システムの全体的合理性を維持するための不可欠な機能、という観点に立って捉えている。

この大河内の観点は、階級社会という近代社会に特有な構成に即したそれから脱却し、すでにシステム社会としての観点に移行している、と見ることができる。と言うのも、ここでは国家の機能は社会システムの合理的運行のための不可欠な一環をなしている、と言われているからである。国家は、社会システム（あるいは市民社会）の外側にあって、ヘーゲルのいう理性国家のように市民社会をコントロールしているのではない。ヘーゲルの観点を特徴づけていた市民社会と国家の明確な論理的境界区分は、ここでは消失している。(12)大河内の立論においては、市民社会と国家は別の次元に属するのではなく、社会システムの全体的循環という総体にあってその下位体系という位置を占め、相互に補完し合いながら、それぞれの社会的役割を遂行しているのである。このような大河内の構想にあっては、社会政策を対象とする社会科学的考察そのものも、すでに、社会システムの外に立つ中立的観察者によるものとしてではなく、社会システムを構成する不可欠な一要素として位置づけられている、と言ってよいであろう。

この大河内の立場は、先に言及したニクラス・ルーマンの論文が掲げる課題、つまり「いかにして社会秩序は可能となるか」という課題と見事に照応していると言ってよい。大河内もルーマンも、あらかじめ「そこにあるもの」として与えられた「客観的実在」としての社会秩序を外側から観察すること、これが社会科学を成立させる根拠だという発想——他ならぬ近代社会科学を成り立たせた発想——を、すでに過去のものとなった立場だと見ている。そうではなくて、この両者は、現代の社会科学を、絶えざる不確実性、偶然性と対応しつつ、社会秩序を成り立たせてゆくための社会的機能の一作用と見ているのである。

第二には、社会政策の課題は経済社会の単なる単純再生産の保全にあるのではなく、絶えず自己革新を遂げてゆく拡大再生産の保全にある、とする主張が提起される。ここでは、産業部門の構成が高度化してゆくにつれて——つまり、軽工業から重工業・化学工業へと比重が移動してゆくにつれて——労働力の質においてもその絶えざる向上が問題とならずにはいない、という点が強調される。「産業技術の高度化に沿って労働の生産性を増し、技術の急速な発展に対応して自らを陶冶し、この技術を主体的に把握し得るだけの能力ある「労働力」の社会的な培養」を計るということ、これがいまや緊急の国民的課題となっている。「技術的に見透しの利く、技術的に組織能力をもった基幹労働力軍の保全」という課題こそは、戦時経済においてその死命を制する重要性を帯びる。こう大河内氏は指摘している。

この第二の論点は、マルクス『資本論』に見られる資本の構成高度化という論点、および、山田盛太郎『日本資本主義分析』が注目した「技術的に見透しの利く基幹労働力軍」といった術語を多用しており、マルクス経済学の影響を濃厚にしめしている。しかし、ここでの大河内の構想はマルクス経済学の用語法の範囲をすでに超えでていた。大河内のこの観点が、システム論の方法を駆使した分析トゥールの内容を先取りしていたことは、注目すべきである。例えば現代イタリアの社会学者アルベルト・メルッチは彼の『現在に生きる遊牧民』(13)のなかで現代社会の高度に技術化し、情報化した状況にふれながら、自覚的 に新しい情報を学習し、自らを新しい情報のターミナル、あるいは新しい情報の発信者たらしめてゆくようなタイプの労働者によることなしには、このような複合社会(complex society)の維持は不可能だと指摘している。「学習することを学習する」タイプの新しい労働力主体、このような労働力主体によって初めて現代社会の機能的な運行は可能となる。メルッチはこのような新しい労働主体を装備した社会を「自己再帰的社会」(self-reflexive society）と呼んでいるのであるが、大河内の『戦時社会政策論』は、メルッチにはるかに先んじて事実上「自己再帰的社会」の到来を告知していた。

第三の論点は、第二論点の応用形態と見ることができる。ここで大河内は、戦時経済は産業構成の激しい変化を要請すると指摘し、その要請に対応するためには配置換え可能（ersatzfähig）な労働力の保全・維持がはかられなければならないとしている。

最後の第四点としては、労働者をたんに客観的な存在として、あるいは経済的資源として捉えるだけでは不十分だということ、この点が指摘される。労働者はたんなる資源なのではなく「それ自身の経済上・社会上・文化上の要求を持った自主的な主体」だというこ とがここでの問題であった。ここで大河内は、「日支事変」の勃発とともに労働力不足、とりわけ熟練労働者不足が緊急の問題として浮上してきたことにふれながら、しかし、この緊急の課題だけではなく、長期的な課題との真剣な取り組みが必須のものとなるだろう、と警告している。「事変が長期化し、長期の経済建設が問題となり始めるや否や、勤労者の組織を基礎とした自覚的協力が次第に意識され始めるのは当然である」。「かかる新たな大衆的基礎を持った経済並びに社会文化運動の実体となるべき勤労者層の新たな組織は如何にして創られるべきか」。

この長期の視点にたった場合、「組織率の低度な従来の如き労働組合運動はより以上の発展性をもち得ない」という事実、これが日本の戦時動員体制にとり、深刻な制約として浮上せざるを得ない。大河内はこう述べて、社会の各層を含む「多角的な協力組織」を創出することが差し迫った課題とならずにはいない、と主張した。この組織においては「勤労者の組織が労働組合、雇用主団体、官僚、軍、一般知識階級等のうち何れかの一方的指導に頼ることは不適当であり、これらのものの総力によって何らかの、勤労者の自主性を培養し得る組織が創られねばならない。……従来この国の巨大経営に何等の足場をも発言権をも持たなかった勤労者はこの新たな組織（それが「産業報国会」であれ何であれ）を通じてその自律性を学び獲ることができる」であろう。この大河内の展望において、「産業報国会」が勤労者の自主性を培養する組織であらねばならない、と構想されていたことは注目すべきである。[14]「産業報国会」は、それがもつあらゆる限界にもかかわらず、日本の労働者を組織的存在へと錬成する機構、あるいは、労働者文化の自主性を培養する機構として位置づけられていたこと、この点が注目されねばなるまい。

この戦時期に提起された社会政策論について、戦後の大河内は心中密かに大筋での妥当性を信じ続けていたと思われる。この点について戦後の論文「『産業報国会』の前と後と」（一九七一年）[15]を参照しておこう。大河内はここで、まず、戦前の労働運動についてこう特徴づけている。「雇用の不安定な、そうして多くは昇給制度も福利施設もない、中小・零細企業では、労使関係は暗い不信感で断絶し、頻繁な移動と荒れ狂う労働争議とが特徴であった。そして大企業からは全く締め出された労働組合は、もっぱらこの中小・零細企業の分野で激しく、分派にわかれつつ、活躍した。このようにして戦前における大企業の常用工＝本工を軸とする雇用関係の定着とその上に立った企業の雇用政策とは、労働組合を企業の鉄壁の外部に排除することに成功したのである」。これにたいして戦時動員体制期には「労働組合が壊滅」し、これに替わって「産業報国会」が上からの統制団体として形成された。しかし「産報を労組の殺戮者としてだけ評価することはどこまで正しいであろうか」。「戦時中の何カ年かを通じて、産報という超国家主義または全体主義の衣の中で、ともかくそれが企業ごととなり、工場ごととなり、さらに下部の職場ごとなりの、「組織」をもっていたということ、生産力拡充という目的のためにはそれを利用しなければならないということを学んだことを忘れてはならない」。

大河内は、たとえ上からの組織化であったにせよ、「産業報国会」において労働者の自発性と創意を組織的に表現する場が公に形成されたこと、この点に注意するよう求めている。このような戦時動員体制の評価にもとづいて、戦後改革期は次のように位置づけられる。産報は「戦前の労働組合が入り込み得なかった大企業の内部における常用工＝本工をくるめて、全員加入の「組織」」を作り出した。「その組織の基礎の上に、はじめて戦後の労働組合が、企業ごとに、事業所ごとに」できあがったのである。

大河内のこの論点には、戦後日本における企業別労働組合の形成を肯定的に評価する視点が働いていると思われる。大河内のこの見解については、日本型労働組合をあまりにも企業利害と密着したものと捉える人々から、批判が加えられることであろう。そればかりではない。周知のように、大河内自身のなかにも、日本型の企業別労働組合を批判する観点が存在していた(16)。今ここで、この論争点に立ち入ることはできない。今日の報告では、戦時期に現れた日本社会の構造的改造運動が、戦後日本の改革にまで持ち込まれ、戦後社会の構成のなかで持続的に保持されたというこの大河内の認識を、総力戦の時代の歴史的意味を再吟味する一つの材料として提示するに止めておこう。

四　戦時体制下における国民生活論の登場

以上に加え、最後に、大河内の戦時社会政策論において重要な一環を占めた「国民生活論」にふれないわけにはいかない。今日の報告では差し当たり、『スミスとリスト』の補論の二として採録された「生活理論と消費理論」(一九四一年一二月)を参照してみよう。消費をふくむ生活の分析は、戦時経済にとって「死活を制するほどの重要性」をもっている。これが大河内の出発点であった。従来、消費は単なる私事と見なされてきたのであり、せいぜいのところ、家政学という狭隘な視野の中で論じられるに止まっていた。しかし、戦時経済という新たな状況はそうした限界の克服を否応なしに迫っている。なぜならば、消費を含む生活全般は、単なる個人にかかわる領域としてではなく、「国民生活全体」にかかわるものだということ、あるいは「経済全体にとって積極的な社会的行為であること」が、状況の切迫とともに明らかとなってきたからである。こう大河内は強調している。

消費生活にこのような積極的な意味を与える場合、その議論を正当化する論拠として大河内が持ち出すのは、それが生産活動、つまりは勤労生活の維持＝保全にとって欠くことのできない領域だからだ、という点であった。従来は社会の公的な場から退けられ、もっぱら秘めやかな私事として営まれてきた消費生活を、大河内は、生産活動と消費生活の相互媒介的連関という視点に立って捉えなおし、かかるものとして社会的・公共的な関心のもとに公開しなければならない、というのである。さらに加えて、戦時体制の遂行という至上命題のもとに、こうして公開された消費生活は、合理的な方式で協同化されねばならないとされた。

大河内は、総力戦という時代状況が要請する至上命令を活用して日本の社会システムを一挙に合理化しようと試みている。国民生活論の課題は「時局の要求するところを容れながら、しかも消費生活の経済循環に対してもつ積極的な関係を生かし、消費生活の実質を護ること」、ここにあった。しかもこの課題は、同時に「われわれの久しい慣習となってきた伝統的な消費生活の様式を協同的なものに移してゆく」こと、これにも貢献するであろう、と言われる。軍によって牛耳られた動員体制においては、合理性を無視した国民生活の統制と搾取が強行されてしまう。大河内の国民生活論は、明らかに、そうした非合理的な精神動員論と対決しようとする意向を示していた。大河内の構想においては、総力戦体制においても労働生活にとって不可欠な消費の水準は維持されなければならず、さらに適切な休養や娯楽もまた、許容されなければならない。ここには、非合理的な精神動員論を振りかざして国民の批判精神を麻痺させようとする動向への、合理主義者の立場からする抵抗が孕まれていた。

しかし、この対立の背後には、非合理的精神主義にたいする合理主義の抵抗という以上の内容が孕まれていたことに注意しなければならない。というのも、戦時期に展開された大河内の国民生活論のなかには、近代社会から現代社会への移行という巨大な歴史的転換が映し出されているからである。総力戦以後の現代社会は、消費生活がもっぱら家族によって営まれる私事である時代を、もはや許容することが出来ないのであった。古典的な市民社会論を総括する位置に立ったヘーゲルの『法の哲学』においては、家族生活は市民社会とも国家とも次元を異にするレヴェルに属するものと認識されていた。しかし、この一九世紀的な家族の存在は解体を余儀なくされる。家族生活は、いまや、その隔離された私事のレヴェルから引き出され、市民社会という社会的交通の場へと導き出される。そればかりではない。家族によって営まれていた消費生活は、いまや公共的な意味をもった国民的協同性のレヴェルへと持ち上げられ、国民国家の関心事において中心的な対象となるべきもの、と宣言される。家族・市民社会・国家という三層からなる縦の立体的関連（ヘーゲルの近代社会論）は、いまや、現代社会システムの全体的循環という視野に適応したものへと組み替えられ、横の平面的関係のなかでそれぞれの要素を交換しあう機能的位置へと配置換えされることとなった(17)。

この図柄は、まさしく、タルコット・パーソンズが彼の『経済と社会』（一九五六年）で描きだしたシステム社会の構造に他ならない。J・M・ケインズが彼の『雇用・利子および貨幣の一般理論』（一九三六年）において描きだした現代社会の像もまた、システム化された現代社会という構図のなかに包摂され得る、と言ってよかろう。古典派経済学は、生産の論理を優越させることによって消費をたんなる生産費問題の一部へと矮小化させていた。古典派経済学においては、家族のレヴェルは視野の外部に放置されたのであり、したがって消費もまた、生産活動の構成要素という以上には関心を呼ぶことがなかった。これに対してケインズは消費に積極的な意味を付与し、有効需要の観点をクローズアップさせた。ケインズにおいても、消費は現代社会の全体的循環にとって欠くことのできないプロセスであった(18)。戦時期の大河内は、アメリカのパーソンズ、イギリスのケインズと同じ時代にあって、家族生活のレヴェルを市民的公共性の場へと引き上げたのであり、消費問題についてこれを国民的水準において論議されるべき課題だと主張したのであった。

五　結び——私的領域と公共的領域の相互浸透

総力戦の時代を経過することによって、私たちの社会は、公共的なものと私的なものの区別を消し去り、その間の境界を溶解させていった。というのも、総力戦にとって、国家の外側に位置する社会関係としての家族はどうにも厄介な存在だったからであり、これを市民社会レヴェルへと引き上げて公共的な意味付けを与えることは、必要不可欠な措置だったからである。

家族のレヴェルが人的資源の「封建的」なプールでしかなく、したがって市民社会から区別された別個の論理に従うものであるかぎり、それは資本の運動に即した社会的動員を妨げる存在であった。そこには大量の人的資源が蓄積されていたが、家族が全くの私的な領域として市民社会や国家から隔離されているかぎり、この大量の人的資源は社会的に利用されることなく、無駄なままに放置されていた。「封建的」な家族関係を「現代的」に改造すること、このことなしには、総力戦国家は人的資源を戦争目的へと合理的に動員することができなかった。大河内自身もそこに属していたマルクス主義の講座派グループは、その理論が総力戦体制に適合的な形で利用された場合、近代社会から現代社会への転換を媒介する恰好のイデオロギー的役割を果たすこととなった。[19] 意外なことに、国民すべてを天皇の赤子だと見なす天皇制ファシズムのイデオロギーのなかにも（例えば北一輝のケース）、家族を解体してこれを市民社会ないし国家のレヴェルと癒合させるという点で、講座派マルクス主義と類似のイデオロギー的作用力を発揮するケースが存在し得たと言ってよかろう。

総力戦の時代は社会の仕組みに巨大な変化をもたらした。その変化は実にさまざまな範囲にまで及んでいるが、中でも重要な意味をもつのは、政治的な公共性がその独自な領域性を失って市民社会および家族のレヴェルと溶融したこと、その結果として家族生活に属していた私事が大幅に公的性格を帯びるようになったこと、これである。消費生活は、労働主体の社会的再生産を通して人的資源を戦争目的へと動員するための基礎だと認識されるようになり、この関連において公共的意味を与えられることとなった。大河内の社会政策論においてその要というべき位置を占めた「社会的総資本の合理性」とは、家族とそれに付随する消費生活ばかりでなく、さらに国家さえをも資本の運動を中軸とする社会的循環の機能的一環へと組み替えようとする、徹底した現代化の思想的表現であった。

これに加えて、総力戦体制が国民の体育を重視し、国民保健政策の整備を不可欠のものと認識するようになったこと、また、国民の戦意を高め士気を保持するためには「銃後」(home front) における生活の安定が必要だとされたことも、忘れてはならない。これらの問題は、二・二六事件を引き起こした青年将校たちの運動において強く意識されていただけではなく、統制派グループにおいても不可欠な条件とされたのであり、これに対する国家の政策的対応が主張されることとなった。陸軍パンフレットとして知られる『国防の本義とその強化の提唱』(一九三四年一〇月一日発表)も、その第四章「国防国策強化の提唱」においてこう述べていたのであった。人的要素を充実培養し、挙国一致の実を挙げるためには「国民の一部のみが経済上の利益特に不労所得を享有し、国民の大部が塗炭の苦しみをなめ、ひいては階級対立を生ずる」ようなことがあってはならない。とりわけ「農山漁村の厚生」が、つまりは窮迫した農村を救済するための社会政策が必要である。[20]

現代社会について先に参照したメルッチは、我々の時代はすでに公的なものと私的なものの区別を失った世界だとみなしている。彼の言うところによれば、現代社会は「公的性格と私的性格を分離不能な形で結びつけている諸組織の織物の総体」というべきものに変質してしまっている。[21] 家族と市民社会と国家、この三者のあいだの区分が溶解してしまった現代のシステム社会が、社会科学にとってきわめて処理し難いものとなっているのも、このためだといってよいであろう。大河内の戦時社会政策論は、彼がそうと意識していなかったにせよ、総力戦時代の社会変動がシステム社会への移行を不可避の課題としていたことを、彼の理論的構想を通して語りかけているのである。

我々が直面している一九九〇年代においては、情報社会化とそれにともなうグローバリゼーションの進行によって、ポスト現代社会と呼ぶべき新たな時代への移行が課題となっている。この新たな課題に対応するためには、社会科学はそれに先立って、総力戦の時代が我々の社会に不可逆的な変化をもたらしたことを確認しなければならない。その直前の時代についての認識を欠いたポスト現代社会の議論は不毛に終わる他ないであろう。

註

（1） 本報告は、山之内靖『システム社会の現代的位相』（岩波書店、一九九六年）所収の「参加と動員——戦時期知識人のプロフィール」を主たる素材としている。大河内の著作については『大河内一男著作集』全五巻（青林書院新社、一九六九年）、『大河内一男集』全八巻（労働旬報社、一九八一年）がある。後者第八巻の「著作目録」を参照。

（2） 『経済学論集』第七巻第五号（一九三七年一〇月）、および、同第七巻第一二号（一九三七年一二月）。

（3） Niklas Luhmann, 'Wie ist soziale Ordnung möglich?', *Gesellschaftsstruktur und Semantik. Studien zur Wissenssoziologie der modernen Gesellschaft*, Band 2, 1981. 佐藤勉訳『社会システム論の視座』（木鐸社、一九八五年）。

（4） この点については、安井の指導の下で研究生活を送った芳賀半次郎の回顧を参照。芳賀半次郎『広流——エッセー集』（木鐸社、一九八五年）。転向論という角度から大河内を論じたものとして、高畠通敏「生産力理論——大河内一男・風早八十二」思想の科学研究会編『共同研究・転向』中（平凡社、一九六〇年）、を参照。

(5) 石田雄『社会科学再考――敗戦から半世紀の同時代史』(東京大学出版会、一九九五年)。

(6) 「近代の超克」『文學界』一九四二年九・一〇月号。河上徹太郎他『近代の超克』(冨山房百科文庫、一九七九年)。他に、高坂正顕、西谷啓治、高山岩男、鈴木成高『世界史的立場と日本』(中央公論社、一九四三年)をも参照。

(7) パーソンズの理論的展開については、山之内靖『現代社会の歴史的位相』(日本評論社、一九八二年)を参照。

(8) 東京大学経済学部創立三〇周年記念論文集Ⅱ『戦後日本経済の諸問題』(一九四九年。『大河内一男集』第二巻、所収)。

(9) 「日本型労働」についてその「型の崩壊」に言及するこの大河内の発想には、山田盛太郎『日本資本主義分析』(一九三四年)に見られる次のような発想、つまり、日本資本主義に特徴的な「型制の危機=崩壊」という認識が投影している。山田『日本資本主義分析』の解読については、山之内靖『イギリス産業革命の史的分析』(青木書店、一九六六年)の第二章「歴史的対比」を参照。

(10) ギデンズとダンデカーについては、山之内靖「戦時動員体制」社会経済史学会編『社会経済史学の課題と展望』(有斐閣、一九九二年)の整理を参照。

(11) 近年におけるこうした研究動向の詳細については、畠山弘文「見えざる手としての国家――ネオ・マキャヴェリ主義的社会理論の射程」『明治学院論叢』五七八号、一九九六年三月、の優れた整理を参照。

（12）ヘーゲル『法の哲学』の構成に関する分析としては、山之内靖「初期マルクスの市民社会像」『現代思想』青土社、一九七六年八月－一九七八年一月号、を参照。

（13）Alberto Melucci, *Nomads of the Present. Social Movements and Individual Needs in Contemporary Society*, 1989. 山之内靖他訳『現在に生きる遊牧民』（岩波書店、一九九七年）。メルッチとやや観点を異にしていると思われるが、ウルリッヒ・ベック、アンソニー・ギデンズ、スコット・ラッシュの三人も「再帰性」を現代社会の中心問題だと主張している。Ulrich Beck, Anthony Giddens, Scott Lash, *Reflexive Modernization. Politics, Tradition and Aesthetics in the Modern Social Order*, 1994. 松尾精文他訳『再帰的近代化――近現代における政治、伝統、美的原理』（而立書房、一九九七年）。この論点を援用した邦語研究としては、高橋秀寿『再帰化する近代――ドイツ現代史試論　市民社会・家族・階級・ネイション』（国際書房、一九九七年）。

（14）佐口和郎『日本における産業民主主義の前提』（東京大学出版会、一九九一年）は、この点をめぐる大河内の構想に妥当性があることを示唆している。佐口和郎「産業報国会の歴史的位置――総力戦体制と日本の労使関係」（山之内靖、ヴィクター・コシュマン、成田龍一編『総力戦と現代化』柏書房、一九九五年、所収）をも参照。

（15）大河内一男他監修、長幸男、住谷一彦編『近代日本経済思想史』Ⅱ（有斐閣、一九七一年。『大河内一男集』前掲、第三巻、所収）。

（16）代表的には、「賃労働における封建的なるもの」（『経済学論集』一九五〇年四月。『大河内一男集』前掲、第三巻）、「労使関係における『近代化』の意味するもの」（中央労働

委員会編『労働委員会制度二〇周年記念論文集』一九六一年。『大河内一男集』前掲、第三巻)。

(17) 家族論の観点から総力戦体制の意味を検討する場合、ジェンダー問題を避けてとおることはできない。この点については、成田龍一「母の国の女たち――奥むめおの〈戦時〉と〈戦後〉」(『総力戦と現代化』前掲、所収)を参照。『総力戦と現代化』の論点と呼応する問題提起として、上野千鶴子『ナショナリズムとジェンダー』(青土社、一九九八年)を参照。上野は山之内がシステム論の方法を総力戦時代の歴史分析に適用する点については留保し、疑問を呈している。本報告は、なお不十分ではあるが、上野の疑問に対する応答を念頭に置いて加筆された。

(18) ケインズの有効需要論は、経済思想史の脈絡ではJ・A・ホブソンの『産業の生理学』(一八八九年)を直接の先駆としている。『雇用・利子および貨幣の一般理論』(一九三六年)の末尾から二番目の章「重商主義その他に関する覚書」を参照。この論点については、山之内靖「J・A・ホブソンからJ・M・ケインズへ――ホブソン&マンマリー『産業の生理学』からの抜粋」(『十九世紀末「大不況」期におけるイギリス経済の構造変化――コンドラチェフ波動を手掛かりとする実証研究』科学研究費報告書、東京外国語大学、一九八八年三月)を参照。

(19) 講座派系の理論家たちが、敗戦直後の一時期に「戦争経済の遺産」を全否定してはならないと主張し、その生産力的成果の継承を唱えていたことは、今では忘却されているが、やはり重要な史実である。井上晴丸、宇佐見誠次郎、内田義彦「戦争経済の遺産」(『潮流』一九四八年一月号)。山之内靖「市民社会派の系譜とレギュラシオン理論」(海老塚明、小倉利丸編著『レギュラシオン・パラダイム――社会理論の変革と展望』青弓社、一九九一年、所収)を参照。

(20) 佐野稔「『国防国家論』と社会政策――『陸軍パンフレット』を中心にして」(『昭和史のなかの社会政策』平原社、一九九三年)を参照。社会保障制度の起源を総力戦時代に求める論調は、今では例外ではなくなっている。鍾家新「厚生省創設と戦時下の厚生行政、総説」(副田義也編『厚生省史の研究』科学研究報告書、筑波大学、一九九三年)、同「厚生省の創設についての歴史社会学的考察――社会保障の政策主体の形成における戦争の役割」(日本社会学会大会報告、同志社大学、一九九四年一一月)、美馬達哉「軍国主義時代――福祉国家の起源」(佐藤純一、黒田浩一郎編『医療神話の社会学』世界思想社、一九九八年、所収)を参照。

(21) *Nomads of the Present, op. cit.*, p. 117.『現在に生きる遊牧民』前掲、二二一頁。

第5章　戦時期の遺産とその両義性

一　「近代の超克」と市民社会派

敗戦を迎えた一九四五年以後、日本の社会科学をリードした有力な学派として、市民社会派がある。大塚久雄『近代欧州経済史序説』（一九四六年）、丸山眞男『日本政治思想史研究』（一九五二年）、川島武宜『所有権法の理論』（一九四九年）、高島善哉『経済社会学者としてのスミスとリスト』（一九五三年）、内田義彦『経済学の生誕』（一九五三年）、仁井田陞『中国法制史』（一九五二年）といった一群の著作は、戦後になって社会科学を学び始めた世代にとって、輝かしい金字塔であった。本稿が主たる対象としてとりあげる大河内一男もまた、この潮流を代表する研究者の一人である。

この学派の特徴を要約すれば次のようにいえるであろう。

第一に、昭和の初めをかざったあの日本資本主義論争を理論的遺産として継承しながらも、マルクス主義者を中心とするこの論争を、マックス・ヴェーバーの社会学やアダム・スミスの市民社会論というそれとは異質な方法的基盤にたって相対化し、豊富化したということ。このことによって、階級とか再生産構造といったマルクスの概念のほかに、エートスとか身分状況、あるいは道徳感情とか分業関係、さらには血縁［共同体］・地縁［共同体］、官僚制といった豊かな方法的視点が活用されるようになったのである。

第二に、主として日本資本主義論争における講座派の問題関心を受け継ぎながら、講座派が日本資本主義の特殊な構造的歪みを表現するものとしてもちいた「半封建制」という規定の意味をさらに厳密に捉えようと試みたこと。マルクス主義者の思考様式は、生産力・生産関係・生産様式・社会構成・階級関係といった、経済の領域に基礎をおく諸概念に限定されていた。これに対してヴェーバーやスミスの方法は、「半封建制」の意味を主観や倫理、慣習といった、イデオロギー的領域ないし日常的行為領域の側から考察しなおすことを可能ならしめた。イデオロギーや日常的行為についての考察に道が開かれた結果、とりわけ、国家論の領域において経済学から相対的に自立した考察がおこなえるようになったことは特筆されてよいであろう。

この点での最大の成果は、丸山眞男の『現代政治の思想と行動』（一九五六・五七年）であった。ここで提示された天皇制論――そこにはマルクス主義政党それ自体をとらえていた天皇制的権威主義（左翼天皇制＝スターリニズム）に対する批判的分析が含まれていた

――は、日本人の行動様式を根深いところで規定している無意識的な慣習的特性を、鮮やかに解剖してみせたのであった。そうした成果の一つとして、我々は、丸山の「抑圧の委譲」という論点をあげることができるであろう。日本社会において抑圧されている大衆は、アジアへの侵略に加担した場合、自らのうけた抑圧をそのままアジア民衆に委譲する、というのである。川島の著作『日本社会の家族的構成』(一九四八年)も、この点で貢献するところが大きかった。マルクス主義者の分析は、国家論の次元を一般にイデオロギー的上部構造に属するものと観念していたのであり、そのために、これを経済的土台構造の思想的反映とみなす傾向があった。こうしてイデオロギーや日常的行為は、それ自体としては考察されず、経済の論理によって決定されているものとされたのである。市民社会派の業績は、マルクス主義における経済決定論ないし経済還元主義の限界を打ち破り、これを多元的考察の場へと開いたのであった。大塚のいう「複眼的思考」(『社会科学の方法』一九六六年)とは、そのことを指している。

このようにみてくると、市民社会派の諸業績は、日本に内在的な成果でありながら、例えばイタリアのグラムシが展開したヘゲモニー論ときわめて近い存在であったことが見えてくる。さらには、ドイツにあった一群のユダヤ系知識人――アドルノ、ホルクハイマー、マルクーゼ、エーリッヒ・フロム等――の集団であるあのフランクフルト学派とも、知的な親縁性を帯びていたことがわかるであろう。だが、にもかかわらず、市民社会派の方法は、グラムシはともかくとして、フランクフルト学派とはある一点で決定的な異なりをもっていた。というのも、フランクフルト学派の場合、マルクスとヴェーバーとが接合されただけではなく、始めからフロイトやニーチェの視点が内包されていたからである。ホルクハイマーとアドルノの共著『啓蒙の弁証法』（一九四七年）は、「何故に人類は、真に人間的な状態に踏み入っていく代わりに、一種の新しい野蛮状態へ落ち込んでいくのか」を問うたのであったし、マルクーゼの『エロス的文明』（一九五六年）は、フロイトの方法をとおして、現代文明の超自我による自然の抑圧をみすえたのであった。

このフランクフルト学派と比べた場合、市民社会派の方法が近代世界の繰り広げてゆく進化の方向に明るい期待を寄せる点で、はるかに楽観的な色調を与えるものであったことは、否定できない。フランクフルト学派は、西欧近代の啓蒙的理性が、神話的世界像を打破して誕生したにもかかわらず、自ら再び神話化してゆくことに警告を発していた。それに対して市民社会派は、西欧近代の啓蒙的理性が日本の近代化においては貫徹しえなかったという側面に強調点を付していた。近代的理性の形式化が理性そのものを抑圧に転化してしまうということ、これがフランクフルト学派の問題であったとすれば、市民社会派は、近代的理性を理念化し、これを普遍的な到達目標として高く掲げたのであった。

その内容的な重なりにもかかわらず、近代的理性に対する構えの根本的な相違が、両学派のその後の命運を大きく左右することとなった。近代的な道具主義的理性批判というフランクフルト学派第一世代の問題関心は、第二世代を代表するハーバーマスにおいても継承され、『コミュニケイション的行為の理論』(一九八一年)へと発展させられた。ハーバーマスは第一世代による道具主義的理性批判の視点を再構成し、言語論やシステム論の方法を組み入れることによって、これを機能主義的理性批判へと脱皮させた。これに対し、市民社会派の側では、後続する世代による方法的継承ないし発展という点で、ほとんど見るべきものを生み出していない。市民社会派は、第二世代と呼ばれるにふさわしい理論潮流を生み出すにいたっていない。その系統の一部では、海外からレギュラシオン学派という新たな動向を導入するのに忙しいが、このことは、却って、市民社会派の不毛さを暴露しているといわざるを得まい。

市民社会派の伝統は、こうした限界を背負っていたことをあらためて自覚化することなしには、もはや再生することはないように思われる。市民社会派について現時点において再評価するとなれば、その生成の原点にたちもどり、理論形成のそもそもの出発点においていかなる問題を抱えていたかを吟味しなくてはなるまい。近代的理性に対する構えにおいて市民社会派の立場がこのようにフランクフルト学派と異なることとなったのは何故であろうか。この相違はいかなる経緯によって生み出されたのであろうか。

ここで我々が出会うことになるのは、第二次世界大戦の歴史的経験である。ユダヤ人という、もっとも過酷な運命にさらされた集団に属するフランクフルト学派の知識人に対し、日本の市民社会派が彼らとは基礎経験において相違していたのはいうまでもない。しかし、フランクフルト学派は、彼らのユダヤ人としての特異な基礎経験を普遍的な問題設定へと結晶化することに成功したのであり、その問題設定は、いまでは非ユダヤ人であるハーバーマスによって継承され、発展させられている。フランクフルト学派の人々がユダヤ人にしか共有できない問題を設定していたとすれば、それが非ユダヤ人によって継承されることはあり得なかったであろう。また、フランクフルト学派が、今日、現代社会に関する批判的認識の方法を提示する先端的潮流として、これほどまでにひろく関心をひきつけることもなかったであろう。これに反して、日本には、フランクフルト学派に対応しうる社会理論が形成される基盤は欠如していたのであろうか。ここで我々は、市民社会派の人々も、フランクフルト学派の人々と共通する体験をそれなりにもったのではないか、と問うことができるように思われる。西欧近代が生み出した文明は困難な壁に行き当たったのであり、この壁を突破することなしには、時代はその先に進むことが出来ないのではないか。こう問うた点で、市民社会派も、その出発点においてフランクフルト学派第一世代と相似した観点を――少なくともその一部において――共有したのではなかろうか。市民社会派の出発点をフランクフルト学派のそれへと近づけた条件、それは、第二次世界大戦という世界史的出来事であった。

我々は、あらためて、市民社会派の出発点がまさしく第二次世界大戦期にあったという事実を想起すべきであろう。彼らはいずれも、第二次世界大戦が必須のものとして要請した総動員体制のなかで青年期を過ごした。彼らは、人類がそれまでの歴史ではいちども経験したことのない新たな事態に否応なしに直面させられ、そのことがもつ意味を、必死の思いで模索したのであった。その点で、彼らのおかれていた状況は、フランクフルト学派の人々と共通していたし、さらには、あの「近代の超克」座談会(『文學界』一九四二年九−一〇月)に参加した知識人たちとも共通していた。日本資本主義論争が思想弾圧によって停止させられ、牢獄にとどまらないとすれば、沈黙を守るか、あるいは戦時動員体制になんらかのかたちでコミットするほかないという運命に晒されたとき、日本の知識人には、自由な選択の余地はほとんど残されていなかった。戦時動員体制のなかで青年期を過ごさなければならなかった市民社会派の人々の思想形成については、それ故に、総力戦体制という世界的な共通体験に即して吟味する必要がある。フランクフルト学派の人々も、ナチスの抑圧を逃れてアメリカに渡るのであるが、そこにおいて反ナチスの総力戦体制になんらかの形で参与することとなる。アドルノとホルクハイマーは、さらにマルクーゼも、この経験を通じて、ナチス・ドイツのみならず、アメリカ合衆国も、ある種の全体主義体制へと移行したことを確認するにいたる。ハンナ・アーレントにおいても事情は同様であった。

近代を超克し、いまだ知られていない新たな段階に移行することなしには、この近代の窮境から脱出する方法はないのではないか。そう考えざるを得なかったという点で、フランクフルト学派第一世代も、「近代の超克」座談会に参加した日本の知識人たちも、全く同様であった。ところで、竹内好が確認しているように、「近代の超克」座談会に集まった知識人たちの思想傾向は実に雑多であった。そこには、林房夫や亀井勝一郎のように、日本に固有の精神的伝統に立ち返ることによって近代を超えようとする反動的ロマン主義もあれば、西田哲学との連携において世界史の哲学を構想する京都学派もあった。ドストエフスキー体験を糧としつつ、近代に徹底的に即することによって近代を超えようとする小林秀雄のような立場も共存しえていた。また、同じく西田哲学の潮流に属するとはいえ、自然科学史の領域で優れた研究を提出していた下村寅太郎の場合、新たな水準にまで達した技術に対応するには、人間類型の新たな鋳造が不可欠であり、このことなしにはこの窮境は乗り切れないとする主張が現れていた。下村における近代の超克は、過去の伝統への懐古的回帰によってではなく、いわば超近代という未来学的方向への脱出として思い描かれていたといえよう。

大河内一男のケースは、「近代の超克」に参集した諸群像に照らしていえば、この下村の発言にきわめて近い軌跡をたどったものということができる。大河内の場合、市民社会派の一員としての近代主義は、近代を超越する超近代という方向を目指すものであった。この方向は、『独逸社会政策思想史』(一九三六年)というマルクス主義の方法にもとづく第一級の作品が発表されて後、一九三七年に日中戦争が開始されたという状況のなかで次第に形成されていった。大河内の場合、近代への懐疑はマルクス主義の方法への懐疑——つまり、社会主義的変革を担うべき主体たる労働者階級の可能性への懐疑——をはらんでいたのであり、近代の挫折はマルクス主義の挫折として自覚されることとなった。総力戦体制下における昭和研究会への参画と、そこでの若きリーダーとしての精力的な活動は、そうした屈折を経るなかで選ばれた一つの決断であった。同じような体験を経て昭和研究会の理論的支柱としての役割を果たすこととなった三木清との交流は、大河内のこのような決断に対して、哲学的な根拠を提供することとなったと思われる。こうして、三木哲学の背後にあったハイデガーやフッサールの思想潮流が、間接的にではあるが大河内にも伝達された。大河内はフランクフルト学派の人々と同様に、「ヨーロッパ諸学の危機」（フッサール）を、三木哲学を介して体験することとなったのである。

大河内においては、だから、近代主義は、戦時動員体制の体験とともに近代の超克に向かう志向を内包し始めていた。大河内の場合に最も濃厚に現れるこの傾向は、しかし、市民社会派の他のメンバーについても、多かれ少なかれ、検出できるであろう。戦後における市民社会派のほぼ一九六〇年代にまでおよぶ巨大な影響力が、一九七〇年代とともに潮の引くように後退してしまった原因を探ろうとする場合、この点の解明は重要だと思われる。市民社会派は、その出発点において自己のうちにはらんでいた近代の超克のモーメントを、戦後において展開することができなかった。例えば一九六四年に開かれた「マックス・ヴェーバー生誕百年記念シンポジウム」における大塚久雄の発言のように、忘れられていたこの未発の契機を噴出させた事例もみいだされる。しかし、それはあまりに遅すぎたし、また、首尾一貫していなかった。その点の口惜しさを隠すことなく露に物語った内田義彦の、後世への遺書ともいうべき最終講義（一九八二年一二月、専修大学経済学部）は、我々に、市民社会派の遺産を継承しようとすれば、今、何が必要であるかを示唆している。本稿の作業は、この内田の遺言の精神に即して進められる。市民社会派にはらまれていた近代の超克の未発の契機を発掘し、さらに、それを現代社会の批判的考察へと展開させること、これが課題である。

二　戦時動員体制と「第三の途」

大河内一男の研究者としての生涯は、東京大学経済学部において社会政策学を講じていた河合栄治郎の演習に参加（一九二九年）したことから始まる。河合との師弟関係は、良く知られているように、後に河合の東大退職（一九三九年一月）をめぐる態度選択をめぐって破局を迎えることとなった。しかし、にもかかわらず、河合という異色の人物と出会ったことは、大河内の研究者としての経歴に、計り知れない影響を及ぼしたといってよい。

河合は東京帝国大学法科を卒業（一九一五年）して以後、農商務省の行政官僚として活動を開始する。おりから発布された日本の最初の「工場法」を武器として改革派の行政官たることを志し、自ら志願して工場監督官補の職に就いた。一九一九年には、異例の抜擢をうけて農商務省参事官となり、第一回ＩＬＯ国際会議における日本政府案の作成に従事するが、上司と対立して官を辞した。このとき、河合は『朝日新聞』に「官を辞するに際して」と題する激烈な官僚体制批判を公表した。その後、一九二〇年に東京帝国大学経済学部に迎えられ、研究者としての生活へと転身し、次々と時代の中心問題とかかわる課題に取り組む。その成果は、『労働問題研究』（一九二〇年）、『社会思想史研究』（一九二四年）、『トーマス・ヒル・グリーンの思想体系』（一九三〇年）、『社会政策原理』（一九三一年）、『ファッシズム批判』（一九三四年）、『時局と自由主義』（一九三七年）といった問題作となって発表された。河合のこの精力的な研究活動といい、あるいは、現実政治への積極的な発言といい、このいずれもが、大河内においてもそっくり繰り返された。ここで注目すべきは、アカデミーの最高峰に座をしめる人物の研究者としての活動が、中央官庁の政策立案や行政活動と緊密に関連をもちはじめ、この両者の間に切り離しがたい交流が始まったということである。ちなみに、この時期、多数の優秀な人材が官界から学界に移ってきたことに留意しておこう。大蔵省からは大内兵衛、森戸辰男、舞出長五郎、糸井靖之が東大経済学部に移ってきた。法学部でも、田中耕太郎、南原繁、高木八尺が官職を捨てて入ってきた。

この事実は、一方において、議会政治の枠組みをこえた行政官庁の積極的活動と対応していた。従来、地方政治においては伝統的に名望家としての地位を占めていた有力家系がその秩序の要としての役割を果たし、中央政治においてはこの名望家が政党の代議士として国家の政策を方向づけていた。大正期のデモクラシーは、こうした名望家支配の構造によって根拠づけられていたといってよいであろう。だが、第一次世界大戦とロシア革命の影響、さらには、戦後不況や一九二九年の大恐慌によって、こうした名望家支配に基礎をおく大正デモクラシーの機構は機能不全に陥った。米騒動（一九一八年）、関東大震災（一九二三年）は、時代の転換を告げる兆候を露にした。都市における労働運動、農村における小作争議は、旧来の名望家支配に亀裂をもたらした。農村内部にも、政治的リーダーシップの一角に小作貧農層が台頭するという異例の事態が起こりはじめた。いまや、地方行政の末端にまでおよぶ行政国家の介入が不可欠な時代的要請となりはじめたのである。議会政治の機能不全と、それに替わるものとしての行政国家の台頭は、それに相応しい新たなタイプの行政官僚の出現を促した。この新官僚層にとってまずクリアーしておかなければならない関門、それが行政官僚の身分的保証であった。選挙によって議会の多数を占める政党が交代するたびに、各県の知事を始めとする高級行政官が交代させられるといういわゆるスポイルズ・システムは、官僚の身分を不安定なものにし、行政の機動力と一貫性を著しく制約するものであった。日本型行政国家の形成を志向する新官僚層の運動により、ついに一九三二年、五・一五事件後に成立した斎藤「挙国一致」内閣の手によって文官分限令改正がおこなわれ、行政官の政党支配からの自立は達成された。

文官分限令の改正は、中央官庁による国家的行政運営の集中と計画化という方向に向かって進む運動の、一つの頂点に他ならなかった。こうした動向は、国家行政の一貫した論拠付けや、その世界観的正当性の調達という点で、大学アカデミズムの協力を従来にも増して必要とすることとなる。河合栄治郎は、行政国家の新官僚層にとってまたとない人物であった。河合が昭和一〇年前後において大きな影響力をもちえたのは、彼の資質と経歴がこうした時代の要請に極めてよくフィットしていたからである。大河内は、河合門下の俊英として、河合の後を継ぐという栄光と宿命を背負った人物であった。大河内の社会政策論は、その最初の論文である「概念構成を通じて見たる社会政策の変遷」(一九三一年)いらい、すでに師である河合のそれとは著しく方法を異にするものであった。河合の思想的拠点は理想主義を代表するトーマス・ヒル・グリーンであったのに対し、大河内のそれは、初めから大幅にマルクスに依拠するものであった。河合にとって大河内は誇るべき愛弟子であると同時に、恐るべきライヴァルであったに違いない。不当に強制された東大退職をきっかけとして生じた河合と大河内の訣別は、以上のような時代背景を舞台として演じられたところの、人間としての愛憎をはらんだドラマでもあった。

河合と大河内の間には、時代の急転換にともなう社会的役割の変動という、客観的条件の推移が横たわっていた。河合は農商務省時代にアメリカ留学の機会をもったのであったが（一九一八年八月－一九年五月）、そこで出会った一冊の本に強い感銘をうけた。ダイシーの『一九世紀イギリスにおける法律と世論の関係』である。この書物を通じて河合は、一九世紀イギリスの立法が三つの時期に分けられることを知った。第一期はトーリー主義の時代であり、第二期はベンサム主義的改革の時代であり、第三期は団体主義の時代である。河合はここで、自由主義といえば経済的自由主義のみを指すと思っていた自分の誤謬を知ったのであり、自由主義の母国であるイギリスが、すでに団体主義の時代に入っていることを悟った。イギリスもまた、この団体主義の台頭とともに行政国家の段階に入ったのである。とはいえ、団体主義時代をリードする思想的基盤は、河合において、あくまでも理想主義でなければならなかった。トーマス・ヒル・グリーンの社会哲学は、河合のこうした立場にとって揺るぎない支柱となった。その意味で、大正デモクラシーの機能不全を自覚して行政国家の登場を時代の要請と受け止めていたにもかかわらず、河合はいまだに大正デモクラシーの嫡出子としてとどまっていた。河合の社会政策論は、こうして、理想主義の系譜に立つものであった。

これに対して大河内の場合、方法の拠点はマルクスの『資本論』であり、また、マルクス主義者たちによって展開された日本資本主義論争であった。大河内にあっては、経済の論理に対して理想主義の原理を対置する二元主義の方法は厳しい批判の対象とされた。大河内の場合にも確かに国家の役割は重視されることとなったが、それさえも、あくまで資本主義の内在的論理に即して導きだ さるべき事柄であった。国家は経済の外部にあってそこから経済に理念を注入する場所なのではなく、個別資本の行動がはらまずにはいない非合理性を制御する機構なのであり、そこにおいて社会的総資本の利害が代表される場所であった。社会政策とは、資本主義に対抗するものなのではありえず、個別資本の非合理性に対して社会的総資本の合理性が対置されるところの、資本主義の内在的機能なのである。河合の理想主義を超えてマルクス主義の立場にたった大河内の場合、従って、初めから社会政策がなしうる内容は歴史的限界をもっているものと観念されていた。

このような立場を鮮明にしていた大河内にとって、第一次世界大戦以降に現れたヨーロッパの政治情勢は、すでに社会政策のこうした限界を露にしめしたものとして映じたのである。ドイツにおけるナチズムの登場は、社会政策の限界性の証明に他ならなかった。戦前における大河内の社会政策論は、こうして、社会政策が限界点に達したという事態、つまりは「社会政策の危機」を前にして、その先にいかなる展望がありうるかを模索するものとならねばならなかった。昭和研究会に依って「第三の途」の可能性を提示するという彼の戦時期の行動は、このようなものとして自覚された時代状況への対応であった。総資本としての国家の合理性が、もはやこれ以上は進みえない限界点に達したという認識のなかで、大河内は、人類の歴史においていまだかつて経験したことのない総力戦という事態に直面することとなる。総力戦というこの異常な動員体制が、資本主義国家のもつ限界を超えて合理性にいま一歩の前進をもたらすのではないか。このようなきわどい判断にたった大河内は、師である河合を反国家的人物として法廷に引き出しているその総力戦体制に、行政国家のイデオローグとして参画しようとするのである。河合の選択が大正デモクラシーの延長上にでてくる新官僚に対応するものであったとすれば、大河内の選択は日本型ファシズムを担う革新官僚に対応するものであった。

マルクス主義という出発点を経過したが故に、大河内の方法は、当初、理想主義をラディカルに否定する方向を向いていた。それ故にまた、大河内は日本思想の源流に立ち戻ろうとする保守的精神主義に対して徹底的な対決の姿勢を貫くことにもなったのであり、あくまでも合理主義に徹しようとした。しかし、やがて大河内は、経済の論理のうちに倫理的主体のモーメントを積極的に組み入れようとし始める。戦時体制へ向けての、経済的諸資源のみならず、精神的諸資源の動員が、大河内のプロジェクトにおいて新たな課題として浮上するのである。

1　第一期——一九三二年から一九三七年

戦時期における大河内の活動は、一九三八年を境として前後二つの時期にわけられる。

「概念構成を通じて見たる社会政策の変遷」一・二（一九三二・三二年）、『独逸社会政策思想史』（一九三六年）、「社会政策の形而上学――エドゥアルト・ハイマンの社会政策論を評す」（一九三七年）、「社会政策の日本的形態」（一九三七年）、「資本蓄積と社会立法」（一九三七年）等に代表される前期の諸論考においては、マルクスの方法にもとづく社会政策論の展開がおこなわれた。社会政策は、経済の外側にある理想や倫理の立場によって資本主義の社会問題に介入するものではなく、また、資本主義の外に立つ新たな主体＝労働者階級の運動によって提示された改革の理念が制度化されたものでもない。それは個別資本の非合理性を克服し、資本主義の全体的循環を保全しようとする国家＝社会的総資本の政策なのである。なるほど社会政策は結果として労働者における「自由と労働の尊厳」を実現する点で一定の寄与を果たすことがあるが、しかし、その寄与は政策主体たる資本主義国家の本来的な主観的意図によるものではなく、あくまでも思われざる客観的結果に他ならない。

ワイマール時代の階級協調的社会国家は、大河内には、一時の経過的姿に他ならないと見えた。ナチスの登場は、資本主義のもとでの社会政策の限界を露にした。ナチスは労働組合を壊滅させ、むしろ、保守的な旧中間的社会層を保護している。

この時期の大河内は、日本資本主義論争の、とりわけ山田盛太郎『日本資本主義分析』（一九三四年）の成果を取り入れ、社会政策における独特の日本型を検出した。日本資本主義の軍事的性格は、社会政策の日本型がもつ問題性を一層深刻化する、とされた。

2　第二期——一九三八年から一九四五年

大河内は一九三九年初頭、『帝国大学新聞』（一月二三日）に一本の書評を送った。風早八十二『労働の理論と政策』の論評がそれである。風早は大河内と同じく昭和研究会労働問題研究会において活躍することとなる同志であった。先に刊行された風早の『日本社会政策史』（一九三七年）は、マルクス主義の立場に立って日本の社会政策を分析し、そこに独特の型を検出するものであり、日本資本主義論争の最後をかざる傑出した書物であった。これに対し、『労働の理論と政策』には、それとは質を異にする論調が姿を現している。風早は、日中戦争の開始という新たな情勢により、知識人は次の三種の態度設定のなかからどれか一つを選ぶよう、選択に迫られているとする。第一は「官僚機構の構成分子に転化する」という立場であり、第二は「単に拱手傍観」を決め込む立場である。これに対し、「第三の途」もありうる。「戦線の勇士と同じ決意に立つとき、知識階級は国民の有力な批判的要素としてその独自の積極的な役割を持つことも可能ではなからうか。時局に内在する諸矛盾を科学の照明にかけ、困難な時局に巨大な前進を約束することは出来ないものであらうか」。風早は、体制に対して全面的に距離をおく冷厳なマルクス学的批判者としての立場を放棄し、いまや、戦時体制の合理的運営という観点に立って、官僚機構の保守性に叱咤を加える積極的な参与者たらんとするのである。大河内がこの書物を書評の対象に選んだのも、まさしく、風早と同様の方向転換を彼自身が選択したがためであった。大河内はこの書評文でこう述べている。「戦時統制の進展は当然に労働統制の強化を要求するがそれは一方では社会科学の理論と他方では労働科学の実績を基礎としてのみ遂行し得るものである。しばしば有り勝ちな労働統制に於ける精神主義や官僚独善と称ばれるものの危険なのは、まさにかやうな科学的基礎を持たない点にある」。単なる精神主義や官僚独善は日本の命運を危うくする。これと対決しつつ、科学の名において戦時体制の合理的運営に積極的に関与してゆこう。一九三八年以降の大河内はこう決意したのである。

『戦時社会政策論』(一九四〇年)

昭和研究会にその分科会として労働問題研究会が設置されたのは、一九三九年二月のことであった。大河内はその主要メンバーの一人として参画し、同年九月に公刊された『長期建設期に於ける我国労働政策』に「長期建設期に於ける我国労働政策の基本動向」を執筆している。そこには「労働力の保全並びに培養は久しく日本経済が自らの責任に於いて敢行し得なかつた点であり、この必然性を意識せしめた点に今次事変の社会政策的意義があると言へる」という言葉が刻まれている。「事変と長期経済建設の必要はこの問題の解決に広い展望を与へてゐる。我国労働政策は従来迄体制的に阻まれてゐた労働力の保全・

陶冶・養成をば、この機会を捉へて一挙に遂行する必要がある。これは、日本の伝統的なチープ・レーバーの疲労性を健全性に移す絶好の秋である」。大河内は、戦時動員体制の下、本来的な社会政策の登場がここ日本においてもいよいよ現実化したと自覚したのであり、自らの議論の正当性を、かかる現実への実践的かかわりのなかで確認しようとするのである。

『戦時社会政策論』に収められた「戦時社会政策の基本問題」(初出『経済学論集』一九三九年七月。以下では戦後の青林書院新社版『著作集』所収、を利用した)では、従来の社会政策論は戦時社会政策の展開にまったく対応できないものとして、文字通り、一蹴されている。第一に、資本主義において精神的価値の保有者たる人間が商品化したことを問題とし、これに対して倫理的批判を加える立場がとりあげられる。この観点に立つ社会政策論は経済に内在した論理を欠いており、従って、経済の外部からする経済への批判に終始する。第二に、社会政策の本質を階級闘争に求める社会民主主義者の主張が取り上げられる。ここでは社会政策はあい対立する両階級の社会的強力が相互に均衡せしめられる場合の、その均衡の制度化として理解されることとなる。ここでも、社会政策はいぜんとして経済機構外部のものと捉えられているのである。「社会政策をば経済機構との内的な、機構的な、連関に於いて知ろうとしないこのような理論が、戦時経済の進展が社会政策に何を要求しているかを理解するに由なく、従って、総じて戦争が社会政策と如何に内的な連関を持つかに答えることを得ないのは当然である。［これらの立場においては］戦争は社会政策をもたらさず、むしろその反対のものをもたらすというのがその総結論となる」。これに対して大河内は次のテーゼを対置する。「戦争は経済体制の戦時体制への編成替えを通じて社会政策を強度におし進める。それは平時の経済に於いては極めて長期間にわたって初めて実現し得る社会政策を、戦時経済体制への急速な編成替えの必要上、極めて短期間に実現する」（二五－二六頁）。

では、経済機構に内在して社会政策を位置づけ、さらに戦時体制におけるその必然性を語るとすれば、いかなる論点が浮かび上がってくるであろうか。

第一に、社会政策は個別企業を懲罰したり、個人としての労働者を救済したりするものではなく、あくまでも「経済機構の再生産の一条件」として必然化されるのであり、かかる立場から労働力商品の社会的保全に当たろうとするものである。いいかえれば、生産要素としての人間労働が、個人のなす活動としてではなく、商品として社会化されている場合にのみ、社会政策は初めて一つの社会的行為として登場することができる。ここにおいては「労働者は産業全般にとっての労働力として捉えられているので、憐れむべき要保護者としてでもなく、また経済機構に対する反抗者として捉えられているのでもない」。資本主義経済の場合には、「労働力」はいずれかの個人に身分的に隷属するものではなく、生産が社会化されているのと対応して「労働力」もまた社会化されて存在しているのであり、このことが決定的である。だから問題は「現在の機構は営利経済であるが故に「労働力」に対する配慮が貫徹され得ないと述べる点に在るのではなく、逆に、営利経済の構造に於いてもなお且つ、その機構を（かえってその営利経済の機構そのものを）順当に継続するがためには、「労働力」に対する社会的規模における合理的配慮が避くべからざる必然事だという点に潜んでいるのである」（一九一―二〇頁）。大河内は、経済機構の全体的再生産という視点に立ち、ここから社会政策を捉える立場のみが、戦時経済体制についても、その社会政策の必然性を根拠づけることができるというのである。

この認識は次の点で注目に値する。ここでは個人や個別企業といった独立の主体は社会科学の対象から外されており、個人としての労働者も、あるいは個別の企業も、〈社会的再生産の総体とその循環という全体的な流れ〉のなかで捉えられている、ということである。大河内がもし資本について論じたとするならば、そこにおいても同様に個人としての資本家は姿を消し、〈経済循環の総体における流れの一環としての資本〉という把握が提示されたであろう。社会政策論という限られた観点からとはいえ、大河内はその点に気づいていた。このことは、近代主義者と呼ばれる大河内の認識が、その実、近代の原点をなしていたはずの個人から離れ、社会的なシステムの総体という立場を選択していたということ、このことをしめしている。この認識においては、個人も個別の企業も、システムの運行の全体に帰属しており、その機能の一環を担うものとされているのである。社会科学における問題の中心は、もはや個人や個別企業ではなく、システムとしての経済社会全体の運行にある。社会政策はシステムとしての経済社会全体の運行を順調ならしめるものとして登場する、というのである。大河内において、システムとしての経済社会全体の運行を表現するカテゴリーが、「社会的総資本の合理性」であった。この立場に立った時、単なる個人や個別企業の活動は、むしろ、非合理性を体現するものとして捉えられる。

大河内の社会政策論は、こうして、システム論へと展開されるべき萌芽を内包していた。この萌芽を戦後になって積極的に育て上げることができなかったこと、ここに大河内および市民社会派の挫折の一つの根拠がある。いったんはシステム論の立場を受け入れ、徹底してその観点から社会科学を再構成してみるという努力が、市民社会派には欠けていた。そうした努力を払ってこそ、その後に初めて、システム社会において個人の果たしうる批判者としての新たな可能性も明らかとなるであろう。

第二に、社会政策の課題は経済社会の単なる単純再生産の保全にあるのではなく、絶えず自己革新をとげてゆく拡大再生産の保全にあることが強調されている。ところで、資本主義経済における拡大再生産とは、「ただにそれの量的な膨張を意味するのみではなく、さらに個々の産業部門の質的高度化と共に諸産業部門間の構成そのものが高度化することを意味している。このことはまた当然に、生産手段の精密化や生産技術の高度化や、一般に軽工業に比して重工業、化学工業の組成上の比重を大ならしめるものであるが、産業労働力もまた、これに対応してその質的条件に於いて新たな規制を被らざるを得ない」。この問題は労働能率の向上といった単なる個別資本的＝労務管理的視点に収まるものではあり得ない。これは社会政策の新たなる課題なのであり、「産業技術の高度化に沿って労働の生産性を増し、技術の急速な発展に対応して自らを陶冶し、この技術を主体的に把握し得るだけの能力ある「労働力」の社会的な培養」という国民経済的な課題なのである。「技術的に見透しの利く、技術的に組織能力を持った基幹労働力軍の保全」というこの課題こそは、戦時経済においてその死命を制する重要性を帯びるのである。

ここでも我々は、自ら新たな技術的要請を理解し、進んで高度な学習と研究にとりかかるような労働態度をもった人材の養成という事態が、高度産業社会としてのシステム社会にとってその恒常的再生産を保証する基本条件となっていることに留意すべきである。アルベルト・メルッチは彼の近著『現在に生きる遊牧民』（一九八九年）において、「学習することを学習する」という自己再帰性（self-reflexivity）に注目し、これを根拠として現代社会の批判的考察に向かっているのであるが、大河内もまた、高度産業社会が自己再帰性を備えた労働力人材なしにはその順調な再生産があり得ないことを、ここ『戦時社会政策論』において論じていたのであった。

第三にあげられるのは、経済機構の急速な変動期に要請される労働力配置替えの問題であり、それに対応する社会政策の必要性、という論点である。戦時期においてはとりわけ、この「真に配置能力ある(einsatzfaig)労働力」が必要とされる。「戦時社会政策は、保全と配置との組み合わせであるが、現象的には、所謂労働統制として、配置の問題が表面に現れる。この場合には、転換期における保護施設と考えられる失業扶助のごときも、その実かえって、「労働力」の「配置」の一つの暫定的な消極的形態」なのである(二四頁)。

最後に第四として、単なる労働力の保全や教育、あるいは配置といった経済機構に内在する問題だけではなく、「労働者の社会的存在者としての自主性の培養」という目的も、社会政策の一環をなすとされる。ここでは、労働者自身がその組織的存在においていかに戦争経済の遂行に協力するか、という重要な問題が提起されているのである。開戦当初の短期においては、この労働者の自主性という側面は社会政策から後退してゆき、労働力の保全と配置の問題が最も差し迫った領域として前面にでてくる。しかし、戦争経済の長期的構築という観点に立った場合、「労働者の積極的な協力と理解とが何よりも必要とせられる」。ここにいう労働者の自主性とは、階級闘争のエネルギーに転化するようなそれではなく、反対に「産業協力的な主体を創りだす運動として、経済機構の編成替えに対応する「労働力」の保全ならびに、とりわけ「配置」の遂行に対して、いわば「下から」積極的に協力するための推進力として役立つもの」である(二五-二六頁)。大河内は、ここでは、かつて強調していた「主観的に意図された社会政策」(=体制維持)の「客観的な思わざる結果」(=対抗的な社会勢力の形成)という、あの逆説的な論理は引っ込めてしまっている。これは彼の本心だったのであろうか。それとも偽装した転向の仮面だったのであろうか。

この第四の問題は、先にあげた昭和研究会での報告「長期建設期に於ける我国労働政策の基本動向」において一つの主題となっていた。この報告においては、まず、労働政策の対象となる労働者は客体的存在であるとともに主体的存在でもある、という二重性において捉えられなければならないとされる。

客体的存在としての労働者とは「労働力」としての存在にほかならず、労働政策はここでは「順当な再生産のための必要条件として産業労働力の保全・培養」を目的とするものでなければならない。戦時の長期建設においては、具体的には、熟練工の計画的・組織的獲得・養成ならびに配置、熟練工の科学的・合理的保全・培養、この二つが中心をなす。

主体的存在としての労働者を対象とする労働政策とは、これに対し、労働者を「人的資源」ないし産業のための「労働力」としてではなく、「それ自身の経済上・社会上・文化上の要求を持った自主的な力」として捉えるところに発生する。前者を経済社会の再生産における「経済的」条件であり、「再生産継続の絶対的要件」だとすれば、後者は経済社会の再生産における「社会的な条件」である。

ところで、労働政策はもともと「勤労者の客観的肉体性とその主体的自律性とを調和的に伸長」せしめることを目標としなければならないが、戦時動員体制は両者の間のアンバランスを生み出している。「日支事変は、その戦争目的遂行の視点から、一方では、前者の問題の必然性を意識せしめると共に逆に後者の問題の合理的解決を延期せしめてゐる」。「労働者の客体性の尊重と主体性の無視との結合は、戦時労働政策の一般的特質であるが、労働力保全の徹底的無視と労働者の自主性に対する冷淡さを特徴としてきた日本経済の場合に在つては、第一の問題に於いてはその従来の態度に余儀なき反省を加ふることとなつたが、第二の問題に於いては従来の態度を一層強化するに至つてゐる」。だが、長期的にみた場合、こうしたアンバランスを放置しておくことは出来なくなるであろう。「事変が長期化し、長期の経済建設が問題となり始めるや否や、勤労者の組織を基礎とした自覚的協力の必要が次第に意識され始めるのは当然である」。問題は「かかる新たな大衆的基礎を持つた経済並びに社会文化運動の実体となるべき勤労者層の新たな組織は如何にして創らるべきか」にある。ここで大河内は、日本における既存の労働組合に言及し、「組織率の低度な従来の如き労働組合運動はより以上の発展性を持ち得ない」とする。

では、いかにすれば戦時体制に協力する勤労者の自主的組織の構築が可能となるであろうか。重要な部分であるから、この点に関する大河内の発言を引用しておこう。

「少なくとも当面の経済的転換期においては、組織率の微弱な社会層のみの一方的な組織ではなく、むしろ各社会層を含み得る多角的な協力組織を必要とし、その中において勤労者は自らの自主性を培養し、その組織的能力を強めることを学ばねばならない。また勤労者の組織が労働組合、雇主団体、官僚、軍、一般知識階級等のうち何れかの一方的指導に頼ることは不適当であり、これ等のもののいはば総力によつて何等かの、勤労者の自主性を培養し得る組織が創られねばならない。少なくとも労働者、雇主、官僚の三者の上に特定の組織が出来、それ等の協力によつて転換期の産業労働組織が実質上出来上がつて行くであらう。従来この国の巨大経営に何等の足場をも発言権をも持たなかつた勤労者は、この新たな組織（それが「産業報国会」であれ何であれ）を通じてその自律性を学び獲ることが出来る」。

この発言に見られるように、大河内は、労働者・雇主・官僚の三者から、それぞれの職能を代表する者を選抜し、この三者の協力を通して戦時体制に対応する動員機構を作りだそう、と提案している。ここで注目されるのは、一貫して勤労者の「自主性」ないし「自律性」をいかにして組織化するかが中心におかれていることであり、また、「発展性を持ち得ない」とされながらも、労働組合がこのコーポラティズム的協議機構の一構成部分をしめるべきだと考えられていることであろう。他方、アメリカのニューディールにおける同様なコーポラティズムにおいて重要な役割を果たすこととなった「市民代表」という構想は――わずかに「一般知識人」が言及されているものの――、ここには現れていない。大河内が戦時社会国家へのコミットを深めるに従い、労働者という用語が後退していって勤労者がそれにとって替わったのであるが、それにつれて、市民という概念は労働者とオーバーラップされたのであり、労使のあいだにあって両者を調停する固有の第三者的評定者たる市民という観点はもちえなくなったのである。

従来、大河内の社会政策論は、あくまでも経済の論理に内在した生産政策＝生産力政策として組み立てられてきた。そのために、労働者の主観的側面は経済外の倫理的領域に属するものとして、あるいは、社会政策の意図からは予測されない「思わざる結果」にかかわる領域として、考察から外されてきた。しかし、彼自身が戦時動員体制における社会政策の設計者として参画することを決断した今では、労働者の主観的側面を排除したままでいることは許されなかった。しかも、その場合にいう労働者とは、すでに確認しておいたように、個人としての労働者ではなく、社会化された集団的＝組織的存在としての労働者である。この集団的＝組織的存在としての労働者を、いかにして社会の全体システムの機能的一環として位置づけるかということ、このことが問題であった。大河内はいう。「雇い主側に於ける労務管理機関と労働者側に於ける労働者教育並びに調査機関とは、一方では労働科学の、他方では社会科学の教訓を採り入れることによつて、重要な発言権を持つに至り、之等に対して官僚が単に「厚生」政策的立場からではなく真の産業＝労働政策的立場に於いてその力を振るう時、其処には、組合側の闘争専一主義からも、雇い主側の家父長主義的・Herr im Hause 的な福利主義からも、官僚の温情慈恵的独善からも異なつた、合理的にして科学的な総動員的な組織が考へ得られないであらうか」。

ここで述べられた「産業報国会」の構想は、現実に一九四〇年一一月に発足することとなった大日本産業報国会の理念と構成にいかように投影されたのであろうか。この点に関する検討は今後の課題として残されている。ともあれ、昭和研究会労働問題研究会の活動はその後も持続され、一九四〇年一一月にはその第二回目の報告書『労働新体制研究』が刊行された。この時、昭和研究会はゾルゲ事件の余波を受けてすでに解散を余儀なくされていたのであるが、この第二回目の報告書において産業報国運動の分析が中心問題となっていたことに留意すべきであろう。戦後、大河内は当時を振り返って「「産業報国会」の前と後と」(一九七一年)を執筆しているのであるが、その内容は、産業報国運動がもたらした革新的な側面を著しく強調する筋道となっている。

『スミスとリスト』(一九四三年)

太平洋戦争もたけなわとなった一九四三年六月、大河内は『スミスとリスト』を刊行した。副題として「経済倫理と経済理論」とあるが、一九三七年までの諸論考においては考察の対象から外されていた主観的側面が、この著作ではまさに正面から取り上げられたのであった。

「序」はこの著作の意義をこう論じている。「新しい経済の建設は、日に日に、たくましく、すすめられてゐる。それにも拘はらず、経済倫理は、未だにこれを押し進めるだけの主体的な力になつてゐないし、経済理論はまたこの新しい経済秩序の成熟を外に理論的でありえるかの如く考へてゐる。現実の事態に対してひたすらに追従することだけを心得てゐるか、積極性のない悪しき批判主義におち込んでしまふか、さもなければ、理論の課題を著しく技術化してその防風林の中に身をちぢめてしまふ。その上、経済倫理と経済理論とは、二本の平行線のやうに、相交はることのないままに放置されてゐる」。かつてハイマンの社会政策論を形而上学として批判し去った時、大河内はこれとは全く異なる立場に立っていたはずである。社会政策は、一見すると経済の外にある理念=倫理の場から経済に介入する主観的活動の所産であるかに見える。ハイマンが社会政策をもって「社会的理念の実現化=制度化」と捉えたのは、彼が資本主義国家の階級的本質を見抜くことなく、国家をもって資本主義経済から距離をおく超越的存在と見なしたためであった。ワイマール時代の社会国家といえども資本主義を母体として初めて成り立っているのであり、従ってそこにおける社会政策も、その本質において資本主義体制の維持に向けられているのだということ、このことをハイマンは理解しない。以上が大河内によるハイマン批判の骨子であった。

だが、戦時動員体制の合理的設計に参画することを決意した大河内は、いまや、戦時社会国家の体制において、経済のただなかに理念=倫理が生きてあらねばならないと力説するのである。経済の外側にあるとされた倫理は、いまや経済の内側になければならないものとされる。経済に対する倫理の位置についてこのような転換が可能となるためには、国家論における飛躍が必要とされた。従来、経済倫理は「経済理論の指し示すところとは全く無関係に徳目を並べ、経済道義を述べる」のを常としてきた。そこでは「あたかも経済倫理といふものは経済生活に対して「外から」加へられる何物かでなければならない」かのように受け取られた。「けれども、いまわれわれにとつての問題は、経済することの「中から」倫理を摑み出し道義を鍛へ上げることでなければならない。その日その日の経済生活をけはしい眼で規制することが経済倫理の課題ではなく、むしろ国の要求するところに最もよく焦点の合つた経済生活を自分たちの中から創り上げ、工夫してゆくことにある」。

かつてとは異なり、いまや大河内にとって、国家は階級支配のための機関ではない。国家は戦時動員体制というシステムの運動を担い、これを方向づける一機能なのである。また、この運動の順調な回転を維持するためには、すべての勤労者を積極的な参加者として動機づける経済倫理が不可欠だとされる。国家＝政策も、理念＝倫理も、戦争目的に向かって総動員された経済の構成要因としてそこに一体化され、相互媒介的に回転してゆかねばならない。しかもその場合、「その日その日の経済生活」というごく日常的な領域でさえもが、この戦争経済の運動に参加し、その一環として組み込まれなければならないと考えられていることに注意すべきである。家庭における消費生活や職場の外での娯楽でさえもが、勤労＝生産活動と切り離されて存在する息抜きの場であるべきではない。むしろ、息抜きそのものもまた、勤労＝生産活動の一環として位置づけられ、勤労＝生産活動を充実させるものとして正当化されねばならないのであった。大河内がこのようにいう時、主観的には、消費生活や娯楽を無視して勤労者の全時間を生産活動に拘束しようとする体制側の非合理性に批判を加え、これに歯止めをかけること、ここに狙いが定められていたことを忘れてはならない。だが、消費生活や娯楽のありかたが生産を中心とする経済社会の運動にそくして正当化されたことにより、大河内の主張において、人間の全生活が自己運動する社会的生産システムに全面的に従属するにいたったということ、このことも否みえないであろう。かくして人間にとり、いまや、経済を中心として運動するシステムから自由な時間も空間も存在しないし、また存在すべきではない。いなむしろ、自由はシステムの運動の中にあってそこに積極的にコミットするところにしか存在しないし、また、そうあるべきなのである。

確かに大河内は、人間の主体的活動について語り、勤労者の自主的・自律的な参加なしには戦争経済の長期的運営は不可能だと述べていた。戦時においてこのように主体性や自律性が語られていたことを、これまでの歴史研究はあまりにもおろそかにしてきたというべきであろう。だが、このような主体性・自律性こそは、戦争経済の動員にとって欠くべからざる心的要因であった。主体性・自律性をトータルにシステム資源として動員すること、このことを欠いては、あの国家と民族の存否を賭けた大戦争は運営できなかった。大河内が、自らの理論活動をもってかの日本精神主義の非合理的・神話的モーメントと対決するものだと自覚していたことは明らかである。このような発言は、極右からの激しい反発を覚悟せずにはおこなわれえない勇気ある振舞いであった。だが、にもかかわらず、大河内のこうした理論活動は、日本型ファシズムとトータルに対立するものだったのではなく、むしろ、もっとも合理的な思考に立って日本型ファシズムに存立の根拠を与えるものであった。大河内の構想は、戦時動員という歴史的時代にあって、民主的な参加のモーメントを最大限に生かそうとするものであった。しかし、大河内における民主的参加のモーメントは決して国家的総動員と背反するものではなく、むしろ、主体性・自律性を戦争体制に内包しようとする試みであった。それは、消費生活、余暇生活を含め、日常生活のすみずみにいたるまでを戦争経済の総循環に組み込むこと、このことをその理想像として描きだしたのである。戦後日本のいわゆる民主主義社会は、このような戦時期の構想と果たして無縁なところで成り立ったのであろうか。

以下、いま少し『スミスとリスト』の内容に即して検討してみよう。本書は前編「アダム・スミスに於ける倫理と経済」、後編「フリードリッヒ・リストと生産力」からなっているのであるが、我々の吟味にとって重要なのは、これら前後両編の研究を踏まえて書かれ、補論として採録された三本のエッセイであろう。

補論の冒頭におかれたのは「転換期の経済思想」(初出『帝国大学新聞』一九四〇年七月一五日)である。戦時動員体制は、ここでは端的に転換期と捉えられたのであるが、大河内はこれを「巨大な歴史的試練」と呼んでいる。「我々の国民生活は言ふまでもなく、経済も政治も、また科学も文化一般も、この焔の下に潰滅するか、或はこれを切り拓いて新たな、豊かな展望を創り出しうるか、の危機に置かれてゐる」。第二次世界大戦が要請する戦時動員について、単に平和な時代を一時的に停止する短期の非常時ないし逸脱なのではなく、旧来の構造を根本から再編せずにはおかない画時代的なものと捉えられている点に注目すべきであろう。この転換期は、従って当然に戦時が終われば元にもどる可逆的なものではない。それは、危機の克服に失敗すれば総てが喪失されてしまう代わりに、乗り切りに成功すればいまだかつて想像もされなかった新たな可能性へと道を開く結節点なのである。大河内がここで中心においたのは、生産力の解放であった。その場合、勿論、技術の飛躍的な発展を可能ならしめる体制が構想されなければならないのであるが、しかし、それは個別企業・個別経営について論じればすむ問題ではなく、国民経済全体について考察されなければならない問題なのである。転換期における経済理論の課題を、大河内はこうして全社会的規模において「旧き経済秩序より生産力を解き放つ」こと、という一点に集約したのであり、そのために、しばしば生産力説という呼び名を与えられることとなった。この生産力説という名称は、ややともすると、生産関係を軽視し、人間の歴史に対する主体的関与を見落とす機械的な歴史観だと受け取られ勝ちである。しかし、大河内のケースをそのように単調な機械的思考にもとづくものとするのは、全く当たらない。むしろ、大河内がこの論文で一貫して主張したのは、転換期においては新たな主体的倫理の形成が必要であるという点に他ならなかった。この新たな主体的倫理は、スミスの時代における個人としてのそれ――つまり homo oeconomicus のそれ――であってはもはやならず、「各人の生産の「場所」における生産者の倫理」つまり、職能倫理でなければならない。ここにいう職能倫理がファシズム国家において社会組織の要とされた職能団体（corps professionnels）に由来するものであることは、いうまでもない。大河内は、イタリア・ファシズムの先例をモデルとしつつ、資本家と労働者の階級対立によって動きの取れなくなった旧秩序を突破してゆく可能性を、この職能団体に求めたのであった。『スミスとリスト』に現れた生産力説がこのようなダイナミズムを内包していたが故に、河合門下の同輩であった安井琢磨は、この著作を目して大河内のファシズム理論家への転身を示すものと見なしたのであった。

だが、この大河内の戦時における構想をファシズムの社会理論とのみ結び付けるのは一面的である。経済的利害において真っ向から対立する階級の立場をではなく、職能という階級横断的な機能的立場を持ち出すという観点は、アメリカのタルコット・パーソンズにおいても同様だったことを、ここで想起すべきであろう。パーソンズは彼のシステム論において、周知のように職業的役割構造（occupational role-structure）という概念をその要においたのであるが、彼の役割構造論においても、大河内のいう「場所」の理論と類似した「役割」の理論が枢要な地位を占めたのである。

こうして大河内は新たな経済主体をそれぞれの場所と役割において社会的機能を担当する職能人に求め、その倫理を職能倫理として提示したのであったが、それだけではなく、社会科学の研究に従事する科学者についても、理論の実践性を強調することによって新たな倫理の担い手たることを実証するよう求めたのであった。大河内は「客観性」の名において理論と政策の関連を切断したマックス・ヴェーバーに言及し、ヴェーバーの方法を安定期の経済思想に他ならないと断定する。転換期においては、例えばアダム・スミスが積極的に重商主義批判を展開して政策的提言をおこなった例がしめすように、理論や思想は「政策そのものの不可分の一要素となり、政策遂行のための最も有力な武器に転化しなければならない」。この発言は、大河内が自らの方向転換を弁明すべく、その論拠をしめしたものということができる。

補論の二は「生活理論と消費理論」（初出『帝国大学新聞』一九四一年一二月一日）である。すでに当時、さまざまな方面で生活の問題が論じられ始めていた。しかし、それらの議論は、多くの場合、「社会現象の理解に際しての哲学的方法とも言はるべきもの」であり、「現実の生活そのもの」に即したものとは言いがたい。これに対して大河内は、生活について正しい認識を得ることは、戦時経済にとって「死活を制するほどの重要性」をもっているると強調している。従来、消費生活は純粋に唯物的な領域であり、それについて語るのは卑しい行為だ、とする判断がつきまとってきた。そのために生活領域が科学的態度をもって分析されることは少なかったのである。だが、消費を含む生活全般は、単なる個人にかかわる領域としてではなく、「国民経済全体」にかかわるものとして考察の場に持ち込まれなくてはならない。消費を単なる私事とみなし、これを家政学という狭隘な視野におしこんできた旧来の観点は克服されねばならない。なぜならば「消費は経済全体にとって積極的な社会的行為である」から。消費生活は全体的な社会的連関において位置づけられねばならない。だが、それだけでは十分ではない。消費生活はこの社会的連関において枢要な位置を占めるのであり、かかるものとして権利主張しうる正当性をもっている。消費生活を正当化する論拠として大河内が持ち出すのは、それが生産活動＝勤労生活の維持・保全にとって欠くことの出来ない鍵をにぎっている、という事実であった。社会の公的な場から退けられ、密やかな私事として営まれてきた消費生活を、大河内は、生産活動と消費生活の相互媒介的連関という視点に立って捉えなおし、かかるものとして社会的・公共的な関心のもとに公開しなければならないというのである。さらにいうならば、私事から公的行為へと変換された消費生活は、戦時体制の遂行という至上命題のもとに協同化されなければならないのであった。

大河内は、当面する経済学の課題を「時局の要求するところを容れながら、しかも消費生活の経済循環に対して持つ積極的な関係を生かし、消費生活の実質を護ること」においている。この課題は結果として「われわれの久しい慣習となってきた伝統的な消費生活の様式を協同的なもの協力的なものに移して行く」こととなるであろう。我々は、この大河内の言説から、総力戦体制のもとで推進された構造変動が現代の日常生活を歴史的に構成する上で、いかに大きな役割を果したかを知ることができるであろう。私的な生活の隅々にいたるまでが、こうして、社会的な公的連関のなかに位置づけられ、正当化されることとなった。今日、我々がマイホームでの自らの生活を全くの私的で秘儀的な領域であると観念しているとしても、実のところ、それは戦時動員体制によって社会的な循環のなかに強制的に組み込まれたという過去を背負っているのであり、その歴史的枠付けを消し去ることはもはやできないのである。

現在、批判的経済理論の潮流としてフランスのレギュラシオン学派が登場し、その主張をめぐる討論が日本でも賑わっている。だが、レギュラシオン学派が積極的に経済理論の中に組み入れようとしている消費の視点を、大河内はすでに戦時期に、しかも、ケインズ理論を裏返し的に導入したレギュラシオン学派とは異なった仕方で導入したのであった。我々にとり、レギュラシオン学派と大河内における消費視点導入の質的相違を検討するという、興味深い課題が与えられているといってよい。

補論の三は「経済人の終焉――新しき経済倫理のために」（初出『中央公論』一九四二年六月）という刺激的な題をもつエッセイである。ここでも主題は転換期を乗り越えてゆく新たな主体とそこに要請される経済倫理におかれているが、とりわけ強調されているのは、戦争の長期化とともに国民生活を厳しく拘束しはじめた経済統制についての言及である。戦時における経済統制は、これを単に外からの強制として受け取る国民を対象とする限り、有効には機能しない。かくして総力戦体制における経済倫理は、単なる個人的倫理であってはその任務を担い得ない。この体制における経済倫理は「戦時経済統制における客観的な事態に関する認識と見透しとを持つところの、知性の持ち主」によってこそ、はじめて担い得るであろう。また、「かかる状況判断の上にいかなる経済生活をなすべきかについての能動的な自発的意欲を持つもの」であること、これが期待されるであろう。あるいはこうもいわれる。戦時統制を外的強制としてではなく、「経済生活全体の生産力発揮のための意識的計画的活動として理解する人間、この強力な国家意志実現のための全体統制の一分肢としての自己の社会的職能に対する客観的判断と自覚とを持つ人間」。

だが、こうした理想的人間類型の提示は、全体主義体制による完全な情報統制のもとでの警察国家化という日本の現実と照らし合わせた場合、一個の戯画としての価値しかもちえないことは明らかである。このような理想的人間類型の体現者が日本国民の多くを構成していたとするならば、あのような無謀かつ不正な侵略戦争は阻止されたことであろう。

戦時下における大河内の理論活動は、こうして結果的には挫折に終わったとしなければならない。

しかし、にもかかわらず、戦時動員体制が日本社会の構造転換において果たした役割は大きかった。それは民族全体の生と死にかかわる危機という運命的共同性を梃子として、国民生活全体を私的な領域から公的な意味をもった社会的領域に移し換えた。そのことによって、日本社会に付きまとっていた伝統的な――あるいは近代的な――生活の格差は公開の場へと強制的に引き出され、質的に均等化されるとともに水準化された。財閥解体や農地改革は、あるいは民法における家父長制の廃棄や労働法の新設による労働組合の公認は、敗戦によって初めて可能となったというより、戦時動員体制が要求する水準化の結果として必然化されたと見るべきである。すべての家族や世帯が生命や財産について甚大な犠牲を負わされているとき、一部のものが特権的な格差を持続することは許されなかったのである。

戦後日本の資本主義は、戦時動員体制が押し進め、戦後改革によって制度化されることとなったこの強制的均質化（Gleichschaltung）を前提としてその驚異的な発展を開始する。強制的均質化をドイツ・ナチズムのみに見られた特殊ケースと見なすとすれば、それは第二次世界大戦時代の総動員体制が果たした歴史的役割についての無理解を暴露するものといわねばなるまい。強制的均質化は、ドイツのみならず、日本やイタリア、さらには戦勝国であるイギリスや、ニューディールの延長上に戦時動員体制を編成したアメリカ合衆国についてさえも見てとることができる。第二次世界大戦後の世界史は、戦時動員体制期における強制的均質化の比較研究にまで遡って吟味されなければならないのである。

三　結び——階級社会からシステム社会へ

戦時期の大河内一男は、恐らく、この時代の日本の社会科学者として最も先進的な研究に取り組み、かつ、最も体系的に思考した人物であった。彼は、国家行為として発動される社会政策について、これを一貫して経済社会の循環と再生産における合理性を確保するための不可欠の機能と捉えた。そうすることによって大河内は、経済学と政治学を分断してそれぞれを専門科学へと狭く領域化する動向に批判を加えた。さらに一九三八年以降となると、かつては経済の外側にあるものとして考察されていた倫理も、いまや経済倫理として位置づけられ、経済を中心とする社会の再生産にとって欠くことの出来ない資源とされた。また、社会科学の客観性は否定され、社会科学は実践的に政策形成に参画すべきものとされた。こうした議論の行き着く果てに、大河内は、国民の勤労者としての存在のみならず、家庭を中心として営まれる消費生活＝日常生活さえもが、私事としてではなく、経済社会における総循環の一部として公的な意味をもたねばならないとした。

こうして大河内は、社会諸科学の専門化によって身動きが取れなくなり、硬直化してしまった知のありかたに揺さぶりを加えたのであり、さらに、専門諸科学の内的連関はいかにあるべきかについて、大胆な見取り図を提供したのである。この大河内の構想は、後になって日本にも紹介されることとなったシステム論の方向を、そうと自覚はしていなかったにせよ、独自に歩んでいたといってよい。

ヘーゲルは『法の哲学』の第三部「人倫」において家族・市民社会・国家という三つの基本的社会集団を取り上げ、それら三者の相互関係を個々バラバラにではなく、内的に一貫性をもった論理——移行（Übergang）の論理——をもって説き明かした。このヘーゲルの試みは、社会哲学においてシステム論の原初形態を提供するものであったといってよい。一九世紀におけるその後の社会科学の発展は、このヘーゲルの方法から次第に乖離してゆき、専門諸科学へと細分化を重ねていったのであったが、その結果はといえば、「ヨーロッパ諸学の危機」（フッサール）に他ならなかった。哲学においてフッサールが述べたと同様の危機意識は、社会学においてジンメルの「文化の悲劇」、マックス・ヴェーバーの「神々の闘争」、デュルケームの「アノミー」等として表現された。社会科学的知のありかたにおけるこのような危機感に直面し、これとの闘いのなかからタルコット・パーソンズはシステム論の構想にいたりつく。彼の『社会的行為の構造』（一九三七年）——ここで社会的行為における「目的のランダム性」という「ホッブズ的秩序問題」が全体の舞台回しとしての役割を果たしていることに注目——から『社会体系論』(一九五一年)への道程がそうした軌跡を物語っている。このパーソンズの思考の道のりにおいても、恐らく、第二次世界大戦期における経験は重要な意味をもったであろう。大河内は、このパーソンズと極めて類似した過程をたどって、社会諸科学における内的連関の復活を目指していたのである。それは、ヴェーバーやデュルケームによる脱構築をへた後に、再びヘーゲルのÜbergang の論理を復活させようとするものであった。いうまでもなく、いったんは徹底的に脱構築された社会諸科学の連関は、このシステム論的な復権においてヘーゲル的原初形態とは著しく異なる姿を取ることとなる。しかし、それでも、システム論はヘーゲルの問題関心の現代的再興に他ならないのであった。

第二次世界大戦を契機として訪れた総動員体制という歴史上かつてない経験を経ることによって、システム社会としての現代社会はその構造的基礎を確定することができた。この構造変動を転換期として捉えた大河内は、そこに、もはや後戻りできない新たな段階の到来を予感した。この予感は正しかった。第二次世界大戦の構造変動を画期として、先進産業社会は階級社会からシステム社会へと変身したのである。そのことを、例えばフランクフルト学派のマルクーゼは、『ソビエト・マルクス主義』(一九五八年)から『一次元的人間』(一九六四年)にいたる分析のなかで明らかにしていった。このマルクーゼの分析に対し、マルクス主義の立場に立つガブリエル・コルコは、資本主義の自己調節的機能を強調している点でパーソンズの機能主義に類似していると批判を加えたのであった。このコルコの批判は、およそ、階級社会のシステム社会への移行について理解する能力をもたないマルクス主義者の限界を露にしたという点で興味深い。マルクス主義者にとって、経済領域に内在する階級闘争という論理のみが決定的なのであり、政治や倫理や日常生活といった他の諸領域がもつ機能的独自性や、それらのあいだのシステム的連関は、目に入らないのである。

第二次世界大戦以降の現代を分析する場合、階級的には両極にある社会層を横断して職業的役割関連のネットワークが展開するにいたった、という事実は決定的に重要である。こうしたシステム社会の機能的連関を対象とした批判理論の新たな展開が、いまや必要とされている。冒頭にふれたハーバーマスは、フランクフルト学派の伝統を継承しつつ、彼の社会理論を機能主義的理性批判へと回転させていったのであった。ハーバーマスにおける機能主義的理性批判は、システム統合として現れる体制の論理に対して生活世界に拠点をおく社会統合を対置する、という戦略となって具体化される。ハーバーマスもまた、マルクスの方法を彼の理論展開の一環に取り入れているのであるが、にもかかわらず、ハーバーマスは、システム論を拒否することなく、これをひとまずは肯定的に取り入れた。このシステム論の肯定的摂取を前提として、ハーバーマスはシステム論を新たなタイプの批判理論として再生させようと試みたのである。もし、我々日本にいるものがハーバーマスに対応する作業を試み、しかも日本の知的伝統にその源を探るとするならば、恐らく、大河内こそが機能主義的理性批判に対して最も豊かな発想を提供してくれる人物であるだろう。

だが、大河内の構想は、その一部においてハーバーマスを超える可能性をしめしている一方では、ハーバーマスと比べて致命的といってよい限界をもっている。というのも、大河内の体系構成は、たとえ彼自身が単純な精神主義や官僚的独善と対決するという意図をもっていたとしても、戦時動員体制にその可能性を提供するという観点に立って組み立てられたからである。この点を捉え、戦後になって多くの大河内批判が登場した。そのうちでも高度の質をもったものとして、高畠通敏、戸塚秀夫、兵藤釗の三者をあげることができよう。高畠の論文「生産力理論——大河内一男・風早八十二」は『共同研究・転向』（中巻）に掲載されたものであり、大河内の理論活動を「理論が権力状況の中でどのように変化したかということ」、「理論と主体とのかかわりの仕方」という観点に立って吟味している。戸塚の論文「社会政策本質論争の一回顧」は、社会政策は資本主義国家による労働力保全をその本質とするのか、それとも、労働者階級の集合的意志表示の成果であるのか、をめぐる戦後初期の論争が「特定の価値理念に対して、他の特定の価値理念を対置」する一種の「信仰告白的対決」に終始したこと、それ故に不毛のうちに結論をえないまま中断されてしまったことを指摘する。この限界の認識から、戸塚は社会政策の形成を各国の現実的課題をふまえた歴史展開に立ち戻って検証する方向を示唆している。兵藤の論文「労働経済」は『東京大学経済学部五〇年史』に寄せられたものであるが、この全面的に大河内理論の吟味に当てられた論考において、兵藤は、戦時期の大河内の展開が、その初期のマルクス主義的性格を喪失し、資本主義国家の権力的性格を見失わせる結果に陥ったと批判している。

これらの批判は、論者のアスペクトに同調する限りではきわめて説得力に富む議論である。しかし、大河内を転向者の一人として断罪したり、マルクスの方法から逸脱していったものとして糾弾する視角は、大河内が提出した転換期の認識——階級社会からシステム社会への移行——という豊かな可能性に目を閉じてしまうという結果を伴う。また、各国の社会政策の具体的検証という作業は、無限に多様な個別性の荒野に我々を連れだすだけに終わり、理論的構成の鋭さを失わせる恐れなしとしない。地上に現存した社会主義社会が崩壊し、世界が機能主義的なシステム社会として一様化されつつある現実を踏まえるならば、大河内のなかにはらまれていた理論的可能性を積極的に評価するという新たなアプローチが必要とされるであろう。その場合、大河内理論を、システム社会を肯定的に承認するための方法としてではなく、システム社会を批判的に照射するための方法として組み替える作業がさらに必要となる。この作業が我々に残された課題となることは、いうまでもない。

それにしても問題なのは、大河内自身が戦後になって戦時期の理論展開をさらに前進させることができなかったという事実であろう。戦後においても大河内は精力的な著作活動を続けたのであったが、しかし、それらは戦時期に生み出された諸著作の再加工ないし焼直しの域をでるものではなく、時には後退ではないかと思われる場合もあった。このことは、戦後の大河内が戦時期の作業についてある種の後ろめたさを感じており、そこにおける——とくに一九三八年以降における——着想を深めるという意欲を喪失してしまったことをしめしている。勿論、戦時期の議論をそのまま戦後になって延長することはできなかったに違いない。しかし、例えば大河内がタルコット・パーソンズの議論のなかに自らの構想と重なり得るものを見いだし、その触発を受けて戦時期の議論をさらに展開したとしたら、戦後日本の社会科学は、いまとはいささか違った可能性を持ち得たことであろう。少なくともいえることは、大河内のようにマルクスから出発し、『資本論』について造詣の深い人物が、同時にシステム論の可能性にも関心を寄せるという先例をしめしたとすれば、日本の社会科学は——とりわけマルクス系の社会科学は——今日ほどに沈滞せずに済んだであろう。その場合には、ハーバーマス・ルーマン論争に匹敵する水準の高い討論が、日本でも展開され得たかも知れない。

基本資料

『大河内一男著作集』全五巻、青林書院新社、一九六八-六九年。

『大河内一男集』全八巻、労働旬報社、一九八〇-八一年。

大河内一男『スミスとリスト』日本評論社、一九四三年。

同　『社会政策四十年——追憶と意見』東京大学出版会、一九七〇年。

同　『暗い谷間の自伝』中公新書、一九七九年。

昭和研究会『長期建設期に於ける我国労働政策』東洋経済出版部、一九三九年。

同　『労働新体制研究』東洋経済新報社、一九四〇年。

主要参照文献

雨宮昭一「大正期—昭和初期における既成勢力の〈自己革新〉——「惜春会」の形成と展開」日本現代史研究会編『日本ファシズム』1、大月書店、一九八一年。

有馬学「戦前の中の戦後と戦後の中の戦前」近代日本研究会『近代日本の検討と課題』山川出版社、一九八八年。

内田義彦「考えてきたこと、考えること」一九八二年一二月一四日、『内田義彦著作集』第一巻、一九八八年、岩波書店。

江上照彦『河合栄治郎伝』社会思想社、一九七〇年。

大石嘉一郎・西田美昭編著『日本の行政村』日本経済評論社、一九九一年。

大塚久雄「《Betrieb》と経済的合理主義」大塚久雄編『マックス・ヴェーバー研究』東京大

学出版会、一九六五年。

岡部牧夫「日本ファシズムの社会構造」『日本ファシズム』1、前掲。

小田部雄次「日本ファシズムの形成と「新官僚」」『日本ファシズム』1、前掲。

河上徹太郎他『近代の超克』冨山房百科文庫、一九七九年。

コルコ、G「知性と統合——合衆国における資本主義合理化の神話」陸井三郎訳『現代と思想』一九七九年六月号。

酒井哲哉「一九三〇年代の日本政治——方法論的考察」近代日本研究会『近代日本研究の検討と課題』山川出版社、一九八八年。

佐口和郎『日本における産業民主主義の前提——労使懇談制度から産業報国会へ』東京大学出版会、一九九一年。

高城和義『現代アメリカ社会とパーソンズ』日本評論社、一九八八年。

高畠通敏「生産力理論——大河内一男・風早八十二」思想の科学研究会編『共同研究・転向』中、平凡社、一九六〇年。

竹内好「近代の超克」『近代日本思想史講座』第七巻、筑摩書房、一九六〇年（『近代の超克』前掲、に再録）。

手島孝『ネオ行政国家論』木鐸社、一九九一年。

戸塚秀夫「社会政策本質論争の一回顧」『大河内一男先生還暦記念論文集』第一集、有斐閣、一九六六年。

橋川文三「新官僚の政治思想」『現代日本思想大系』第一〇巻、筑摩書房、一九六五年（橋川『近代日本政治思想の諸相』未來社、一九六八年)。

パーソンズ、T『社会的行為の構造』一九三七年(稲上毅・厚東洋輔訳(五分冊)、木鐸社、一九七六-八九年)。

同　『社会体系論』一九五一年(佐藤勉訳、青木書店、一九七四年)。

ハーバーマス、J『コミュニケイション的行為の理論』一九八一年(河上倫逸他訳(上中下)、未來社、一九八五-八七年)。

兵藤釗「労働経済」『東京大学経済学部五〇年史』東京大学出版会、一九七六年。

廣松渉『「近代の超克」論――昭和思想史への一視覚』講談社学術文庫、一九八九年。

フレッチャー、M「日本ファシズムと知識人」『日本ファシズム』1、前掲。

ヘーゲル、G・W・F『法の哲学』一八二一年(藤野渉・赤沢正敏訳、中央公論社、一九六七年)。

ホルクハイマー、M/アドルノ、T・W『啓蒙の弁証法――哲学的断想』一九四七年(徳永恂訳、岩波書店、一九九〇年)。

マルクーゼ、H『ソビエト・マルクス主義』一九五八年(片岡啓治訳、サイマル出版会、一九六九年)。

同　『エロス的文明』一九五六年(南博訳、紀伊國屋書店、一九五八年)。

三木清「人間学のマルクス的形態」一九二七年(『三木清全集』第三巻、岩波書店、一九六六年)。

山之内靖『現代社会の歴史的位相』日本評論社、一九八二年。

同「戦時動員体制の比較史的考察」『世界』一九八八年四月号（本書第2章）。

同「戦時動員体制」社会経済史学会編『社会経済史学の課題と展望』有斐閣、一九九二年。

同「市民社会派の系譜とレギュラシオン理論」海老塚明・小倉利丸編著『レギュラシオン・パラダイム』青弓社、一九九一年。

同「システム社会の現代的位相」㈠㈡、『思想』一九九一年六-七月号。

Melucci, Alberto, *Nomads of the Present. Social Movements and Individual Needs in Contemporary Society*, ed. by John Keane and Paul Mier, 1989.

Printz, M., Zitelmann, R. Hrsg., *Nationalsozialismus und Modernisierung*, 1991.

第6章　日本の社会科学とヴェーバー体験──総力戦の記憶を中心に

一　戦後日本の社会科学と総力戦の記憶

すぐれた歴史家であるエリック・ホブズボームは、二〇世紀を「極端な時代」と名付けました(1)。第一次世界大戦に始まり、第二次世界大戦へと続いた二〇世紀の前半は、それまでの人類が経験したことのない過酷な戦争の時代でした。前線では、産業技術の粋をつくした武器が、破壊と殺戮の能力を競いました。一見すると平和にみえた国内の市民生活も、その総ての経済的資源を挙げて戦争遂行の組織へと組み替えられました。労働力としての人的資源だけではなく、社会生活を運営してゆく知的能力も、総力戦の遂行に向けて全面的に動員されました。国家は、社会を総体として戦争遂行の機関へと作り替えようとしたのであり、その過程で、社会の仕組みは大きく変容してゆきました。第二次世界大戦は、ドイツにおいても日本においても、前線の軍事力だけでなく、市民生活の徹底的破壊にまでいたりついた後になってようやく終結したのですが、この悲惨な結末は、第二次世界大戦が市民生活全般を動員した総力戦であったことを物語っています。二つの世界大戦の時代に語られていたように、市民生活は home front（銃後）だったのであり、戦争遂行の装置そのものであると観念されたのです[2]。

社会科学もまた、総力戦遂行のための知的資源として手段化され、国家目的の執行に向けて動員されました。社会科学は、この社会的総動員の外側にあって、客観科学としての位置を保持し続けることはできなかったのです。その意味で、二〇世紀の社会科学は、一九世紀の社会科学とは根本的に性格を異にするものとなりました[3]。

近年になって、そもそも一七世紀のヨーロッパに始まる人文科学は、それが掲げる普遍的な原理にもかかわらず、ヨーロッパを基準として他のあらゆる文明を差別化するものであったという事実が明らかにされてきました。エドワード・サイードの『オリエンタリズム』は——それがもつ方法的な欠陥にもかかわらず——人文科学がその誕生の時いらい抱えてきたそうした偏見に読者の注意を喚起したという点で、すでに現代の古典としての位置を確立しています[4]。しかし、そうした限界があるにせよ、一九世紀の末葉にいたるまで、社会科学をその内にふくむ近代の人文科学は、特定の社会にのみ奉仕する国家政策的手段なのではなく、人類史の普遍的な原理を明らかにするものだという建前を保持しつづけてきました。

だが、この建前は、「極端な時代」としての二〇世紀にいたってもはや維持できなくなりました。二〇世紀の社会科学は、総力戦体制の内側に取り込まれ、総力戦時代の国家目的を遂行するという手段的性格を帯びることとなりました。この事態は、二〇世紀の後半になっても解消されることはありませんでした。というのも、第二次世界大戦の終了後にも、世界は資本主義と共産主義の二大陣営に分裂し、両陣営はその存続を賭けて軍事的対立を継続したからです。

今日、ベルリンの壁の崩壊によって冷戦の時代はようやく終わりを告げました。グローバリゼーションの進展は、社会科学を国民国家に奉仕する政策手段という役割から解放したかに見えます。これによって社会科学は、再び人類史的な普遍性を原理的に考察する哲学の一部へと立ち戻って行くのでしょうか。これこそは、社会科学が今直面している問いに他ならないのです。

この問いに答えるためには、第二次世界大戦後の社会科学が、二〇世紀前半を支配した総力戦の時代をどう描きだしてきたかという点にまでさかのぼって吟味する必要があります。第二次世界大戦終了後、日本の社会科学は、科学の名において総力戦の時代に特定の定義を下してきました。この定義は、社会科学に特有な客観的構造把握という性格を帯びていたのであり、歴史学が描きだした像とは異なっていました。というのも、歴史学の場合、それぞれの時代は、その時代に特有な倫理的ないし慣習的規範に基づいて他の時代の基調をなした倫理的ないし慣習的規範を読み取ろうとするからです。それにたいして社会科学の場合、そうした文化的価値に関わる意識が学問的造型作業の直接の動因となるのではなく、社会の客観的な構造把握に関わる理論的な装置を用いて歴史的諸事実を取捨選択します。ここでは、社会分析に関する理論装置がまず構築されるのであり、歴史的諸事実はこの理論装置というフィルターにかけられます。社会科学の場合、史実は価値意識にそくしていわば「生のまま」取り上げられるのではなく、理論装置という濾過器を経過して整理されます。

このような相違の結果、歴史学がある時代について描きだした像と、社会科学が同じ時代について描きだした像との間には一定の相違が生まれるのですが、しかし、その違いは具体的にはどのようなものなのでしょうか。この問題は実に厄介であり、長らく論議されてきた社会科学的認識の客観性をめぐる方法論的課題と関連してきます。(5) ここでこの困難な方法論的課題に立ち入ることはできません。今日の私の報告は、社会科学的認識の方法に関するこの問題はひとまず棚上げにした上で、次の事実から始めたいと思います。それは、総力戦の時代に関して社会科学が産みだした客観的構造認識も、その時代に関して特定の記憶を形成するという作用を伴ったのであり、その点で、歴史学と同様の貢献をした、という事実です。この事実の裏側には、当然のことですが、総力戦時代に関する社会科学的認識も、他のいくつかの記憶の忘却ないし抹消と積極的に関わった、という今一つの重要な事実が浮かび上がってきます。

先に、冷戦の終焉とグローバリゼーションの進展によって、私たちが新たな時代を迎えようとしていることを確認しました。この事態は、第二次世界大戦後に形成された日本の社会科学について、根本的な転換を迫っています。この転換の兆候は実に多様な領域で姿を現しているのですが、総力戦の時代に関する記憶の再吟味はそのなかで最も目立っているものの一つだといってよいでしょう。歴史学においては、ドイツの論壇を動揺させた「歴史家論争」が日本でもよく知られていますが、それとほとんどそっくりな性格をもつ論争が日本の論壇をも捉えたのであり、その波紋はいまなおおさまっていません[6]。当然のことながら、歴史学における「歴史家論争」に相当する問題は、社会科学においても発生しているに違いないのですが、それは歴史学の場合と比べて、はるかに目立たない地味な性格を帯びています。というのも、ここでの対立は、ある文化的価値意識が今一つの文化的価値意識と正面から衝突する、という姿を取らず、史実を濾過するフィルターとして作用する理論装置の組み替えをめぐる葛藤という、はるかに抽象的な性格を帯びるからです。社会科学の領域で始まった対立は、「歴史家論争」のような、一般の読者をも巻き込んだ論壇的討議としてではなく、むしろ、専門家の間での静かな対立という姿をとって進行しているのです。

そうした静かな専門家的討議のなかで核をなしている争点の一つが、マックス・ヴェーバーの社会学をめぐる解釈上の論争であり、とりわけ彼のアジア社会論をめぐる議論に他なりません。総力戦の時代において、日本の社会科学者たちはヴェーバーのアジア社会論を一体どのような関心にもとづいて研究していたのでしょうか。ライプツィヒ大学というドイツのアカデミック・センターで、ドイツの研究者を前にして日本のケースを報告するに当たり、日本の社会科学に深い刻印を残したマックス・ヴェーバー体験を取り上げることは、もっともふさわしいテーマであろうか、と思います。

二　総力戦体制とマックス・ヴェーバーのアジア社会論

第二次大戦後、日本とドイツの社会科学は密接な相互交流というには程遠い状態にありました。日本の側は、例えばヴェーラーやコッカの社会構造史やハーバマスの批判的社会理論を意欲的に吸収し続けていたのですが、ドイツの側が日本の社会科学者を自国の読者に紹介する作業は、丸山眞男のケースを例外として、ほとんど見られませんでした。ドイツの社会科学者が行った日本研究は、ほとんど日本に紹介されなかったのであり、日本の読者に影響を及ぼすことはありませんでした(7)。

これにたいして、イギリスやアメリカの社会科学者は、次々と優れた日本社会の分析を発表したのであり、それらは直ちに日本語に翻訳されて、大きな影響を与えました。このことは、日本がアメリカの占領下におかれていたことと関係しています。アメリカの軍政は、英語圏の出身者にとって日本語を習得し、日本社会を対象とする研究を行うのに好都合な条件を提供しました。イギリスのロナルド・ドーアによる一連の研究、トマス・スミスの徳川期日本農村社会の研究は、その代表的な事例です(8)。ロバート・ベラーによる徳川期日本の宗教意識に関する研究は、マックス・ヴェーバーの宗教社会学を理論的手掛かりとして、明治維新以前の日本にも、プロテスタント的な禁欲精神に類似した宗教意識が成立していたことを論証しました(9)。ベラーによれば、それはプロテスタンティズムの機能的等価物というべきものでした。ベラーは、この機能的等価物の存在こそは、アジアのなかで例外的に、日本が近代化に向けて好調なスタートをきることができた前提条件だったと述べています。

しかし、ベラーの研究にたいする丸山眞男の批評(10)が物語っているように、このアメリカ経由のヴェーバー社会学は、タルコット・パーソンズという媒介者を間に挟んでいたために、すでにオリジナルとはかなり性格を異にするものとなっていました。日本の社会科学者は、アメリカ化されたヴェーバーが紹介されるよりもはるか以前に、自力でヴェーバー社会学を吸収していたのであり、ヴェーバーの方法を駆使してすでに多くの研究成果を産みだしていたのです。しかし、そのことは、ドイツではまったく知られないままでした。日本のヴェーバー研究が並のレヴェルではないらしいことにドイツ人が気づくのは、やっと一九八〇年代になってからのことでした。モール・ジーベック社は一九八四年からマックス・ヴェーバー全集を刊行しはじめたのですが、驚いたことに、この全集に最も大きな反響を示したのはドイツではなく、アメリカでもなく、実に日本であったのです。日本は、この高価な全集の広告見本について、その三分の二を購入する大マーケットだったのです。[11]ヴェーバー社会学のどこが日本の社会科学者の魂と共鳴したのでしょうか。日本の社会科学者たちは、どのようなヴェーバー像をつくりあげていたのでしょうか。この日本版のヴェーバー像は、ドイツやアメリカのそれとどう違っていたのでしょうか。

この不幸な落差は、昨年〔一九九八年〕になって一人のドイツ人社会学者の称賛すべき努力により、一挙に埋められることとなりました。ヴォルフガング・シュヴェントカーの『日本におけるマックス・ヴェーバー』は、一九〇五年からごく最近の一九九五年にまでいたる日本のヴェーバー体験を精密に調査し、その実態をドイツの読者に紹介しました。[12]日本の社会科学者に深い刻印をしるすこととなったマックス・ヴェーバー体験を再吟味しようとする私の本日の報告も、そこで、この画期的な著作を素材として利用させてもらうこととしましょう。戦後日本の社会科学者は総力戦時代の記憶をどのように構成してきたかということ、これが私の報告の課題なのですが、この私の課題は、シュヴェントカーが描きだした像との対話を通して、恐らく、一層鮮明に浮かび上がることでしょう。

シュヴェントカーは、日本におけるヴェーバー社会学研究を四つの時期に区分しています。ごく初期の受容期（一九〇五年から一九二五年まで）、ヴェーバーの作品の開拓が進展した時期（一九二六年から一九四五年まで）、戦後「第二の開国」期のヴェーバー研究（一九四五年から一九六五年まで）、ヴェーバー・ルネッサンス（一九七〇年から一九九五年まで）、がそれです。

この全体的な叙述のなかから、総力戦時代の記憶にかかわる筋道に限定してシュヴェントカーの論旨をフォローしてみましょう。

第一に目につくのは、他ならぬ総力戦時代である第二期こそが、日本のヴェーバー研究の大きな飛躍の時期であった、とされている点です。この事情はヴェーバーの祖国であるドイツとはまったく対照的でした。というのも、ナチスが政権についてからというもの、ドイツではヴェーバーは没落に向かうブルジョワ・リベラリズムの文化を象徴する学者だと見なされ、すでに過去に属する人物だとされたからです[13]。この事情はアメリカのヴェーバー研究と比べても日本の特徴点であったとしなければなりません。と言うのも、アメリカのヴェーバー研究が本格化するのは第二次大戦の後であり、戦時にはまだ後の研究の端緒が与えられたといってよい水準に止まっていたからです。

これに対して戦時期日本のヴェーバー研究は、翻訳作業の進展という点から見ても、また、関心の広がりという点から見ても、すでにヴェーバー社会学のほぼ全域を覆う水準に達していました。シュヴェントカーは「序論」のなかで、主として丸山眞男の論文[14]に依拠しながら、この時期の日本においてヴェーバーの諸著作が影響を及ぼしたテーマを数え上げ、以下の四つの領域をあげています。第一は社会科学的認識の方法をめぐる価値判断論争の領域であり、第二は階級対立にたいする国家的介入の問題にかかわる社会政策論の領域であり、第三は日本の対外進出とともに高まったアジア社会論の領域であり、第四は日本における資本主義の発展とそこにおける経済倫理の性格と役割を研究する領域です(15)。

これらは、いずれも当時の日本がおかれた政治的状況と深く関連していた、とシュヴェントカーは述べていますが、これは確かに重要なポイントを捉えた見方であるとしなければなりません。これらの四領域がそれぞれどのような意味で当時の政治状況にかかわっていたかについて、シュヴェントカーは立ち入った記述を残していませんが、第一領域と第三領域についてはこう言われています。価値判断論争への関心が高まったのは、大学のなかでも学問への政治の介入が避けられなくなった結果、学者たちは「自らにたいし、また他者にたいし、イデオロギー的立脚点を釈明」しなければならなくなったという事情が関連していたからである。これを消極的理由とするならば、第三領域が関心を引いたのはより積極的な理由によっていました。というのも、アジア地域における日本の帝国主義的占領が拡大するにつれて、「アジアの専門家だけではなく、社会学者、歴史学者、経済学者が後期ヴェーバーの宗教社会学に依拠してアジア社会への研究に向かった」からに他なりません(16)。

ヴェーバー社会学が戦時期日本においてドイツやアメリカと比べて特異な発展を遂げた理由に、消極的な要因と積極的な要因の両者が関わっていたとした場合、この二つの要因の関連をどう理解すればよいのでしょうか。この問題は日本におけるヴェーバー学の性格を理解するにあたって極めて重要なポイントだと思われます。というのも、もし後者の積極的要因について、そのウェイトが高かったとされるならば、日本のヴェーバー学が日本帝国主義によるアジア支配に何らかの形で関わっていたのではないか、という疑いが出てくるからです。もちろん、この関わりについても、二つの可能性が考えられます。第一には、それが日本のアジア占領地域における行政支配の戦略形成と関わるケースであり、第二には、それが日本のアジア占領地域の行政支配に対してその方式の批判に援用されるというケースです。例えば、南満州鉄道の北支那経済調査所が行った有名な『北支農村慣行調査』や、東亜研究所が行ったアジア諸地域に関する膨大な調査資料などについて吟味した場合、そこには、ヴェーバー社会学の素養をもった研究者が関わっていた事例を容易に発見することが出来ます。そして、これらの研究者一人ひとりについて見ていった場合、彼らが占領行政を支える目的に徹していたのか、それとも占領行政を密かに批判する意図を隠し持っていたのかを判定することは、難しいでしょう。

ただ、少なくとも言えるのは、彼らが日本政府の調査機関に所属して活動したということであり、彼らに理論的な素養を与える役割を引き受けたのが大学に籍を持つヴェーバー研究者であったということです。総力戦時代において社会科学もまた戦争遂行の装置として国家目的実現に貢献しなければならない。これが、当時、日本の権力構造が知識人に強制した掟でした。総力戦体制下のヴェーバー学は、個々の研究者の主観はどうであれ、客観的にみた場合、科学の国家的動員にたいしていかなる機能を果たしたのでしょうか。この問いは、時代状況を考慮に入れようとしないあまりに過酷な発想だ、と非難する向きもあることでしょう。私自身が総力戦時代に大学に籍をおいていたとした場合、私がこの問いの前でたじろがずに済んだとは思いません。だが、この厳しい問いをめぐり、戦後日本の社会科学が反省に迫られることはありませんでした。そして今、国民国家の存在がゆらぎはじめ、国家の政策と社会科学の関連が根本から問い直されようとするなかで、この反省は避けることができなくなっているのです。

　ところで、日本に関して外部から観察できる立場にいるシュヴェントカーは、この問題についていかなる見解に立っているのでしょうか。彼の著作の「結論」部分を読んでいた時、私はそこにこう書かれているのを見て、違和感を覚えずにはいられませんでした。彼は、戦時期において日本のヴェーバー学が活況を呈するにいたった理由の一つとして、軍事ファシズムの下での権威主義体制があげられるとした上で、この権威主義体制が支配する状況でなおかつ「ドイツやヨーロッパの学問との知的な繋がりを放棄しようと思わなかった多くの日本の学者は、ヴェーバーに身を寄せて「内面的亡命」(innere Emigration) をした」のだ、と述べています[17]。この言明から受ける読者の印象は、先の区分からすれば、消極的な要因が優位を占めたという筋道に他なりません。はたしてこの内面的亡命というはなはだ消極的な要因によって、戦時期日本の社会科学を捉えたあの熱気に満ちたヴェーバー社会学への情熱を説明し切れるのでしょうか。私も、それは確かに一つの要因であったに違いないと思いますが、さらに積極的な動機なしには、到底、あのように熱烈な献身はあり得なかったのではないか、そう考える方がはるかに素直だと思います。

その場合に言う積極的な動機とは、近代化において遅れをとったアジアの諸地域に対し、近代化に成功したアジア唯一の先進国として——教師ないし指導者として——貢献するという理念だったのです。理念のないところに情熱は生まれません。そしてこの情熱は、西洋の帝国主義からアジアを解放するという大義名分によって快い満足を誘いました。この心理的連関が欺瞞を孕んでいたことは明らかです。というのも、一九三一年の満州事変による中国東北部の奪取が露骨な日本帝国主義の発現であることは、だれの目にも明らかだったからです。その欺瞞性は、一九三七年に開始された中国への侵略によって、いよいよ顕在化しました。にもかかわらず、日本の知識人は、西洋帝国主義からのアジアの解放というスローガンによって、自己の良心を麻痺させることに成功したのです[18]。

この理念に基づいて、多くの社会科学者は日本における近代化の成功を語り、それとの反射において、アジア社会の停滞を問題としました。ヴェーバーの一連のアジア社会論との熱意に溢れた取り組みは、日本の帝国主義的アジア進出と明らかにシンクロナイズしていたのです。これとの関連でいま一つ、注意しておかなければならないことがあります。一九三〇年代の前半にマルクス主義者の間で交わされた日本資本主義論争[19]が、国家権力の弾圧によって一九三〇年代の後半には強制的に停止させられたという問題です。その結果、日本資本主義論争が盛んに行われていた時代とそれ以後の時代との間には、社会科学的問題関心の方向性という点で、ハッキリとした断絶が生じることとなりました。この点が特に注意を要するのは、戦後の日本で標準化した言説の中では、日本資本主義論争と戦時期および戦後のヴェーバー研究は緊密な連関関係にある、とする見解が一般化してしまったからです。この見解は、日本のヴェーバー体験をめぐる支配的な記憶としてその後の研究史に刷り込まれました。

それがどんなに強靭な力をもつ刷り込みであったかは、一九六四年に行われたヴェーバー生誕百年記念東京シンポジウムでの諸報告を調べてみれば明らかです。この問題点は、日本のヴェーバー研究者たちが、また、それと呼応するマルクス主義者たちが、ヴェーバーとマルクスとの間に見られる観点の相違にもかかわらず、もっぱら両者の間に共通する側面に関心を集中していったこと、この点と関わっていました。「マルクスかヴェーバーか」という選択問題ではなく、「マルクスとヴェーバー」の重層性が、東京シンポジウムにおいて終始鳴り響いた基調メロディーでした。その結果として、もっぱらマルクス主義者の間で交わされていた日本資本主義論争の課題は、マルクス主義者の発言が完全に禁圧されてしまった後において隆盛となったヴェーバー研究においても、そのまま引き継がれた、とする虚偽のイメージが構成されたのです。

私は、マルクス主義の立場に立ってヴェーバー社会学を論難するという、かつてしばしば見られた俗論を復元しようとしているのではありません。私が言いたいのは、日本資本主義論争が展開したのは国家権力による批判的社会科学の制圧が完成する以前のことであった、ということであり、ヴェーバー社会学の研究が隆盛となるのは、それ以後のことであったという事実です。一九三六年のコム・アカデミー事件でまず論争の一方のグループであった講座派系マルクス主義者が、ついで一九三七―三八年の人民戦線事件において他方のグループである労農派系のマルクス主義者が、治安維持法違反の名目で検挙され、大学から追放されました。にもかかわらず、東京シンポジウムを調べてみればわかるのですが、そこでの諸報告はもとより、質疑応答をみても、日本資本主義論争とその後に隆盛となったヴェーバー社会学研究との間に断絶を指摘する発言は皆無でした。こうして、軍事ファシズム権力によって科学が国家目的に強制的に同化されたことがもつ深い傷痕は、覆い隠されてしまいました。

この点は、同じ年にハイデルベルクで行われたシンポジウムと比べて際立った対立を示しています。というのも、ハイデルベルクのシンポジウムにおいては、すでに刊行されていたヴォルフガング・モムゼンの『マックス・ヴェーバーとドイツ政治』が議論の一つのベースとならずにはいなかったばかりでなく、ヘルベルト・マルクーゼの「産業化と資本主義」によるヴェーバー社会学批判によって、激しい論争が巻き起こされたからです。モムゼンの研究は、ヴェーバー社会学の諸カテゴリー、とりわけカリスマ概念は、ヒトラー型の非日常的指導者が登場してくる可能性を社会学的に予見したという点で先駆的であったにせよ、それに対する対抗概念として議会制民主主義を明確に対置しなかったという点で、ナチズムの暴力支配にたいして責任を免れない、としました。マルクーゼは、近代官僚制という社会制御のための技術的に合理的な手段を、ヴェーバーは歴史的に変革不可能な必然性だと認識したのであり、この結果として救いようのないペシミズムに陥ってしまった、と述べました[20]。

シュヴェントカーは彼の著作の「結論」において戦時期日本のヴェーバー学を内面的亡命と結び付けたのですが、そこには、一定の批判が込められているように思います。この規定によっても、当時の日本のヴェーバー社会学研究はファシズムにたいして積極的な抵抗を行わなかったことが印象づけられるからです。しかし、「結論」でのこの規定は、日本のヴェーバー研究が日本帝国主義のアジア侵略とシンクロナイズしていた側面については見落としています。この見落としは、シュヴェントカーが「序論」において帝国主義とヴェーバー学の関連を指摘していたことを考えると、この素晴らしい著作を構成する論理に現れたアンバランスではないか、と思われます。このアンバランスは、しかし、日本のヴェーバー学を対象とする彼の研究に入り込んだところの、対象そのものがもつ問題性の投影であることは明らかです。

三　日本資本主義論争とヴェーバー研究――連続か断絶か

日本資本主義論争に対し、戦時期のヴェーバー研究はそれとの方法的な連続性に立っているという日本のヴェーバー研究者たちの自己規定は、はたして全面的に承認されてしかるべきものなのでしょうか。その点について無批判的にでなく、懐疑の念をもって吟味しなおしてみると、そこでは、これまで見過ごされてきた意外な事実が浮かびあがってきます。

第一に、戦後になって日本のヴェーバー研究をリードした代表的な研究者たちは、いずれも、その出発点においては近代資本主義の歴史的性格について批判的であったことが判ります。出発点において彼らは、ヴェーバーの同伴者というよりは、むしろ、しばしばマルクスの同伴者だったのであり、その意味でヴェーバーへの批判者でした(21)。

一九六四年のヴェーバー・シンポジウムを主催した大塚久雄について見てみると、彼がラディカルなキリスト教徒として知られる内村鑑三の弟子として出発したことが判ります。

内村の思想を受け継いで、大塚は資本主義に伴う放縦な消費や農業の衰退に危機感を抱いたのであり、それとの関連で、社会科学者としてはマルクス主義に近い立場を取っていました。大塚が「いわゆる前期的資本なる範疇について」という論文を一九三五年に発表したとき、そこで彼が理論的に依拠したのは主としてヴェルナー・ゾンバルトの『近代資本主義』でした。このゾンバルトが、ヴェーバーの宗教社会学に対する鋭い批判者であったこと、両者の間に激しい論争が交わされたことは、周知のところです。大塚がヨーロッパ経済史の研究者として揺るぎない名声を得たのは一九三八年に発表された『株式会社発生史論』でしたが、この時点になっても、大塚はヴェーバーの方法にたいしてむしろ批判的でした。最近、中野敏男が明らかにしたように[22]、大塚の東京帝国大学での指導教授であった本位田祥男が、早くからヴェーバーの宗教社会学から影響を受けていたにもかかわらず、大塚はあえて師に逆らい、意識的にヴェーバーから距離を取り続けていたのです。この大塚が近代資本主義を肯定的に捉える立場を表明するのは、『株式会社発生史論』の直後に公刊された『欧州経済史序説』(一九三八年)においてであり、さらに、一九四一年の「近代資本主義発達史における商業の地位」によってでした。この転換とともに、大塚はヴェーバー宗教社会学の方法を積極的に摂取することとなります。

大塚のヴェーバー評価におけるこの転換は、日本の対外戦略において積極的なアジア進出の出発点となった一九三一年へと彼の関心が向けられるようになった、という事態と連動していました。一九三一年は、金輸出禁止がもたらした円為替の低落によって日本が欧米資本に対抗できる条件を確保した年でした。と同時に、この年は中国東北部への軍事的進出によって、日本がアジアへの帝国主義的侵略を開始した年でもありました。金輸出禁止と満州侵略は、相互にプラスに働いて日本経済を一九二九年以来の深刻な不況から救出することとなったばかりではなく、さらに、化学工業に代表される新興工業の急成長を促すことによって、日本経済を新たな段階にまで押し上げることとなります。ヴェーバー社会学をめぐる大塚の理論的転換は、この新たな段階において、日本の対外政策を批判する方向に向かったのでしょうか。そうではなく、むしろ、まったく逆といってよいものだったことは、「新興工業としての化学工業」という一九三九年に発表された論文によって明らかです。

この論文のなかで大塚は「わが国の化学工業を新興産業ならしめ、昭和六年(一九三一年)以降急激な躍進をとげさせた諸条件のうち、なかんずく積極的な推進力として作用したものがいわゆる軍需インフレの波であること」を指摘し、「わが国化学工業のもつ国防産業としての意識を、そうした国策的意義を確認」する必要があると強調します。この点は日本の近代化が明治いらいしめしていた強度に軍事的な性格を考えれば、慎重、かつ、批判的に論じなければならない問題だったと言えます。かつての日本資本主義論争の時点においては、それぞれの論者は日本社会の軍事的ないし帝国主義的体質を問題とし、それを批判的に検討していました。だが、この論文において大塚が語るのは、むしろ、「軍需インフレ」の過程に促されて日本社会の合理的改革が進展してゆく、という筋道に他なりませんでした。新興工業は、明治以来の旧財閥の外側に、技術者型の革新的経営者を担い手として台頭しているということ、ここに大塚の関心は集中しています。そして「旧来の財閥の外側で、颯爽たる新興化学工業コンツェルンが形成」される事態を指して、初期資本主義時代のイギリスにおける「問屋制商業資本（大企業）と産業資本（中小企業）のタイプの相違に酷似している」と注記しています。大塚はヴェーバーの『プロテスタンティズムの倫理と資本主義の精神』から政治権力依存型の商業資本と独立自営の中小産業資本の対抗というテーマを学びとってきたのですが、このヴェーバーの論点は、軍需インフレのもとで生産力拡充へと向かう日本社会の分析へと、無批判的に重ね合わされています。ここで無批判的だと言うのは、ヴェーバーにあっては国家権力の庇護を受けることなしに、あるいは、国家権力の庇護を拒否して台頭してくる、と描写されていたタイプが、「国策産業」である新興化学工業のタイプと「酷似している」と規定されているからです(23)。『プロテスタンティズムの倫理と資本主義の精神』が大塚の友人である梶山力によって最初に邦訳されたのは、一九三八年五月のことでした。大塚は梶山の訳業から大きな衝撃を受け、彼のヴェーバー理解を転換することとなったのですが、この方向転換は、総力戦体制のもとでの日本社会の合理的編成替えという論点へと接ぎ木されたのです。

社会政策学においてヴェーバーの方法を積極的に摂取したとされる大河内一男のケースをみてみましょう。彼は、アカデミックな業績として第一級の作品と評価される『独逸社会政策思想史』(一九三六年)の時点では、ヴェーバーに対して批判的な立場を表明していました。その評価を逆転させ、大河内がヴェーバーを肯定的に評価するのは総力戦体制が本格化する時点になってからのことでした。『スミスとリスト』(一九四三年)がそれです。この時点での大河内は、『戦時社会政策論』(一九四〇年)において初期のマルクス主義者としての立場からシフトし、総力戦体制のもとでの社会的動員こそは労働者を対象とする社会政策の実現を可能にする、と主張していたのです。大河内に訪れたヴェーバー評価の逆転は、彼が日中戦争開始の時点で首相であった近衛文麿のブレーンとなり、昭和研究会のメンバーとして日本の国策形成に参加する時点とぴったり重なっています[24]。

さらに注目すべきは丸山眞男の場合です。丸山はその最初の論文「政治学における国家の概念」(一九三六年)[25]においてカール・マンハイムの『イデオロギーとユートピア』を下敷きにしながら、迫り来るファシズムの動向に対して鋭い批判を投げかけていました。ここで丸山はこう述べていたのです。「ファシズムのイデオローグたちは自由主義民主主義を排撃するときにしばしばこの上に「ブルジョワ的」という形容詞を冠する。しかし、今日は市民階級自体がもはや自由主義の担い手たるをやめて「全体主義」の陣営に赴いている時代である。一九世紀においてブルジョワ自由主義を語るのはよい。二〇世紀においてなおそれを語るのは無知にあらずんば欺瞞である」。丸山は結論としてこう断言しています。「ファシズムは市民社会の本来的な傾向の究極にまで発展したもの」である。この発言は、同時代のドイツにおけるフランクフルト学派の主張と類似しており、一九六四年のハイデルベルクで語られたマルクーゼの論旨をほとんど先取りしてさえいます。見られる通り、この論文での丸山の論旨は、ヨーロッパに始まる近代市民社会の批判に他なりませんでした。

だが、丸山は彼の『日本政治思想史研究』――すでに英訳され、国際的にも日本の社会科学を代表する成果として広く認知されている著作――に収められた諸論文においては、上の論点からすれば信じられないような異質の論理を展開しています。「徂徠学の特質」（一九四〇年）や「自然と作為」（一九四一－四二年）[26]で語られたのは、ヘーゲルの『歴史哲学』やさらにヴェーバーの宗教社会学を援用しながら展開された中国社会の停滞性という論調であり、また、中国の場合とは区別される日本の順調な近代化というテーマでした。この分析的な筋道は、丸山の主観においては軍事ファシズムの政治思想においてその根拠となっていた非合理的な国体概念を批判する意図にもとづいていたとしても、客観的には、遅れた中国にたいする進んだ日本という構図を強烈に印象づけるものでした。この構図は、結果的には、当時の政治状況のなかで日本帝国主義のアジア進出とシンクロナイズしていたのです。

問題は、丸山自身がいち早くそうした構図の政治性に気づいていたにもかかわらず、その後の日本の社会科学が集団意識的にその点を抹消してしまい、忘却へと追いやってしまったことです。丸山は戦後になって『日本政治思想史研究』を出版したとき、「あとがき」でこう述べています。「私は本書の校訂をしながら、これらの論稿がいかにそれが書かれた歴史的状況によって内面的に規定されているかをあらためて痛感させられた。……［この書物は］根本的に八・一五［日本の敗戦の日］以前の刻印を受けており、その後の私個人、および私の属する祖国の体験した数十年、数百年にも比すべき歴史的状況の変動――それはいわゆる戦後の民主化政策で日本の政治・社会思想がどれだけ変わったかまた変わらないかというような問題ではなく、もっと深くかつ広い世界的状況の推移とその日本への衝撃――の意味を切実な学問的課題として受取り、それを咀嚼した歴史意識に立脚せざるを得ない現在の視点とはどうしても直接には連続しないということである」（傍点は丸山）。

丸山は、自分の書物の政治性を「総括的に自己批判」して、彼の言う「世界史的状況の推移」の内容をこう捉えています。「今日から見てまず最も目につく欠陥は、冒頭の中国の停滞性に対する日本の相対的進歩性という見地であろう」。丸山は毛沢東を指導者とする中国革命という事態を念頭に、「カッコ付きの近代を経験した日本と、それが成功しなかった中国とにおいて、大衆的基盤での近代化という点では、今日、まさに逆の対比が生まれつつある」と認めざるをえなかったのです。

『日本政治思想史研究』が「世界史的推移」を予見できなかった要因が、ファシズムの歴史的基盤を近代市民社会と捉える「政治学における国家の概念」からの離反にあったことは明らかです。この離反は、世界史的状況としてのファシズムとそれへの対抗関係を見失わせてしまい、問題をアジアにおける日本の近代的先進性と中国の伝統的後進性という狭隘な視野へと追いやってしまったのでした。中国における変革は、西洋や日本の先例をモデルとして後追いする他ないとする発想へと、戦時期の丸山は後退していったのです。今日、毛沢東の影響下に進行した「共産主義」体制はその方向を転換し、いまでは中国もグローバル化した資本主義世界秩序に参加しつつあります。そうだからといって、第二次世界大戦時代の総力戦がアジア的後進性に深く閉じ込められていた中国を揺さぶり、農民大衆を動員することによって中国社会をその底辺から変えてゆくという毛沢東戦略を成功に導いていった、という世界史的事象の意味は、消えて無くなるわけではありません。毛沢東は——そして第一次世界大戦におけるレーニンも——総力戦体制という時代状況を的確に捉え、その状況にさらされた社会が根底からゆらぎはじめたという事実を見抜いていたのです。(27)

丸山は、以上の自己批判を述べた上で、しかし、その書物の主題は日本帝国主義の侵略を正当化することにあったのではなく、むしろ、軍事ファシズム権力の公認イデオロギーである国体概念を批判すること、また、伝統回帰によって国家的統合の拠点を築こうとした「近代の超克」[28]グループと対決すること、ここにあったと弁明しています。「近代の「超克」や「否定」が声高く叫ばれたなかで、明治維新の近代的側面、ひいては徳川社会における近代的要素の成熟に着目することは、私だけでなく、およそファシズム的歴史学に対する強い抵抗感を意識した人々にとっていわば必死の拠点であった」。こうした課題との取り組みを、丸山は「大げさにいえば魂の救いであった」と告白しています。

少々長めに丸山のケースを検討してきました。ここで明らかにしておきたかったのは、日本資本主義論争の時点と比べて、その後のヴェーバー学への傾斜が、ファシズムとその時代状況によって深く規定されていた、という事実でした。「マルクスかヴェーバーか」という論点から「マルクスとヴェーバー」という論点への力点の移動は、一見すると日本資本主義論争における講座派マルクス主義の立論――明治維新以後の日本社会について、その根底はなお封建的要素に規定されていると主張する立場――を継承しているように見えます。しかし、出発点においては、大塚も大河内も丸山も、特に講座派に親近性を示してはいなかったと見てよいでしょう。彼らはいずれもマルクスの方法に拠り所を求めて資本主義社会の批判的分析へと向かっていました。しかし、ほぼ一九三七―三八年を境として、彼らは一斉に方向転換します。彼らはいずれも、日本社会に内在する近代化への潜在的可能性を探索する方向へと知的関心を転換してゆきました。大塚の場合には旧財閥に対する新興財閥の近代性が着目されました。大河内の場合には他ならぬ総力戦体制そのものが、日本社会の根底からの近代的変革に道を開くものだとされました。丸山の場合には徳川時代の政治思想にヨーロッパのそれと比較可能な近代性が認められます。

彼らの方向転換を時代状況との関連で検討するならば、[29]それが一九三七年の日中戦争開始と、それを境とする思想統制の強化と重なっていること、このことに気づかない訳にはいきません。すでに指摘しておいたように、ヴェーバーの『プロテスタンティズムの倫理と資本主義の精神』は、ほとんどそれと重なる微妙な時期に邦訳されました。

この戦時期転向[30]――ここで転向といった場合、価値評価が意図されているのではなく、社会科学の根底にある政治的関心の方向性が変化したことを示しています――とも言うべき変化は、丸山が語っているように、「近代の超克」グループと対抗するための「必死の拠点」だったのであり、さらに「魂の救い」を意味する方向転換でした。この方向転換は、たまたま三人の代表的な社会科学者について検証したものですが、間違いなく、一九三七年前後において社会的大量現象として現れた動向だったのです。この動向は、総力戦体制のもとでさらに近代の可能性を推し進め、いわば、「近代による［近代の］超克」（ハルトゥーニアン[31]）を試みようとするものでした。その点はとりわけ、大河内の『戦時社会政策論』や大塚の「新興化学工業論」に顕著です。

「近代の超克」グループの基調が日本の伝統に西洋近代と対抗できる思想的根拠を探るも

のであったのに対し、「近代による［近代の］超克」路線はあくまでも西洋由来の合理性に立脚しようとしました[32]。その点で、丸山が言うように、確かに軍事ファシズムの公認イデオロギーに対する批判という意味を失っていません。しかし、にもかかわらず、この路線は、時には主観的に明らかに（大河内のケース）、時には客観的無意識的に（大塚や丸山のケース）、日本帝国主義が推し進めたアジア戦略と理論の構図においてシンクロナイズしていたのです。ヴェーバー社会学、とりわけそのアジア社会論は、こうした「近代による［近代の］超克」路線の形成にあたり、その最も頼りになる支柱となりました。

第二次世界大戦の後になって中国革命が成功した結果、もはやアジア社会の後進性という論点を無遠慮にアジアに適用することはできなくなりました。しかし、アジア社会の後進性を語る関心は、戦後も決して消え去ることはありませんでした。丸山は先の「あとがき」において『日本政治思想史研究』の欠陥を認め、そこでは「正統的な［徳川時代の］イデオロギーの解体過程を裏返せばそのまま近代的イデオロギーの成熟になるという機械的な偏向」があった、としています。戦後における丸山の学問的関心は、こうして、今度は日本社会自体の後進性を暴き出し、そこに集中的な攻撃を浴びせることへと向け変えられました。その産物が『現代政治の思想と行動』（初版、一九五六・五七年）に収められた諸論文に他なりません[33]。この新しい政治的状況において、攻撃目標はアジア社会から日本社会に切り換えられたのです。ここには、日本の社会科学において主潮流の一つと認められてきた学派——市民社会派と総称されてきたそれ——が経験したところの、第二の転向が認められます。

第一の転向が戦時期転向であるとすれば、これは戦後転向ということになります。この二つの転向が介在していたことが正確に再現されるならば、もはや、日本資本主義論争からの直接の後継者として「マルクスとヴェーバー」なる問題関心を位置づけることはできなくなります。この二つの転向が意味するものは何だったのでしょうか。それについて、私たちはこう整理することができるでしょう。

〈日本の社会科学者を捉えたこの転向は、総力戦体制が否応なしに社会科学にも及んできたことを物語っている。西洋由来の合理主義を日本において受け継ぐこのグループの転向は、国家的戦略の遂行に社会科学者たちが積極的に参加する時代の到来を告げる出来事であった。〉

日本の市民社会派だけではなく、同じような性格の変化はおよそあらゆる社会科学的潮流で起こったと言ってよいでしょう。例えばマルクス主義の場合、ヒルファーディングの『金融資本論』が押し出した方法的な客観主義[34]は、レーニンの『帝国主義論』に取って代わられました。レーニン以後、科学の階級性というテーマによってマルクス主義者のコミンテルンへの政治的忠誠は義務化されるようになりました。第二次大戦後のアメリカで主流となった近代化論の方法は、その枠組みを挙げてアメリカの世界戦略を正当化するのに役立てられました。この転換は、社会科学が客観的普遍性という一九世紀的な建前を放棄するにいたったことを示しています。社会科学は、いまや、社会の運営をその外側に立って観察するものではなくなり、社会システムの機能的運行においてその役割を担う装置の一つとして位置づけられたのです。その意味において、総力戦体制以後の世界は、一七世紀に始まる近代の直接の延長上にあるとは言い難くなります。それは、システム社会の成立という新しい時代の登場において、一つの画期をなす分水嶺でした。タルコット・パーソンズが彼のシステム論を体系化したのは、まさしく、第一次世界大戦から第二次世界大戦にかけての時代であったのです。モダン社会は、こうしてポストモダン社会に変容しました。(35)

日本の市民社会派グループは、丸山のいくつかの例外的な言及を除いて、(36)こうした巨大な変化が社会科学の性格をも変容させてしまったことにまったく無頓着のままでした。そして、自分たちの学問は日本資本主義論争の直接の継承者だと主張し続けたのです。

なるほどそこに一定の連続性が働いていたことは確かです。それは、ヘーゲルやヴェーバーに依拠しながら、アジア社会の後進性を問題にするという筋道です。ヴェーバー社会学は彼らのこの主要関心に理論的な手掛かりを与えました。だが、この筋道においては、ヴェーバー社会学を特徴づける今一つの論点が無視されてきました。あるいは、無視されないまでも軽視されてきました。それは、ヴェーバーが時にはニーチェと呼応しながら、西洋近代への根源的な批判を語ったという論点です。

四　カルチュラル・スタディーズとヴェーバー社会学

シュヴェントカーは「一九七〇年以後のヴェーバー・ルネッサンス」を扱った第五章で、また、さらに「結論」の部分で、あらためてヴェーバーのアジア社会論に言及し、この論点をめぐってヴェーバー批判の動向が現れていることを紹介しています。『儒教と道教』を初めとするヴェーバーのアジア社会論にはアジア文化に対する「軽蔑的」な視点が内包されているが、(37)いまや、それに対する修正が必要となっていること、それがここでの問題です。確かにヴェーバーは、その高度な「知識人倫理」の展開にもかかわらず、儒教には禁欲的職業人のエートスを涵養するモーメントが欠けていると述べていたのであり、そのことが中国における資本主義の内発的成長を妨げる要因として作用していると認識していました。(38)この点をめぐるヴェーバー批判の台頭は、とりわけ、一九八〇年代以降になってアジア諸地域が著しい経済的発展を見せるようになったことと対応しています。近年におけるアジア諸地域の経済的発展という事実は、はたして、儒教のなかにもプロテスタンティズムと同質の倫理的モーメントが存在していたことを物語るのでしょうか。あるいはさらに、一部のアジア系知識人が主張しているように、西洋近代の文明が行き詰まりを見せているのに対し、儒教文明にはそれを越える可能性が孕まれていると見てよいのでしょうか。こうした論者によれば、儒教文明はやがては西洋文明に取って代わることになるのです。[39]

アジア儒教圏に属するリーダーの中には、儒教の優位性を語るリー・クアンユーのような人物がいることも事実です。しかし、同じ儒教圏に属しながらも、韓国の金大中大統領のように、西洋由来の民主主義にアジアの将来を見ている人物がいることも見落とすことはできません。[40]とすれば、アジアの諸社会において統合を担っている文化的価値について、「儒教圏」だとか、ましてや「アジア的価値」という包括的な名称を与えてしまうのは、かなり問題のある手法だとされなければなりません。シュヴェントカーはその点について慎重な留保を求めていますが、[41]妥当な判断と言うべきです。シュヴェントカーのこの見通しの正しさは、一九九七年以来のアジア経済が経験した危機によって立証されたといってよいでしょう。

シュヴェントカーの論点でさらに注目されるのは、アジア社会論に関わるヴェーバーの論旨が相対化されつつあることが紹介される一方で、ヴェーバーの観点を新たな問題関心に照らして再評価しようとする動向が現れている、と指摘している点です。それは、近年の社会科学が文化的要因をその不可欠な部分として積極的に組み入れ始めた、という動向と関わっています。そうした動向をもたらす要因としてシュヴェントカーが挙げるのは次の二つです。第一は、市場と情報システムのグローバル化に対応して、大規模な人口移動が起こっているという点です。「世界的規模での移民という条件のなかで、「文化」は異なった世代と異なった社会層をつなぐ最後の絆、あるいは、異文化的環境のなかで人々を再度結集する最後の絆」として機能するようになりました。第二は、冷戦の終焉によってマルクス主義が政治的な説明機能を担えなくなった結果、イデオロギーに代替するものとして文化が意味を持ちはじめたということです。(42)

第一点は、最近、スチュアート・ホールらによってディアスポラ現象として注目されるようになった問題に他なりません。日本においても、旧帝国時代からの関連で存在している在日朝鮮人・韓国人や、あるいは、一九八〇年代のバブル経済期に来日した日系ブラジル人などとの関連で、ディアスポラ現象への関心が高まっています。この論点をめぐるいわゆる「カルチュラル・スタディーズ」について、すでに著名な雑誌による特集が組まれました。(43)

第一点が批判的な左翼の側からする文化問題研究であるとすれば、第二点はこれとは対照的な傾向を示しており、保守派の知識人であるハンチントンの『文明の衝突(44)』と結びついています。日本においても、ハンチントンと呼応しながら、冷戦後のイデオロギー的空白をナショナリズムの復活によって埋めようとする動向が顕著になりました。元共産党員であった教育学者が過激な思想的転向を遂げ、歴史解釈にかんする修正主義の運動を主導しているのは、その典型的な表れだと言ってよいでしょう[45]。

こうして、文化問題は二つの異なった領域において現代の中心的社会事象と関わるようになり、社会科学はそれとの取り組みに迫られています。文化問題が社会科学のなかで占めるこうした新しい位置価が示しているように、いまや、経済と並んで文化が社会問題の中心へと進出してきたのです。シュヴェントカーが指摘している領域以外にも、情報化や教育の問題、さらにはジェンダー研究といった領域が考えられますが、これらの領域は、いずれも文化的な価値の新しい文脈を形成することなしには解決がつかない問題だと言ってよいでしょう[46]。ヴェーバー社会学は、こうした新しい文脈の形成に当たって、新しい意味付けを得つつあるということ、これがシュヴェントカーの論旨です。

ここで、フランスの代表的な社会学者ブルデューが、いくつかの機会を捉えてマックス・ヴェーバーとの出会いを語っていることに注目しておきたいと思います[47]。文化資本や社会的構造化という彼の中心概念を構成するにあたり、ブルデューは、彼の出発点としての構造主義だけでは不充分だと感じたのであり、前者の基盤にさらにヴェーバー社会学とその主体概念を接続する必要があった、と言うのです。ここにも、ヴェーバー社会学の現代的な再生が語られていると言ってよいでしょう。

五　近代批判者としてのヴェーバー

ヴェーバー社会学は、彼のアジア社会論が抱えている難点にもかかわらず、文化問題が現代社会の新たな焦点として浮かび上がってくることにより、再生の兆しを見せている。これが第四節のテーマでした。確かにこの第四節のテーマは、ヴェーバー・ルネッサンスを語る場合、避けて通ることができない課題です。しかし、このテーマは、ヴェーバー理論の欠陥を認めた上で、グローバル化の時代という別次元の問題に即してその復活の条件を探るものであり、受動的だという印象を免れません。ヴェーバー・ルネッサンスを語るというなら、さらに一層能動的な、決定的意味を持つ問題提起はないのでしょうか。

ヴェーバー社会学の現代的再生を語ろうとする時、何といっても重要なのは、彼が西洋近代に始まる合理化の行方について、極めて厳しい判定を下していたという点です。近代が推し進める官僚制的合理化は、遂に機械仕掛けのような「鋼鉄の檻」をもたらしてしまうという、あの冷厳な命題がそれです。シュヴェントカーはこの点との関連で日本におけるヴェーバー・ルネッサンスの最近の状況に言及し、こう述べています。一九七五年以降に始まった日本のヴェーバー・ルネッサンスは、当初、戦時期以来のテーマである「マルクスとヴェーバー」という関心を中心としていた。そこではヴェーバーは「近代の主唱者」として描きだされていた。しかし、日本のヴェーバー像は官僚制テーゼとの関わりにおいて注目すべき変化を示しているのであり、以前とは逆に、ヴェーバーを「近代の激烈な批判者」として描くようになっている。この新たな段階においては、ヴェーバーはプロテスタント神学に共感する近代主義者としてではなく、「ニーチェの仮面剝奪哲学の影響」を受けた社会学者として捉えられることとなる。(48)

ヴェーバーを近代の批判者として描きだす動向は日本だけのものではありません。それはヴェーバー・ルネッサンスにかかわる世界の研究動向一般を特徴づけていると言ってよいのです。(49)しかし、日本では振り子はいささか強く振れすぎているとシュヴェントカーは見ています。シュヴェントカーは、最近の日本では「ニーチェの影響についてやや行き過ぎ」が目立つと判定していますが、そうした「行き過ぎ」の代表者として紹介されているのが他ならぬ私の研究です。(50)この点を留保した上で、シュヴェントカーは「ニーチェとヴェーバー」という新たな像を構築する作業は、「マルクスとヴェーバー」という従来の像にたいする「真剣な挑戦」であると評価しています。(51)

破局の時代としての二〇世紀を振り返り、生態系の破壊や、さらには日本の政治・経済システムの腐敗を目にして、戦後を支配してきた「進歩主義信仰による未来モデル」は消滅した。日本の新しい時代のヴェーバー研究者は「「大塚学派」とその信奉者がマックス・ヴェーバーの著作、とりわけ「プロテスタント倫理」論文から読み取ってきた西洋近代の理念型的構成を、ニーチェ哲学への眼差しによっていまや相対化している」[52] これがシュヴェントカーの捉えた現状です。

だが、こうした新しいヴェーバー像が依拠するのが『支配の社会学』を中心とする官僚制論だとすると、この『支配の社会学』をその一部として含む『経済と社会』と、『プロテスタンティズムの倫理と資本主義の精神』を前提として踏まえ、『儒教と道教』をその一部に含む『世界宗教の経済倫理』との間には、いったい、どんな関係があるのでしょうか。このままでは、近代官僚制を「鋼鉄の檻」として捉えた現代社会の組織論的考察と、社会システムの近代化についてその起点をヨーロッパ宗教改革に求める宗教社会学との間には、認識の上でつなげようもない切断が存在するということにならないでしょうか。ヴェーバー社会学について、しばしば、論者によってまるで正反対といってよい理解の食い違いが生じるのは、おなじ晩年の成熟期に構想された二つの研究プランに、近代社会についてまったく違った価値評価をもつ人物が書いたのではないかと思わせる異質なメッセージが読み取れるからです。

成熟期ヴェーバーの構想にまつわるこの謎について、シュヴェントカーは立ち入った説明をしていません。シュヴェントカーの論述は、「プロテスタント倫理」論文に主として依拠したのが戦前・戦後の「マルクスとヴェーバー」の潮流であり、『支配の社会学』に主として依拠したのが最近の「ニーチェとヴェーバー」の潮流である、と述べているだけです。

シュヴェントカーにおけるヴェーバー理解のこの空白部分は、彼の著作の内容にも影を落としていると言わねばなりません。シュヴェントカーの著作は、日本におけるヴェーバー研究の動向を時代に即して変化してゆくプロセスとして描きだしたのであり、この点では見事な整理になっています。しかし、彼自身はいったいどのようなヴェーバー理解に立っているのかとなると、明瞭ではありません。はたして「プロテスタント倫理」論文の構成は、官僚制的合理化批判にかかわる『支配の社会学』の構成と切れているのでしょうか。それとも、一見すると切れているかにみえる二つの構成の間には精緻に考え抜かれた関連が用意されているのでしょうか。

この大変に重要な設問を解く鍵を探ろうとする者は、まず第一に、ヴェーバーの諸論稿の中でもその完成度において最高度の水準をしめしている『プロテスタンティズムの倫理と資本主義の精神』そのものに当たってみるべきでしょう。実際、合理化の行き着く果てに「鋼鉄の檻」を見届けるという問題発言は、この論文の末尾に姿を現しているのです。勿論、シュヴェントカーも官僚制的合理化が「鋼鉄の檻」へと行き着くのだ、という記述が「プロテスタント倫理」論文の末尾にでてくることをよく承知しています。しかし、シュヴェントカーは、改革の初期を特徴づけていた古プロテスタンティズムの宗教的情熱が失われた結果、「鋼鉄の檻」が現れるというのがヴェーバーの論旨だとする通説をそのまま前提としているように思います。この通説は日本でも抜きがたい偏見としてヴェーバー研究者の頭脳を支配してきました。たとえば大塚久雄は「マックス・ヴェーバーにおける資本主義の精神」(一九六五年)[53]のなかでこう述べています。ヴェーバーはヨーロッパ近代がもたらした合理化の動向も、ついには「鋼鉄の檻」を生みだすことによって行き詰まることを、いち早く指摘した。この深刻な問題にたいして、今日のわれわれはどう対処したらよいのであろうか。こう自らに問うた大塚は、それに対してこう答えています。われわれは宗教改革期の時代が示していた「資本主義の精神」に立ち返り、その内に含まれていた「「生産倫理」(労働－経営倫理)がふたたび目を覚まし、新たな装いのもとに、歴史の進歩の方向に沿って、人々の上に強烈な作用をおよぼす」ように努めなければならない。大塚にとってヨーロッパ宗教改革は、社会秩序が行き詰まった時には常にそこに立ち返らなければならない原点なのです。近代とは、その意味において、進化に向かって進む永久革命の可能性を備えた文明の原理なのです。はたしてヴェーバーはそう考えていたのでしょうか。ここで、「プロテスタント倫理」論文に見られる次の一節を引用しておきましょう。

人間は委託された財産に対して義務を負っており、管理する僕、いや、まさしく「営利機械」として財産に奉仕する者とならねばならぬという思想は、生活の上に冷やかな圧力をもってのしかかっている。こうした生活様式は、その起源についてみれば、近代資本主義の精神の多数の構成要素と同じく、一つ一つの根は中世にまでさかのぼるが、しかし、禁欲的プロテスタンティズムにいたって、はじめて、自己の一貫した倫理的基礎を見いだしたのである。(54)

大塚の理解とは違って、ヴェーバーは禁欲的プロテスタンティズムのエートスこそは近代官僚制を特徴づけるあの独特の意識――つまり、「管理する僕」「営利機械」として財産に奉仕する者」という意識――を産みだした「倫理的基礎」だとしているのです。禁欲的プロテスタンティズムこそが近代官僚制の精神をもたらした歴史的起源であるとするならば、そこに立ち返ろうとする努力は、「生活の上に冷やかな圧力をもってのしかかる」「鋼鉄の檻」を、さらに頑強な装置に仕立ててゆく作業以外のものではあり得ないでしょう。

大塚の理解が「プロテスタント倫理」論文の組み立てを読み違えていることは明らかです。ヴェーバー自身はニーチェの批判哲学に一定の共感を示していました。そして、キリスト教道徳が人間の本源的活力を枯渇させ、遂には近代人をニヒリズムの淵へと追い込んでゆくというニーチェの命題(55)を、他ならぬ「プロテスタント倫理」論文の組み立てに取り入れていたのです。この点が確認されるならば、『世界宗教の経済倫理』と『経済と社会』の間には、何らの食い違いもないことが判ってきます。ヴェーバーはそもそも「近代の主唱者」などではなかったのであり、ニーチェと近い地点にあって近代文明の相対化を強く意識する社会学者だったのです。この点を、日本のヴェーバー学は、そして世界のヴェーバー学も――おそらくカール・レーヴィットを唯一の例外として――長らく完全に見落としてきました[56]。

だが、大塚は自分の理解がヴェーバーのテクストにはない筋道だということを、うすうす自覚していたように思います。というのも、右にあげた論文「マックス・ヴェーバーにおける資本主義の精神」が書かれたのは、一九六四年の東京シンポジウムの翌年のことであったからです。実は大塚は、このシンポジウムで「《Betrieb》と経済的合理主義[57]」という報告をおこない、そのなかでかなりきわどい議論を展開しています。この報告を注意深く吟味してみれば判るように、大塚は自分の学問研究を支えている信条はヴェーバーのそれと異なったものでしかあり得ないことを告白していたのです。

近代ヨーロッパの文明は、宗教改革を起点として合理的な資本主義経営を地上にもたらしました。このことをヴェーバーに即して整理した大塚は、最後にこう言います。「合理的経営……を拠点とするような資本主義文化を作りだし、それを内面から推進していったところのエートスは、ヴェーバーがしばしば言っているように、じつは、人間自然の幸福感を強力に変形させるような、そうした根底的に非合理的なものを含んでいるわけです」

（傍点は大塚による）。だが、近代における徹底した合理化を可能にした非合理性は、いったい、最後にはどうなるのであろうか。「それが私のヴェーバー研究において、一つの根本的な問題」に他ならない。

ここで大塚がこだわっている非合理的なものが、キリスト教という宗教の存在であることは言うまでもありません。大塚の見るところでは、ヴェーバーは晩年の講演「職業としての学問」で語っているように、「もはや宗教的カリスマなるものは存在しえないとして、学問的無神論ともいうべきものを表白」しました。宗教的救済の約束はもはやあり得ないという「戦慄をさえ誘うようなあの厳しい言葉」に、ヴェーバーのような「達人」ならば耐えられるとしても、はたして凡人である一般の研究者が耐えられるのでしょうか。合理化が行き着いた世界においては、もはや、何らかの超越的な価値が人々を導くこともあり得なくなるのであり、「神々の闘争」と表現される諸価値の並立状態のなかで、各人は「それぞれのダイモーンに聞き従いつつザッヘ（研究対象）につく」他ない。これがヴェーバーの時代診断なのですが、それに対して大塚は、宗教におけるカリスマ的予言の働きを求めざるを得ない自らの立場を対置しています。「現代に関してはカリスマ的予言の意義を否定するかれが、それにかえてもちだしてくるダイモーンとは、いったい学問的にはなになのでしょうか。いや、それよりも、そもそもこういう現在の文化状況のもとで、「なにからなにへ」の問題意識もなしに、どうしたら、われわれに時代の意味と方向を指し示すような「文化問題」という新しいローソクがともされ、研究者たるわれわれに新しい概念装置が与えられることになるのでしょうか」。

大塚にとって、『職業としての学問』その他に表現されている最晩年のヴェーバーの学問論は、キリスト教に現れた予言的価値の作用を否定する恐るべき無神論と映りました。このような無神論は、いったい「予言者について、原始キリスト教について、宗教改革について、歴史における変革の原動力を鋭く問題としてきたかれの学問的立場と、……十分に整合的でありうるのでしょうか」。大塚は、ヴェーバーの宗教社会学と合理化論を中心とする官僚制論の間には、到底埋めることのできない理論的深淵が残されているのだ、と考えているのです。大塚はヴェーバーの学問論に、壮大な破綻としか言いようのない矛盾を見ています。

一九六四年の東京シンポジウムで語られたこの大塚の論点は、私にとってその後の研究に方向を与えてくれた有り難い出発点となりました。大塚はこの報告により、キリスト教の信仰をもつ社会科学者として、ニーチェの観点に立つヴェーバーの学問論と正面から対決したのです。私はそれに対して、むしろ、ヴェーバーにおけるニーチェ的モーメントの発掘により、彼の宗教社会学と官僚制論の間を架橋する方向へと進んでゆきました。一九六五年の「マックス・ヴェーバーにおける資本主義の精神」は、大塚がこのヴェーバーとの対決を通して、キリスト教信仰を根底において保持し続ける立場を選択したことを物語っています。大塚は、自分の解釈がヴェーバー本人の立場とは異なることを承知の上で、あえてヨーロッパ近代の起源をなす宗教改革に立ち戻り、そこで語られた宗教的予言のカリスマを永遠の課題として選択したのです[58]。

こうした緊張に満ちた大塚報告の論調を吟味してみた場合、シュヴェントカーによる東京シンポジウムの整理は、肝心の焦点を捉え損なっていると言わねばなりません。じつはシュヴェントカーも、東京シンポジウムにおける大塚報告に大きなウェイトを割いており、この報告が重要な問題提起となっていたことに注目しています。さらに、その大塚報告に対して丸山眞男が応答を試み、両者の間でヴェーバー解釈をめぐる対照的な像が描きだされたことをシュヴェントカーは正確に伝えています[59]。丸山の見解は、キリスト教信仰の立場を根底に踏まえる大塚に対して、むしろ、価値不可知論者としてのヴェーバーという立場を対置するものでした。丸山は日本の社会科学に素朴な「事実主義の信仰」が蔓延していると指摘し、これを学問における「アニミズム的伝統」と述べて論難しました。こうした「アニミズム的伝統」として丸山は俗流マルクス主義の歴史客観主義と日本化されたランケ史学――ランケと本居宣長の癒着――の方法を挙げていますが、それだけでなく、言外に大塚の立場が批判の対象になったと思われます。丸山はヴェーバーの宗教社会学も、歴史を分析的に整理する一つの理念型的構成に他ならないと見ているのであり、大塚のように、それを歴史を超越する予言的カリスマとして捉えるのは当たらない、と述べているのです。

大塚と丸山の応答は、東京シンポジウム全体のなかでも迫力に満ちた部分でした。とりわけ注目されるのは、ヴェーバーを「近代の主唱者」としてではなく、むしろ、近代批判者として問題にした点で、大塚報告は画期的な意味をもっていたと言うべきでしょう。この報告において、大塚は戦時期から戦後にかけて取っていた彼の基本的なスタンスから逸脱し、近代主義に背を向ける姿勢さえ見せたのでした。丸山の応答も、確かに大塚批判という筋道に立っていましたが、しかし、近代の持つ可能性に留保をつけるという点では大塚に同意しています。

このような変化の胎動がなぜ東京シンポジウムに現れたかを考えるとき、私たちは日米安全保障条約の改定をめぐって発生した一九六〇年の巨大な社会運動を考えないわけにはいかないでしょう。この抗議運動は、大学を中心として盛り上がり、戦後最大の政治的緊張をもたらしました。そして、大塚も丸山も、この時に政府の方針に反対する知識人として中心的な役割を担ったのでした。振り返ってみると、この運動はたまたま条約改定期に起こったというだけで説明されるべきものではなく、戦後の経済復興が終わってホブズボームのいう世界的な成長期——「黄金の六〇年代」とホブズボームが呼ぶ世界的な繁栄期(60)——が始まった、という時代的転換と関わっていました。日本の経済企画庁が毎年発行する『経済白書』は、一九五六年版のタイトルに「もはや戦後ではない」という表現を選びました。近代のもつ可能性を手放しで評価することは、もはや出来ない状況がそこに生まれていたのです。日本の知識人は、アメリカからやってくる近代化論にたいして、自分たちの考える近代化の条件はそれとは異なるのだと反論しなければならない状況が現れていたのです[61]。

この世界的な経済繁栄のなかで、社会科学は合理化の行き着く果てという問題に直面せざるを得ない。これが大塚の問題でした。近代の主唱者ではなく、近代の批判者、あるいは近代への懐疑者、というヴェーバー像が、ようやく登場したのです。しかし、大塚と丸山を両極として論じられたこの新しいヴェーバー像は、日本におけるヴェーバー研究の動向を総括する役割を担った二つの報告——住谷一彦と石田雄によるもの[62]——においてはほとんど汲み取られていませんでした。この二つの総括を読んだ者は、シュヴェントカーが要約しているように、「日本のヴェーバー研究の基本的な問題設定——すなわち、封建制から近代資本主義への移行における社会史的・精神的分析を、マックス・ヴェーバーが彼の宗教社会学と「学問論」において定式化した問題把握を手掛かりとして行うというそれ——は、東京会議でも今一度明確に表明された[63]」、という印象を受けることとなったのです。

考えてみると、大塚と丸山の両者にとり、ヴェーバーを通して近代社会を批判的に考察するという課題は、必ずしも唐突なものではなかったのです。というのも、すでに明らかにしておいたように、彼らは共に、まずは近代社会への批判者として登場していたからです。東京シンポジウムにおける大塚報告の趣旨は、大塚にとって、彼の初心に帰るものであったと言ってよいでしょう。しかし、大塚や丸山の後から社会科学の道に進んだ戦後派第一世代と言うべき住谷や石田にしてみれば、大塚や丸山がそうした出発点を抱えていたことは思ってもみない事態だったのです。

こうして東京シンポジウムは、せっかく大塚が戦時から戦後にかけての彼の課題設定から逸脱し、近代批判者としてのヴェーバーという新たな像の形成に向かったにもかかわらず、その芽を大きく育ててゆく転換点にはなりませんでした。大塚自身も、翌年の論文では、再びヨーロッパ宗教改革の予言的カリスマに自己の学問的拠点を置く方向へと復帰したのであり、近代批判者としてのヴェーバーという新たな像の構築という課題から後退してゆきました。この不発に終わった大塚の課題は後になって安藤英治によって推進されます。安藤は『プロテスタンティズムの倫理と資本主義の精神』の最初の版と一九二〇年版との精密な比較作業を行い、これによって、ヴェーバーの主題は宗教改革期の精神を称賛することにあったのではないこと、むしろ、ヴェーバーの関心は資本主義が内包する問題の批判的解明にあったことを検証しました(64)。しかし、この安藤の学問的貢献に対し、大塚は反発を示すのみでした。こうして日本のヴェーバー学は、一九六四年東京シンポジウムという絶好の機会を捉えて方向転換することができなかったのであり、さらにしばらくの間、「マルクスとヴェーバー」という古い外套にくるまれて過ごすこととなったのです。

六　結論――「マルクス・ヴェーバー問題」の新たなホリゾント

シュヴェントカーは、戦時期から戦後にかけて日本のヴェーバー学を特徴付けてきた「マルクスとヴェーバー」というテーマに着目し、このテーマに即して彼の大著を組み立てています。日本の社会科学において、「マルクスとヴェーバー」というテーマは慣用語として流通しました。「いったいどうしてこのようなことが起こったのか。マルクスとヴェーバーをもっぱら対極として読んできたわれわれ［西洋の人間］は、これについてどう考えればよいであろうか」(65)。これが日本のヴェーバー学を研究対象として選んだ際の、シュヴェントカーの設問でした。

この設問がまさしく的を射ていることは間違いありません。しかし、シュヴェントカーは戦後第一世代――とりわけ内田義彦、内田芳明、住谷一彦の三人(66)――によって設定されたこのテーマが、実は戦時期における日本帝国主義のアジア進出とシンクロナイズするものであったことを折角確認しておきながら、この重大な論点を掘り下げるにはいたりませんでした。そのためにシュヴェントカーは、日本において慣用語となっていた「マルクスとヴェーバー」をそのまま踏襲し、あたかもそれが、日本資本主義論争の直接の継承者であるかのように受け取っています。

だが、日本資本主義論争とヴェーバー学の本格化の間には、決定的な断絶関係があったことも事実です。日本資本主義論争の当事者たちは、いずれも当面する日本の政治権力にたいして、正面から対立する姿勢を隠していませんでした。しかし、一九三七年における日中戦争の開始は、総力戦体制の本格化を促しました。マルクス主義者たちの間で展開されていた論争の理論的成果がその後のヴェーバー学によって吸収されたことは確かです。その意味で、日本資本主義論争と日本ヴェーバー学の連続性を語るのは、間違いではありません。しかし、これら二つの間には、政治的にみて見逃すことのできない断絶が横たわっていました。日本のヴェーバー学は、ヴェーバーのアジア社会論から示唆を受け取ることにより、アジア諸社会の後進性を日本の先進性と対比する、という図式を精力的に展開しました。この図式はもはや日本の政治権力と正面から対決するものではなかったのであり、むしろ、結果として、日本のアジア侵略の正当性を学問的に確認するものとなりました。こうして日本の社会科学は、一九世紀的な意味における普遍科学であることを止め、国民国家の政策遂行に参加する方向へと性格を変化させたのです。日本の社会科学は、総力戦体制の下で、社会システムの全体的運行に参与する機能的一装置に組み入れられました。そのことを戦後日本のヴェーバー学は忘却し、あるいは隠蔽してきたのです。

日本ヴェーバー学の成立史にかかわるこの問題性を確認してみると、次いで、そうした特性がヴェーバー社会学そのものに孕まれている限界を継承したものであったのか否か、という今一つの重大な設問が浮かび上がってくるのを、避けるわけにはいきません。確かにヴェーバーには、政治的信条として帝国主義へと傾斜する一面があったことは否定できません。その傾向はとりわけ若い時代の彼に顕著だったのであり、フライブルク大学の教授就任に当たって語られた「国民国家と経済政策」(一八九五年)などには露骨な形で姿を現しています。しかし、ヴェーバーの全体像を描きだす作業に取り組むならば、そうした傾向が、彼による今一つの関心――とりわけ晩年になるにつれて強まっていった関心――によってバランスされるべきものであったことが判ってきます。その今一つの関心とは、この報告でとりあげたところの、近代批判者、ないし、近代への深い懐疑の持ち主、というヴェーバー像です。

ヴェーバーの場合、この西洋近代への批判的姿勢が、彼がはやくから接触していたニーチェの文献によって触発されたものであったことは、間違いありません。そのことをいち早く示唆したのが、カール・レーヴィットの『ヴェーバーとマルクス』(一九三二年)[67]でした。注意して読めば判るのですが、レーヴィットのこの著作は、すでにニーチェとヴェーバーの関わりを意識しながら書かれていました。この背後の関心は、やがて間もなく、『ニーチェの哲学――同一なるものの永遠回帰』(一九三五年)[68]となって発表されます。確かにレーヴィットも、一九三九年の「マックス・ヴェーバーとその追随者」[69]では、ヴェーバーのカリスマ的指導者像がナチズムの台頭に道を開いたことを問題化し、ヴェーバーをナチス時代の政治哲学者カール・シュミットの先駆者に他ならなかったと認定して糾弾しました[70]。しかし、レーヴィットは、第二次大戦の後になって再び近代批判者としてのヴェーバーを評価する方向に向かいます。レーヴィットは一九六四年のハイデルベルク・シンポジウムには参加しなかったのですが、同じ年に「学問による世界の魔力剝奪」を『メルクール』誌に執筆し[71]、この論文の中で、ヴェーバーとニーチェの深い関わりを論じています。

レーヴィットによる一連の先駆的作業を見てみた場合、マルクスとヴェーバーを対極に位置するものと捉えるのが西洋の一般的了解だとシュヴェントカーが述べているのは、必ずしも正確ではないことが判ります。勿論、マルクスとヴェーバーの間には見過ごすことの出来ない相違があることをレーヴィットも承知していますが、その相違――マルクスにおける疎外論とヴェーバーにおける合理化論――にもかかわらず、両者の間には近代批判という点で交わる共鳴関係があるということ、これがレーヴィットの主題でした。このレーヴィットの問題把握が、ルカーチの『歴史と階級意識』[72]から触発されるものであったことも、指摘しておかなければなりません。ルカーチはこの著作の中で、マルクス『資本論』の商品形態論とヴェーバー社会学の合理化論に資本主義批判という点で重なり合う類似性を読み取っていました。ハイデルベルク・シンポジウムでのマルクーゼ報告[73]も、一方でヴェーバーの限界を論じながら、ヴェーバーの方法には、そうした限界を突破する批判的モーメントが内包されていることをアピールしています。

レーヴィットの『ヴェーバーとマルクス』は、シュヴェントカーも指摘しているように、日本のヴェーバー学において広く受容された古典に他なりません。このテキストは、一九四九年に最初の日本語訳が出版されて以来、実に四三版を重ねました(74)。にもかかわらず、日本のヴェーバー学は、ヴェーバーからアジア社会への「軽蔑的」な評価を読み取ることに関心を集中させ、ヴェーバーの合理化論から近代批判の筋道を吸収することには熱心でありませんでした。しかし、ヴェーバー社会学が「近代の主唱者」としての立場にもとづいて構成されたのではなく、ニーチェと呼応する近代批判者の視点をベースとして構成されたことが明らかになるとすれば、それに対応して、彼のアジア社会論も、異なった筋道に即して了解し直されることとなるでしょう。少なくとも、アジア社会も西洋と同等の近代に向かう精神的根拠を内包していたのだ、と述べてヴェーバーを克服したかのように思う論者は、ヴェーバーによる近代批判の意味を理解していないとされなくてはなりません(75)。

最後に、マルクスの『経済学・哲学草稿』の第三草稿から、以下の言明を参照してこの報告を終りたいと思います。

啓蒙された国民経済学にとっては、私有財産を人間に対するたんに対象的な存在としてしか認めない重金主義や重商主義の一派は、物神崇拝者、カトリック教徒にみえる。それゆえエンゲルスは、正当にもアダム・スミスを国民経済学上のルターと名づけた。ルターが宗教、信仰を外的世界の本質として認識し、したがってカトリック的異教に対立したのと同様に、また、彼が宗教心を人間の内面的本質とすることによって、外面的な信心を否定したのと同様に、……〔スミスにおいては〕私有財産が人間そのものと合体され、そして人間そのものが私有財産の本質と認められることによって、人間の外にあって人間から独立した……富は止揚される。すなわち、この富の外在的な没思想的な対象性は止揚されるのである。ただし、このために、人間そのものは、ルターの場合には宗教の規定のなかにおかれているのと同様に、〔スミスの場合には〕私有財産の規定のなかにおかれることになる。したがって、労働をその原理とする国民経済学は、人間を承認するような外見のもとで、むしろただ、人間の否定を徹底的に遂行するものにすぎない。(76)

この一節に語られている内容が、後にヴェーバーによって語られることとなるヨーロッパ宗教改革の叙述とほとんど完全に重なり合うことを、読者は確認できるでしょう。先に引用した箇所で示したように、ヴェーバーは『プロテスタンティズムの倫理と資本主義の精神』において近代官僚制の歴史的起源について語り、その「倫理的基礎」は「禁欲的プロテスタンティズム」の職業労働観念にあると告げました。マルクスも彼の『経済学・哲学草稿』の第三草稿にいたって資本主義の精神に言及し、国民経済学が労働に与えた近代的評価について、それがもつ革命的な批判性——重金主義・重商主義批判——を認めました。

しかし、この資本主義の精神は、マルクスにおいてもヴェーバーにおいても、大塚が主張するような、危機のたびにそこに帰るべき永久革命の原理なのではありません。むしろそれは、資本主義の疎外（マルクス）あるいは近代官僚制の硬直した合理性（ヴェーバー）をもたらさずにはおかない原理なのです。若きマルクスにこの批判的観点を与えたのがフォイエルバッハであることはよく知られています。フォイエルバッハの『キリスト教の本質』（一八四一年）は、ヴェーバーにおけるニーチェの『道徳の系譜』（一八八七年）と同様に、マルクスを導いて近代資本主義の歴史性を相対化することへと道を開きました。

フォイエルバッハの疎外論は、キリスト教文明の根源にまでさかのぼってそれを相対化し、はるかにギリシャの自然観に立ち返ることを呼びかけています。[77] ヴェーバーが継承したニーチェの近代批判も、同じように、ギリシャへの立ち返りを求め、キリスト教の精神はディオニュソス的な自然の呼び声を否定することによって、存在の無視することができない根拠を無視し続けてきたのだと告発しました。[78]

二一世紀が、一七世紀いらい続いてきた西洋近代のあり方に根源的な修正を迫る時代であることはすでに明らかです。恐らく、キリスト教は近代を支えてきたその精神性の問い直しという問題に直面するのであり、新たな宗教改革に迫られることでしょう。[79]他方、宗教改革期のキリスト教を暗黙の前提としてきた近代の社会科学が、「人間を承認するような外見においてただ人間の否認を徹底的に遂行」してきたのだとすれば、このトラウマを明るみに出す作業こそは、今、私たちに課されている根本課題に他ならないのです。

残念なことに、一九七〇年代には『経済学・哲学草稿』のマルクスは否定され、『資本論』のマルクスのみがマルクスの正典として持ち上げられました。初期マルクスの疎外論は、ブルジョワ政治思想の残滓とみなされて放棄されました。[80]そうした読み方は、『経済学・哲学草稿』――とりわけその第三草稿――の批判的意味を理解しない早まった誤読に他なりません。二一世紀の社会科学は、『経済学・哲学草稿』と『プロテスタンティズムの倫理と資本主義の精神』の両者に共通する批判的観点に立ち戻り、マルクスとヴェーバーの対話を可能にするこの新たなホリゾントを基準として再構築されなければならないでしょう。

第四節で見たように、シュヴェントカーはヴェーバー社会学が今日にいう「カルチュラル・スタディーズ」の先駆であった点に注意を促し、グローバリゼーションの時代を特徴づける移民の流れや、異文化間の衝突がもたらす原理的抗争の可能性が、ヴェーバーへの関心を新たに呼び起こすようになっている、と述べています。しかし、「カルチュラル・

スタディーズ」を人口移動や文化間衝突に限定して捉えるとすれば、それは事態の一面を映し出すに過ぎないとされねばなりません。「カルチュラル・スタディーズ」は、マルクスとヴェーバーの両者に共通して見いだせるあの関心、つまり、近代の精神文化においてその起点をなした宗教改革にまでさかのぼり、この文化革命によって構築された倫理的態度こそが形式合理性としての近代官僚制をもたらしたということ（ヴェーバー）、あるいは、この文化革命によって構築された主体概念こそが人間労働を富の本質とする疎外された意識を誕生させたということ（マルクス）、この認識を中心に据えなければならないはずです。

ちなみに、『経済学・哲学草稿』第三草稿に見られるこの観点によるならば、マルクスは俗説のなかで誤って理解されているような、労働価値説の主唱者なのではなく、むしろ全く逆に、労働価値説の批判者なのです。今日までのところ、「カルチュラル・スタディーズ」の潮流には、この肝心要のポイントが欠けているように思われます。経済学批判や社会学批判が今日、文化批判と切り離されてはならないとすれば、マルクスとヴェーバーの両者が彼らの構想の中心においた宗教改革批判こそが、私たちにとって何にも増して重要な拠点だと言うべきでしょう。ヨーロッパ宗教改革によって根拠づけられた近代の意識をその歴史的根源にまでさかのぼって批判的に吟味する作業、これが二一世紀の社会科学において、中心的な課題となるのです。

註

（1）Eric Hobsbawm, *Age of Extremes. The Short Twentieth Century 1914–1991*, 1994. ホブズボーム『二〇世紀の歴史——極端な時代』上下、三省堂、一九九六年。

（2）総力戦体制については、差し当たり、山之内靖「戦時動員体制」社会経済史学会編『社会経済史学の課題と展望』有斐閣、一九九二年。山之内靖、ヴィクター・コシュマン、成田龍一編『総力戦と現代化』柏書房、一九九五年、を参照。第二次世界大戦期における日本社会の編成替えを検討したこの国際共同研究は、最近、英訳版の出版を見た。Yasushi Yamanouchi, J. Victor Koschmann, Ryūichi Narita eds., *Total War and 'Modernization'*, 1998, East Asia Program, Cornell University, Ithaca, New York.

（3）上記『総力戦と現代化』では、その転換の画期を社会システム論の登場に求めた。この論点については、さらに、山之内靖『現代社会の歴史的位相』日本評論社、一九八二年、同『システム社会の現代的位相』岩波書店、一九九六年、を参照。

（4）Edward Said, *Orientalism*, 1978. サイード『オリエンタリズム』平凡社、一九八六年。

（5）この問題については、起点としての意味をもつ次の文献だけをあげておく。Max Weber, 'Die Objektivität sozialwissenschaftlicher und sozialpolitischer Erkenntnis', 1904. in: *Gesammelte Aufsätze zur Wissenschaftslehre*, hrsg. von J. Winckelmann, 1988. ヴェーバー『社会科学の方法』講談社学術文庫、一九九四年。『社会科学と社会政策にかかわる認識の「客観性」』岩波文庫、一九九八年。

（6）論争の現状について、小森陽一「文学としての歴史／歴史としての文学」小森陽一・高橋哲哉編『ナショナル・ヒストリーを超えて』東京大学出版会、一九九八年、を参照。

（7）ドイツの社会構造史学派については、代表的には、大野英二『現代ドイツ社会史研究序説』岩波書店、一九八二年、による紹介を参照。さらに、Georg Iggers, *New Direction in European Historiography*, 1975. が邦訳されることにより、日本の研究者にも広く知られることとなった。イッガース『ヨーロッパ歴史学の新潮流』晃洋書房、一九八六年。イッガースの書物に対する書評としては、山之内靖「戦後ヨーロッパ史学のドラマをみごとに描出」『図書新聞』一九八六年三月二二日。ハーバマス（Jürgen Habermas）については、*Strukturwandel der Öffentlichkeit*, 1962. ハーバマス『公共性の構造転換』未來社、一九七三年。*Theorie des kommunikativen Handelns*, Bd.1-2, 1981. ハーバマス『コミュニケイション的行為の理論』上中下、未來社、一九八五－八七年、を初めとして彼の著作のほとんどが邦訳され、多くの読者を得ている。

（8）Ronald Dore, *City Life in Japan. A Study of a Tokyo Ward*, 1958. ドーア『都市の日本人』岩波書店、一九六二年。Dore, *Land Reform in Japan*, 1959. ドーア『日本の農地改革』岩波書店、一九六五年。Dore, *Education in Tokugawa Japan*, 1965. ドーア『江戸時代の教育』岩波書店、一九七〇年。Dore, *British Factory — Japanese Factory. The Origins of National Diversity in Industrial Relations*, 1973. ドーア『イギリスの工場・日本の工場——労資関係の比較社会学』筑摩書房、一九八七年。Thomas C. Smith, *The Agrarian Origin of Modern Japan*, 1959. スミス『近代日本の農村的起源』岩波書店、一

九七〇年。Smith, *Native Source of Japanese Industrialization, 1750–1920*, 1988. スミス『日本社会史における伝統と創造——工業化の内在的諸要因 一七五〇－一九二〇年』ミネルヴァ書房、一九九五年。

(9) Robert Bellah, *Tokugawa Religion. The Values of Pre-Industrial Japan*, 1956. ベラー『日本近代化と宗教倫理』未來社、一九六六年。

(10) 丸山眞男「ベラー『徳川時代の宗教』について」一九五八年(ベラー『日本近代化と宗教倫理』前掲、所収)。

(11) Wolfgang Schwentker, *Max Weber in Japan. Eine Untersuchung zur Wirkungsgeschichte 1905–1995*, 1998, S. 307.

(12) Schwentker, *op. cit.*

(13) Schwentker, S. 21.

(14) 丸山眞男「戦前における日本のヴェーバー研究」大塚久雄編『マックス・ヴェーバー研究』東京大学出版会、一九六五年、所収。

(15) Schwentker, S. 25.

(16) Schwentker, S. 26.

(17) Schwentker, S. 347.

(18) 総力戦時代の日本の知識人が抱えた思想的であるとともに心理的な葛藤については、代表的な発言として、竹内好「近代の超克」『近代日本思想史講座』筑摩書房、一九五九年(『近代の超克』冨山房百科文庫、一九七九年、に再録)を参照。

（19）日本資本主義論争について、比較的新しく、バランスの取れた次の書物のみを挙げておく。長岡新吉『日本資本主義論争の群像』ミネルヴァ書房、一九八四年。英語による研究としては、Germaine Hoston, *Marxism and the Crisis of Development in Prewar Japan*, 1986. および、Tessa Morris-Suzuki, *A History of Japanese Economic Thought*, 1989. テッサ・モーリス－鈴木『日本の経済思想――江戸時代から現代まで』岩波書店、一九九一年、の第三章「両大戦間期の経済論争」を参照。

（20）東京シンポジウムの記録としては、大塚久雄編『マックス・ヴェーバー研究』前掲を参照。ハイデルベルク・シンポジウムの記録としては、Otto Stammer hrsg. *Max Weber und die Soziologie heute. Verhandlungen des 15. Deutschen Soziologentages*, 1965. シュタマー編『ウェーバーと現代社会学』上下、木鐸社、一九七六・八〇年。本文中に言及したモムゼンとマルクーゼについては、W. J. Mommsen, *Max Weber und die Deutsche Politik 1890–1920*, 1959. モムゼン『マックス・ヴェーバーとドイツ政治』Ⅰ・一九九三年、Ⅱ・一九九四年、未來社。Herbert Marcuse, 'Industrialisierung und Kapitalismus,' in: Stammer hrsg., *op. cit.* マルクーゼ「産業化と資本主義」シュタマー編、前掲書、所収。ハイデルベルク・シンポジウムの中心的な論争点を整理したものとして、山之内靖『現代社会の歴史的位相』前掲、の第四章「〈ウェーバー・シンポジウム〉とマルクーゼの問題提起」、第五章「中間考察――モムゼンのウェーバー批判とアメリカ社会学」、を参照。

（21）山之内靖「戦後半世紀の社会科学と歴史認識」『歴史学研究』一九九六年一〇月号、参照。

(22) 戦時期の大塚が行ったヴェーバー研究に関し、詳細な批判的再吟味を加えたものとして、中野敏男「戦時動員と戦後啓蒙——大塚＝ヴェーバーの三〇年代からの軌跡」『思想』一九九七年一二月号。アメリカの日本思想史研究者による大塚研究として、ヴィクター・コシュマン「規律的規範としての資本主義の精神——大塚久雄の戦後思想」山之内靖、ヴィクター・コシュマン、成田龍一編『総力戦と現代化』(前掲) 所収、を参照。

(23) 「いわゆる前期的資本なる範疇について」一九三五年(『大塚久雄著作集』第三巻、岩波書店、一九六九年)。「欧州経済史序説」一九三八年(『大塚久雄著作集』第二巻、岩波書店、一九六九年)。「近代資本主義発達史における商業の地位」一九四一年(『大塚久雄著作集』第三巻、岩波書店、一九六九年)。「新興工業としての化学工業」一九三九年(『大塚久雄著作集』第六巻、岩波書店、一九六九年)。

(24) 大河内の社会政策論が総力戦状況に対応して著しい変化をたどった点については、山之内靖「参加と動員——戦時期知識人のプロフィール」一九九二年(山之内靖『システム社会の現代的位相』前掲、に採録)を参照。

詳細に吟味してみると、大河内のヴェーバーにたいする評価は『スミスとリスト』(日本評論社、一九四三年) に採録された諸論文の間でも異なりをみせている。「転換期の経済思想」(一九四〇年七月) では「理論と政策との形式論理的な区分と対立とは、長らく経済思想の伝統であったと言いうる程根深いものである。経済理論の所謂「客観性」は、現実の経済政策の問題とは関係なく独立に存在し、理論はただ現実の問題を研究上「有意味な」素材として、即ち対象として、採り上げるに過ぎないと主張される——例えばマックス・ウェーバーを見よ。従って経済理論は「無色」であり政策のために理論が役立つか否かは理論のかかわり知らぬところであると主張される」四八六頁。ここでは明らかにヴェーバーは批判の対象とされている。ところが「経済人の終焉」(一九四二年五月)では次のように言われる。「新しい経済倫理が成立するためにはマックス・ウェーバーの著名な研究が示しているように、長い宗教上の闘いと訓練とを必要とし、信仰によって仲介されることを必要としたのを以ても想像し得るであろう。……勿論、この場合、新しい経済機構の成熟が自動的に新しい職能人を生みだすと考える公式論は問題を解くための何の手掛かりともなり得ない。むしろこの点でも、ウェーバーの研究がその範を示しているように、新しい経済制度の成立に先立ってその精神的要素の成熟の持つ重要性が認められる必要がある」五四五頁(旧仮名遣いは新仮名遣いに改めた)。大河内の場合、大塚とは違って、「プロテスタント倫理」論文の邦訳に接することによって近代への評価を転換したのではなく、総力戦体制に即応して社会政策学の実践的課題を設定し直す、という作業が先行した。この組み替えの過程ではヴェーバーはまだ批判の対象であったが、彼自身のなかで社会政策学の新たなホリゾントが出来上がってみると、その内容は「プロテスタント倫理」論文によって補強されるべきものだということが自覚されたのである。

(25) 丸山眞男「政治学における国家の概念」東京帝国大学緑会雑誌、第八号、一九三六年(『丸山眞男集』第一巻、岩波書店、一九九六年)。

(26) 丸山眞男「近世儒教の発展における徂徠学の特質並びにその国学との関連」『国家学会雑誌』五四巻二・三・四・五号、一九四〇年(『丸山眞男集』第一巻、岩波書店、一九九

九六年)。「近世日本思想における「自然」と「作為」」『国家学会雑誌』五五巻七・九・一二号、五六巻八号、一九四一－四二年(『丸山眞男集』第二巻、岩波書店、一九九六年)。丸山眞男『日本政治思想史研究』東京大学出版会、一九五二年。Masao Maruyama, *Studies in the Intellectual History of Tokugawa Japan*, Princeton/N.J. 1974.

(27) 毛沢東が日本帝国主義による中国本土の侵略について言及し、この外側からの暴力とそれへの対抗運動という形式を通して、中国社会の根底からの変革に起点が与えられた、と見ていたことを想起。毛沢東「持久戦について」一九三八年、『毛沢東選集』三一書房、一九五六年。ソ連社会主義経済を戦時動員型の体制とする研究としては、Jacques Sapir, *L'économie Mobilisée. Essai sur les économies de type soviétique*, 1990. を参照。斎藤日出治は、サピールの論点を次のように要約している。サピールは「ソ連型経済の歴史的起源を、不足する物資と兵士を管理する戦時動員体制に求め、社会主義システムを《平和時にまで延長された戦時動員体制》である、と規定している」。斎藤日出治『国家を越える市民社会——動員の世紀からノマドの世紀へ』現代企画室、一九九八年、七七頁。

(28) 『近代の超克』前掲、参照。「近代の超克」の有力な一翼をなした京都学派については、現在では、それを非合理的な国体論に還元するような一面的規定では捉えきれないことが確認されている。代表的には、酒井直樹「「日本人であること」——多民族国家における国民的主体の構築の問題と田辺元の『種の論理』」『思想』一九九七年一二月号。こうした現在の認識レヴェルを考慮すれば、丸山の戦後における「近代の超克」派への批判は、「近代の超克」グループ全体を自らの立論の対極に設定しようとするあまり、やや過剰な二元論的発想に傾いていたのではないか、と疑われる。京都学派の観点には、丸山ら近代主義派と重なる側面もあった。また、大河内、大塚、丸山ら近代主義派のなかにも、総力戦が要請する国民的統合を理論的に基礎づけるという課題意識がうかがわれるのであり、その面では、京都学派との共通性も見いだせるであろう。この点については、葛西広隆「丸山真男の「日本」」、酒井直樹、ブレット・ド・バリー、伊豫谷登士翁編著『ナショナリティの脱構築』柏書房、一九九六年、を参照。なお、「近代の超克」をめぐり、最近ドイツから次の研究書が刊行されている。Detlef Bauer, *Die Transmoderne. Eine kulturkritische Diskussion im Japan der Kriegszeit*, 1995.

(29) 本稿で取り上げた大塚、大河内、丸山の三人は、当時、ともに東京帝国大学に所属する若手の研究者であった。一九三七-三八年を中心においてみたとき、彼らの身辺でどのような事件が起こっていたのであろうか。総力戦下の思想動員に関わるその前後の出来事を整理しておこう。[一九三二年]=一九三二年五月-一九三三年九月『日本資本主義発達史講座』岩波書店、刊行。日本資本主義論争開始。[一九三三年]=京都帝国大学滝川事件。京大教授滝川幸辰の『刑法読本』が内務省により発禁処分とされたことをうけ、文部省は滝川の辞任を要求。これに抗議して、滝川、佐々木惣一、末川博他七名の教授、四名の助教授、講師ら八名が辞任。[一九三四年]=一〇月、陸軍パンフレット『国防の本義とその強化の提唱』発表。[一九三五年]=天皇機関説をめぐり、右派の国体明徴論者は東京帝国大学法学部教授で貴族院議員であった憲法学者、美濃部達吉への非難・攻撃を集中。美濃部の貴族院議員辞任と『逐条憲法精義』その他の著作の発行禁止。［一九三六年］＝二・二六事件。青年将校によるクーデター事件と彼らによる内大臣斎藤実、蔵相高橋是清、軍部の教育総監渡辺錠太郎らの暗殺。七月一〇日、コム・アカデミー事件により、元経済学部助教授山田盛太郎らの検挙。七月、『日本資本主義分析』発売停止。［一九三七年］＝七月、蘆溝橋事件、日中戦争開始。一二月四日、経済学部の矢内原忠雄、反戦筆禍事件で辞表提出。一一月、京都『世界文化』系の人民戦線派（中井正一、久野収ら）検挙。一二月、第一次人民戦線事件（日本無産党、日本労農組合全国評議会の二団体に結社禁止措置）。［一九三八年］＝二月一日、第二次人民戦線事件。経済学部では、大内兵衛、有沢広巳、脇村義太郎らの検挙。六月、国家総動員法成立。一〇月、経済学部教授、河合栄治郎の諸著作――『ファッシズム批判』『時局と自由主義』等――発行禁止。［一九三九年］＝一月、平賀粛学により、河合に対する休職命令。平賀粛学により辞任した本位田祥男の後任として、大塚久雄、法政大学から経済学部に移籍。二月、昭和研究会労働問題研究会発足。大河内一男、創立メンバーとして参加。

梶山力による『プロテスタンティズムの倫理と資本主義の精神』の邦訳は、一九三八年五月（有斐閣）に、細谷徳三郎による『儒教と道教』の邦訳は一九四〇年一〇月（弘文堂）に刊行されている。この時間的な関連に注目しなければならない。なお、大河内一男が当時を振り返って次のように語っていることに注意。「思想統制の深刻さの点では、太平洋戦争中よりも、かえって昭和一二年（一九三七年）から一六年（一九四一年）のあいだが、いちばん激しかったと私は思っています。……日華事変が勃発してから太平洋戦争が起こるまでの数年間が中心の時期だったような感じがする。……太平洋戦争の時期は……戦争を一歩前進させるためには、むしろどんな思想でもかまわない、利用できるものはいっさい戦争目的にあげて総動員する。ある意味の合理主義をとりこまないと、戦争の遂行そのものができなくなると考えるようにすらなりつつあった」。大河内一男『社会政策四十年――追憶と意見』東京大学出版会、一九七〇年、八七頁。ここでは、総力戦体制下において国家による思想動員が遂行されるプロセスが語られているのであるが、その頂点が一九三七年から一九四一年までであったことが確認されている。他方で我々は、国家による思想動員を経過するなかで、日本の社会科学そのものに変質が生じ、それが「利用できるものはいっさい戦争目的にあげて総動員」しようとする国家意図に対応するものへと歴史的な変貌を遂げた、という事態を読み取るべきである。日本のヴェーバー学は、まさしく、この歴史的な変質と対応して誕生したのである。

なお、日本のファシズムがいつ確立したかについては、満州事変（一九三一年）を画期とする江口圭一（『日本帝国主義史論』青木書店、一九七五年）にたいし、粟屋憲太郎が異論を述べている。粟屋によれば、満州事変による国粋主義の高揚にもかかわらず、他方ではなお、民衆の間に厭戦から反戦にいたる社会的条件が残されていた。「いまだ反戦運動・階級的社会運動が公然と存在しているなかでは、以後の状況の進展によっては、事態の転換の可能性がまったくなかったわけではない。それゆえ、ファッショ化推進勢力にとっては、民衆の厭戦・反戦意識が組織的運動へと発展することを封鎖し、さまざまなルートをつうじる民衆の統制と組織化によって、日常生活レベルで、民衆意識の強制的画一化を達成することが最大の課題であった」(『十五年戦争期の政治と社会』大月書店、一九九五年、一〇五頁)。粟屋は画期を日中戦争の開始(一九三七年)においていると思われる(同書、一八〇頁)。大河内の認識はこの粟屋の時期区分に照応している。日本の社会科学にとっても、総動員体制への組み込みの画期は日中戦争の開始にあったと見るべきであろう。

(30) 思想の科学研究会編『共同研究・転向』上中下、平凡社、一九五九―六二年。藤田省三『転向の思想的研究』岩波書店、一九七五年、を参照。この優れた共同研究は、いまなお、転向問題研究の出発点である。しかし、この共同研究では、日本の思想状況が他の諸国、とりわけアメリカやイギリス、あるいはフランスといった反ファシズム陣営の諸社会で進行した同時代的現象と切り離されているのであり、日本に特殊な事態であるかのような印象を与えている。今日では、総力戦体制が全世界的な現象であったことに留意した再吟味が必要とされるであろう。その場合、社会科学が社会システムの機能的運行に組み込まれるという契機にそくした再検討が、要点の一つとなる。『共同研究・転向』を対象とする最新の研究として、佐藤卓己「思想の科学研究会編『共同研究・転向』」筒井清忠編『日本の歴史社会学』岩波書店、一九九九年、を参照。

(31) Harry Harootunian, 'Overcome by Modernity. Fantasizing Everyday Life and the Discourse of the Social in Interwar Japan,' *Parallax* 2, 1996. H・ハルトゥーニアン「近代による超克――両大戦間期におけるファンタジー化される日常生活と社会体についての言説」『思想』一九九七年一二月号。

(32) 雑誌『文學界』が主催した「近代の超克」座談会(一九四二年九・一〇月号)でも、論者の見解は実際には多様であり、決して日本的伝統に回帰する方向が支配していたわけではない(『近代の超克』前掲)。とりわけ、科学史家の下村寅太郎のケースは、近代を超えて超近代に向かう志向を示している点で、日本回帰とは無縁であった。桜井哲夫はいちはやく下村の発言に注目し、同時代の「フランスのテクノクラートたちの思考とふれあうところも多い」と指摘している(桜井哲夫『「近代」の意味——制度としての学校・工場』NHKブックス、一九八四年、一七六頁)。下村については私も言及する機会があった。山之内靖「参加と動員」前掲、を参照。

(33) 丸山眞男『現代政治の思想と行動』未來社、初版、上・一九五六年、下・一九五七年。増補版、一九六四年。Masao Maruyama, *Thought and Behaviour in Modern Japanese Politics*, 1963, London.

(34) ヒルファーディングはこう述べている。マルクス主義に立脚する経済学は、それが法則科学である場合はもとより、政策学=規範学である場合においても、価値判断とは関わりのない客観的な因果性の追求である。だから、マルクス主義の経済学は階級意志の主体的表現である社会主義と混同されてはならない。「マルクス主義のただしさにたいする洞察(それは社会主義の必然性にたいする洞察もふくむ)は、けっして価値判断の所産でもなければ、実践的態度にたいする指示でもない。というのは、ある必然性を認識するということと、この必然性につかえるということとは、ちがっているからである。だから、社会主義の終極の勝利を確信しながら、しかも、これと抗争するということも、おおいに、ありうることである」。「マルクス主義は、いっさいの科学がその結論の客観的な普遍妥当性にたいしてもつ要請を、あくまでも主張するものである」。Rudolf Hilferding, *Das Finanz Kapital. Eine Studie über die jüngste Entwicklung des Kapitalismus*, 1910. ヒルファーディング『金融資本論』大月書店、一九五二年。「原著者序文」。

(35) 社会科学におけるシステム論の登場は、近代の社会科学から現代の社会科学への転換を告げる画期であった。この点に関連した研究として、山之内靖『現代社会の歴史的位相』前掲。同『システム社会の現代的位相』前掲。同「システム社会の形成と「ゆらぎ」」立命館大学人文科学研究所編『戦後五〇年をどうみるか』下、人文書院、一九九八年、を参照。一時は近代化論との一面的な同一視により、パーソンズ理論はいとも簡単に捨て去られたかに見えたが、近年、その意味を再評価しようとする動向が活発化している。Ronald Robertson and Bryan S. Turner eds., *Talcott Parsons. Theorist of Modernity*, 1991. 邦訳『近代性の理論——パーソンズの射程』恒星社厚生閣、一九九五年。高城和義『パーソンズとアメリカ知識社会』岩波書店、一九九二年。佐藤勉編『コミュニケーションと社会システム——パーソンズ・ハーバーマス・ルーマン』恒星社厚生閣、一九九七年。アレグザンダーによるパーソンズ復興の試みについては、鈴木健之『社会学者のアメリカ——機能主義からネオ機能主義へ』恒星社厚生閣、一九九七年、を参照。

(36) 丸山の発言のなかに、ポストモダンへの洞察を見いだしうるという点については、笹倉秀夫「複合的な思考——丸山眞男の場合」大阪市立大学『法学雑誌』四三巻一号、一九九六年八月、を参照。なお、丸山の中にニーチェ的なモーメントを読み取ることができる、と示唆する次の箇所をも参照。笹倉『丸山眞男論ノート』みすず書房、一九八八年、一〇八頁。
(37) Schwentker, S. 351.
(38) Schwentker, S. 326.
(39) この問題に関わるシュヴェントカーの記述は、シンガポールを中心とする華僑系中国人の論点に集中している。だが、中国本土においても儒教思想の現代的再生をめぐって論議が展開されている。この点については、福島仁「現代新儒家思想研究の問題点——新理学研究序説」フェリス女学院大学『国際交流研究』創刊号、一九九九年三月、を参照。
(40) Schwentker, S. 327.『フォーリン・アフェアーズ』誌に掲載された次の論争を参照。'A Conversation with Lee Kuan Yew,' *Foreign Affairs*, March/April 1994. Kim Dae-jung, 'Is Culture Destiny?,' *Foreign Affairs*, November/December 1994. リー・クアンユー「文化は宿命である」、金大中「リー・クアンユーへの反論。文化ではなく、民主主義こそ宿命である」『アジア・成功への課題』中央公論社、一九九五年。
(41) Schwentker, S. 331.
(42) Schwentker, S. 330.
(43)「カルチュラル・スタディーズ」『思想』一九九六年一月号。「カルチュラル・スタディーズ」『現代思想』一九九六年三月号。
(44) Samuel P. Huntington, *The clash of civilizations and the remaking of world order*, 1997. ハンチントン『文明の衝突』集英社、一九九八年。

(45) 藤岡信勝『近現代史教育の改革——善玉悪玉史観を超えて』明治図書、一九九六年。
(46) 社会科学と文化問題の相互浸透という観点については、今日、多くの議論が提示されているが、その先駆的作業としては先ずブルデューを挙げるべきであろう。P. Bourdieu & J. C. Passeron, *Les héritiers*, 1964. 邦訳『再生産』藤原書店、一九七〇年。宮島喬『文化的再生産の社会学——ブルデュー理論からの展開』藤原書店、一九九四年。この観点を現代社会の対抗的集合行為(いわゆる「新しい社会運動」)の分析に適用したアプローチとして、Alberto Melucci, *Nomads of the Present. Social Movements and Individual Needs in Contemporary Society*, 1989. メルッチ『現在に生きる遊牧民——新しい公共空間の創出に向けて』岩波書店、一九九七年、を挙げておく。
(47) Pierre Bourdieu, 'Legitimation and Structured Interests in Weber's Sociology of Religion,' in: Scott Lash and Sam Whimster eds., *Max Weber, Rationality and Modernity*, 1987.; Pierre Bourdieu, *Le sens pratique*, 1980. ブルデュー『実践感覚』上下、みすず書房、一九八八年。ブルデューはこう述べている。「マックス・ヴェーバーをたびたび読むことが私にとって一般化された唯物論に近づくことに大いに役立ったと言っておかなければならない。ヴェーバーは巷間に信じられるように唯心論的歴史理論をマルクスに対置するどころか、マルクス主義的唯物論が事実上唯心論に委ねている諸領域に関する唯物論的思考様式を提供したのである」。『実践感覚』「序文」二八―二九頁。
(48) Schwentker, S. 48.
(49) ヴェーバー・ルネッサンスについては、差し当たり、Lash & Whimster, eds., *Max*

Weber, Rationality and Modernity, op. cit. を参照。今日ではヴェーバーについて、官僚制の「鋼鉄の檻」という描写によって、近代についてあまりにもペシミスティックな評価に陥った論者、と見る観点がむしろ一般化している。次の論集は、ヴェーバーをその窮状から救出しようとする試みである。Larry J. and Michel Reed eds., *Organizing Modernity. New Weberian Perspective on Work, Organization and Society*, 1994.

（50） Yasushi Yamanouchi, 'Friedrich Nietzsche und Max Weber als Geschichtssoziologen,' in: Mommsen/Schwentker hrsg., *Max Weber und das moderne Japan*, forthcoming.

（51） Schwentker, S. 334.

（52） Schwentker, S. 336.

（53） 大塚久雄「マックス・ヴェーバーにおける資本主義の精神」一九六五年（『大塚久雄著作集』第八巻、岩波書店、一九六九年）。

（54） Max Weber, 'Die protestantische Ethik und der Geist des Kapitalismus,' 1904–5, in: *Gesammelte Aufsätze zur Religionssoziologie*, 1, 1988, S. 189f. ヴェーバー『プロテスタンティズムの倫理と資本主義の精神』岩波文庫、一九八九年、三三九頁。

（55） ニーチェとヴェーバーの関係については、山之内靖『ニーチェとヴェーバー』未來社、一九九三年、を参照。

（56） 最近では、次の諸研究が現れており、そうした限界はすでに突破されている。Lash and Whimster, *op. cit.*; Robert Eden, *Political Leadership and Nihilism. A Study of Weber and Nietzsche*, 1983; Wilhelm Hennis, *Max Webers Fragestellung. Studien zur*

Biographie des Werks, 1987. ヘニス『マックス・ヴェーバーの問題設定』恒星社厚生閣、一九九一年；Laurence A. Scaff, *Fleeing from the Iron. Culture, Politics, and Modernity in the Thought of Max Weber*, 1989; Detlev Peukert, *Max Webers Diagnose der Moderne*, 1989. ポイカート『ウェーバー　近代への診断』名古屋大学出版会、一九九四年；W. J. Mommsen und W. Schwentker hrsg, *Max Weber und seine Zeitgenossen*. 1988. モムゼン＝シュヴェントカー編『マックス・ヴェーバーとその同時代人群像』ミネルヴァ書房、一九九四年；Asher Horowitz and Terry Maley eds., *The Barbarism of Reason. Max Weber and the Twilight of Enlightenment*, 1994; David Owen, *Maturity and Modernity. Nietzsche, Weber, Foucault and the ambivalence of reason*, 1994. とりわけ、最近になって発表されたターナーの一連のヴェーバー論は、ニーチェ＝ヴェーバー関係を中心に据えている。Georg Stauth and Bryan S. Turner, *Nietzsche's Dance, Resentment, Reciprocity and Resistance in Social Life*, 1988; Bryan S. Turner, *Max Weber. from history to modernity*, 1992; Bryan S. Turner, *For Weber. Essays on the Sociology of Fate*, 1996. 日本語による研究書としては、山之内靖『ニーチェとヴェーバー』前掲、同『マックス・ヴェーバー入門』岩波新書、一九九七年。前川輝光『マックス・ヴェーバーとインド』未來社、一九九二年。大林信治『マックス・ウェーバーと同時代人たち』岩波書店、一九九三年。川上周三『攻撃衝動の社会学——ニーチェ・ヴェーバー・タイセン』勁草書房、一九九六年。樋口辰雄『逆説の歴史社会学——ニーチェとヴェーバー』尚学社、一九九八年。

(57) 大塚「《Betrieb》と経済的合理主義」大塚編『マックス・ヴェーバー研究』前掲、所収。

(58) 一九九六年の歴史学を回顧した近藤和彦の「歴史理論」（『史学雑誌』一九九七年五月）は、この年に現れた注目すべき諸発言の意味を捉え、そこに底流しているものを「戦後史学への最終的な告別／埋葬」の記録であった、としている。拙著『システム社会の現代的位相』（前掲）もそうした記録の一つに数えられているのであるが、ヴェーバー社会学の解釈をめぐる「告別／埋葬」の意味については、近藤に誤認がある。近藤によれば「大塚的ウェーバーで看過されていた近代の深淵、必然的な化石化というモメントは、いまさら山之内に強調されるまでもなく、一九六四年（ヴェーバー生誕百年）の前後から『支配の社会学』や『宗教社会学』を熱心に読んだ者には問題意識の前提だったような気がする」。この近藤の発言は、第一に、本文中に紹介しておいたように、大塚本人が「近代の化石化、深淵」を当時強く意識していたことを見過ごしている。第二に、戦後のヴェーバー社会学研究に対する「最終的な告別／埋葬」と言う場合、問題の本質は「近代の化石化、深淵」の起点を宗教改革期の倫理的規範とそれに由来する禁欲的職業労働のエートス自体にまで遡らせるか否かということ、この一点にかかっているとされねばならない。にもかかわらず、近藤はこの肝心のポイントを理解していない。言うまでもなく、この第二の論点こそは、ニーチェ＝ヴェーバー関係の認否を決定づける焦点なのである。

(59) Schwentker, S. 302f.

(60) ホブズボーム、前掲邦訳、一四頁。

(61) この点については、石田雄『社会科学再考——敗戦から半世紀の同時代史』東京大学出版会、一九九五年、に収められた第三章「近代西欧像の変化」を参照。

(62) 住谷一彦「総括一、日本におけるヴェーバー研究の動向」、石田雄「総括二、現代日本におけるマックス・ヴェーバー」。ともに、大塚編『マックス・ヴェーバー研究』前掲、所収。

(63) Schwentker, S. 303.

(64) この点については、マックス・ヴェーバー『プロテスタンティズムの倫理と資本主義の精神』梶山力訳、安藤英治編、未來社、一九九四年、に収録されている「編者あとがき」を参照。

(65) Schwentker, S. 26.

(66) 内田義彦『日本資本主義の思想像』岩波書店、一九六七年。内田芳明『ヴェーバーとマルクス——日本社会科学の思想構造』岩波書店、一九七二年。住谷一彦「総括一、日本におけるヴェーバー研究の動向」前掲。

(67) Karl Löwith, Max Weber und Karl Marx, *Archiv für Sozialwissenschaft und Sozialpolitik*, Bd. 67, 1932. 邦訳『ウェーバーとマルクス』弘文堂、初版、一九四九年。現行版初版、未來社、一九六六年。一九二三年の学位論文で「ニーチェの自己解釈およびニーチェの解釈に関する解題」というテーマを選んでいたことからも明らかなように、Max Weber und Karl Marx を執筆するに当たってレーヴィットはニーチェの影響を強く受けていたのであり、そうした関心との関わりでハイデガーに深い共感を覚えていた。この点については、最新の英語版(*Max Weber and Karl Marx*, 1993, Routledge)に付された

Bryan S. Turner の Introduction を参照。なお、カール・レーヴィットに関する近刊の著作の一部となるはずの次の論稿を、私はたまたま本人から送付される機会を得た。Enrico Donaggio, *Zwischen Nietzsche und Heidegger. Karl Löwiths anthropologische Philosophie des faktischen Lebens*, 1999.

（68） Karl Löwith, *Nietzsches Philosophie der ewigen Wiederkehr des Gleichen*, 1935. 邦訳『ニーチェの哲学』岩波書店、一九六〇年。

（69） Karl Löwith, 'Max Weber und seine Nachfolger', *Maß und Wert* 3, 1937.

（70） Schwentker, S. 117.

（71） Karl Löwith, 'Die Entzauberung der Welt durch Wissenschaft. Zu Max Webers 100 Geburtstag', 1964.「学問による世界の魔力剝奪」上村忠男・山之内靖訳『学問とわれわれの時代の運命』未來社、一九八九年。

（72） Georg Lukacs, *Geschichte und Klassenbewußtsein*, 1923.「歴史と階級意識」『ルカーチ著作集』第九巻、白水社、一九六八年。

（73） Herbert Marcuse, 'Industrialisierung und Kapitalismus', in: Otto Stammer hrsg., *Max Weber und die Soziologie heute*, *op. cit.* 邦訳「産業化と資本主義」『ウェーバーと現代社会学』下、前掲。ルカーチ『歴史と階級意識』およびマルクーゼ「産業化と資本主義」の意味については、山之内靖『現代社会の歴史的位相』前掲、の分析を参照。

（74） Schwentker, S. 111.

（75） そうした立場からするヴェーバー批判として、ピエール＝エティエンヌ・ヴィル「近

代中国と中国学」『思想』一九九六年七月号、を参照。

(76) Karl Marx, 'Ökonomisch-philosophische Manuskripte aus dem Jahre 1844', in: *Karl Marx und Friedrich Engels Werke, Ergänzungsband*, 1968. S. 530f. 邦訳『経済学・哲学草稿』岩波書店、一九六四年、一一九－一二一頁。

(77) フォイエルバッハの疎外論とその意味については、山之内靖「初期マルクスの市民社会像」『現代思想』一九七七年三－五月号、を参照。

(78) ニーチェの意識の現象学と、それが意味している新たな倫理学については、山之内靖『ニーチェとヴェーバー』前掲、の第二章「歴史学的形象の呪力剝奪」第二節「不確実性と生の倫理学的根拠づけ」を参照。

(79) キリスト教が直面している新たな宗教改革がいかなるものであるかは、富坂キリスト教センター編『エコロジーとキリスト教』新教出版社、一九九三年、を参照。なかでも、神学体系の根源にまでさかのぼって問題を探究した論稿として、武田武長「自然との共生――神の国の道備え」をみよ。

(80) 海外ではアルチュセールの一連の著作、とりわけ、Louis Althusser, *Pour Marx*, 1965.『甦るマルクス』人文書院、一九六八年。Étienne Baliber との共著、*Lire le Capital*, Tome 1, Tome 2, 1968.『資本論を読む』合同出版、一九七四年、が、日本では廣松渉の諸著作、例えば『マルクス主義の地平』勁草書房、一九六九年、『マルクス主義の成立過程』至誠堂、一九七四年、『マルクス主義の理路』勁草書房、一九七四年、がこうした潮流を作りだした。

第7章　一九三〇年代と社会哲学の危機

一　社会哲学の危機と「マルクス・ヴェーバー」問題

一九三〇年代初頭のヨーロッパ社会哲学を見ると、そこに深刻な危機意識が広がっていたことが判る。第一次世界大戦、ロシア社会主義革命、一九二九年世界恐慌、ファシズムの台頭、といった状況がその背景となった。

そうした危機意識の出発点となったのはルカーチ『歴史と階級意識』（一九二三年）であった。『歴史と階級意識』により、「マルクス・ヴェーバー」問題は、近代社会の登場いらい社会科学にその基準をしめしてきた社会哲学の危機――ここで社会哲学と言った場合、主として、イギリス功利主義系譜の社会哲学（代表はヒューム、スミス、ベンサム、J・S・ミル）およびドイツ観念論系譜の社会哲学（代表はヘーゲル、歴史学派、新カント派）を念頭に置いている――を鋭く表現する焦点となって立ち現れた。カール・レーヴィット『ヴェーバーとマルクス』（一九三二年）[1]は、ルカーチによって発端を与えられたこの動向を代表する著作であった。

この著作は単に「マルクス・ヴェーバー」両者の方法を比較検討するという特殊テーマに視野を限定して書かれたのではないということ、この点が銘記されねばならない。不幸なことにこの名著は、今日まで読者の側の視野狭窄のために、その真の価値に即して読まれることは稀であった。しかしそれは、実際には、一九三〇年代初頭におけるヨーロッパ社会哲学の動向とその危機を総括する立場に立って書かれたのであった。こうした総括的観点に立って見た場合、「マルクス・ヴェーバー」問題こそは当面の中心テーマとならねばならない。このメッセージをレーヴィットは世界に向かって提示したのである。そのことは、『ヴェーバーとマルクス』が参照している著作や論文のテーマとその広がりを吟味することによって——とりわけ註に現れる論争的姿勢によって[2]——明らかとなるであろう。

レーヴィットのこの著作は、まずマックス・ヴェーバーの諸著作を貫く理論的志向を子細に検証し、それが啓蒙主義的近代に特徴的な科学論への決定的な批判であったことを確認している。ヴェーバーは近代の彼方に明るい進化の方向を予定するいかなる展望にたいしても、これを特定の価値観念に基づく一面的認識とし、それへの安易な同調を拒絶した。ヴェーバーの方法に関する理解をめぐってこの著作が当時のさまざまな潮流と激しく対立したのはそのためである。同時代人のなかでは、ヴェーバーをいまだに歴史学派ないし新カント派に所属するものとする了解がなお一般的であった。レーヴィットの主張はそうした一般的了解に対する正面からの批判とならずにはいなかった。ついでレーヴィットはマルクスの吟味に進み、マルクスの諸著作を啓蒙主義的近代の水準からしか理解しようとしないマルクス解釈者たちと激しい論争を交わしている。この一連の作業に当たってレーヴィットが主たる参照枠組みとしたのは、ヨーロッパ近代とその自己評価をなす啓蒙主義に対して破壊的な揺さぶりをかけたニーチェの諸作品であった。

このレーヴィットの著作は、日本においても広く受容された。とくに戦後まもなくその邦訳が出版されたことにより、日本の読者から熱い共感をもって支持されたはずであった。にもかかわらず、日本のヴェーバー研究のなかでレーヴィットのこの著作をその本来のテーマに即して受け止める兆候は、これまでほとんど存在しなかった。それは、日本におけるヴェーバー研究の主流を担ったいわゆる市民社会派において理論的基調をなしたのが、啓蒙主義的近代の社会哲学だったからである。レーヴィットがこの著作において何度も明記しているにもかかわらず、また、彼がその生涯の諸作品において一貫して告知しているにもかかわらず——とりわけ『ニーチェの哲学』(一九三五年)、『ヘーゲルからニーチェへ。一九世紀の思想における革命的決裂。マルクスとキェルケゴール』(一九三九年)、「学問による世界の魔力剝奪」(一九六四年)——、市民社会派はレーヴィットにみられるニーチェ的基調に盲目であり続けた。そして、ヴェーバーその人にも投影しているニーチェ的モーメントと取り組む作業を頑に拒み続けてきた。今日、このような偏りがなお維持され続けているのは、不当な怠慢というよりも、むしろ、不思議な光景である。こうした不思議な光景は、いついかなる事情で成立したのか。何故にレーヴィット本人の強調点がこうも頑に無視され続けたのか。この問いはそれ自体として日本の社会科学の質を問う基礎作業となるであろう。

二　戦時期日本の社会科学と「マルクス・ヴェーバー」問題

日本においても、一九三〇年代の半ばまでは、ルカーチとレーヴィットによって代表される動向と共振しうる関心が広く共有されていた。『日本資本主義発達史講座』刊行（一九三二―一九三三年）とそれを契機とする日本資本主義論争はその土壌となった。この時点こそは、後に市民社会派と総称される人々が若き研究者として社会科学の扉を叩いた時代であった。大塚久雄「いわゆる前期的資本なる範疇について」（一九三五年）、大河内一男『独逸社会政策思想史』（一九三六年）、丸山眞男「政治学における国家の概念」（一九三六年）はこの時代を代表する作品である。これらの作品はいずれも近代資本主義がもたらす問題性を鋭く摘出する立場をとっており、当面する時代の難局を切り開くためには、ヨーロッパ近代に始まる社会システム（＝資本主義）について、その根源に溯る批判が不可避であることを自覚していた。

代表的には丸山の次の発言が挙げられる。「ファシズムのイデオローグたちは自由主義民主主義を排撃するときにしばしばこの上に「ブルジョワ的」という形容詞を冠する。しかし、今日は市民階級自体がもはや自由主義の担い手たることをやめて「全体主義」の陣営に赴いている時代である。一九世紀においてブルジョワ自由主義を語るのはよい。二〇世紀においてなおそれを語るのは無知にあらずんば欺瞞である」。「ファシズムは市民社会の本来的な傾向の究極にまで発展したものである」[3]。

しかし、ほぼ一九三七年（七月、日中戦争開始。一九三八年六月、国家総動員法成立）を境として日本資本主義論争を特徴づけていた近代資本主義批判の言説は潮の引くように減退していった。日本の社会科学をリードする市民社会派の潮流が形成されるのは、まさしく、この言説上の転調と軌を一にしていた。この点は、長らくの間、意識的あるいは無意識的に忘却ないし隠蔽されてきたのであり、注意を要する。住谷一彦「日本におけるヴェーバー研究の動向」[4]がその代表例であるが、戦後において市民社会派に属する研究者たちが抱いた自己認識においては、市民社会派は日本資本主義論争の直系の継承者であり、とりわけ、その講座派系譜の遺産相続人だとされた。この認識は一面において妥当するとしても、他の重要な一面を欠落させるという犠牲をはらうことによって始めて成り立つものであった。市民社会派は、いわば、日本資本主義論争からの第一次的転向の結果として形成されたのであるが、戦後市民社会派の自己認識においては、この問題点は意識の外に置かれてきた。大塚「新興工業としての化学工業」（一九三九年）、同「近代資本主義発達史における商業の地位」（一九四一年）、丸山「近世儒教の発展における徂徠学の特質並びにその国学との関連」（一九四〇年）、同「近世日本思想における「自然」と「作為」」（一九四一－四二年）、大河内『戦時社会政策論』（一九四〇年）、同『スミスとリスト』（一九四三年）は、この転調を物語る代表的な作品である。

例えば大塚は、「新興工業」においてこう述べている。満州事変（一九三一年）以後、明治いらいの財閥の外側に、技術者型の革新的企業が続出しはじめたことは注目に値する。旧財閥と新興財閥の性格類型の相違を強調しながら、大塚はこの違いについてマックス・ヴェーバーが『プロテスタンティズムの倫理と資本主義の精神』においてしめした「問屋制商業資本（大企業）と産業資本（中小企業）のタイプの相違に類似している」とした。ここでは、ヴェーバーの論点は軍需インフレの下で生産力拡充へと向かう日本社会の分析へと、無批判的に重ね合わせられている。ここで無批判的というのは、ヴェーバーにあっては国家権力の庇護を受けることなしに、あるいは、国家権力の庇護を拒否して台頭してくると描写されていたタイプが、「国策産業」である新興工業のタイプと「類似している」と規定されているからである(5)。

大河内は『スミスとリスト』でこう発言している。「経済統制の理想はそれが一つの秩序として、統制経済体制として、摩擦なき循環の方式を見いだす状態を創りだすことであり、また、この状態の下において各人がその経済生活において統制をもはや統制と感じないような状態を創りだすことにある」。「経済倫理が新しく求められているという場合、それはこの戦時経済秩序の確立という国民経済の基本的課題を離れては存在し得ないのである。戦時経済を一つの秩序として確立し、これまでの経済組織をそれに適合せしめるには、大なり少なりの強制や勧説が不可避であるが、何よりも求められているのは経済生活それ自身の内部から湧きあがる積極的な経済生活の心情である」。「新しい経済倫理が決して飛躍的な形で獲得されるものでないことは、例えばかの「経済人」の経済倫理が成立するためにはマックス・ヴェーバーの著名な研究が示しているように、長い宗教上の闘いと訓練を必要とし、信仰によって仲介されることを必要としたのをもっても想像し得るであろう(6)」。

大塚においても大河内においても、資本主義システムをそのものとして批判的に吟味するという初発のテーマは失われている。資本主義について、それが発生期において宗教改革によるエートス転換を必要としたことが指摘され、その事実が当面する難局を突破するためにも参照されなければならない、とされている。ここに見られるのは、近代資本主義批判ではもはやない。提起されているのは、近代資本主義の初発のエートスこそは伝統社会から近代社会が脱出する際に不可欠なモーメントだったということである。しかも、大塚においても大河内においても、戦時経済体制の合理的形成に向かうためには、かつてのプロテスタンティズムが果したそれと対応する企業家精神の展開、あるいは戦時経済統制を自らの内的要請として受け止める主体変革が必要だ、とされている。丸山の『日本政治思想史研究』に収められた諸論文においても、マックス・ヴェーバーはヘーゲルとともに方法的な基準として参照され、中国朱子学にたいする徂徠学の進歩的性格が摘出されている。「ファシズムは市民社会の本来的な傾向の究極にまで発展したものである」という規定は、上記の諸論文を含む『日本政治思想史研究』では主題としての位置から外されている。

日本の社会科学は、ヴェーバー社会学との接触により、あらためてヨーロッパ近代社会の成立に占める精神的変革の巨大な意味へと目を開かされることとなった。アジアの諸社会ばかりではなく、明治いらいの日本近代社会も、その身に伝統社会由来の身分的ピエテート（恭順感情）を帯びていること、対内道徳と対外道徳の二重性という狭隘な共同態意識に深く制約されていること、市民的普遍性の意識に欠けること、等々の問題を残していることが、深刻な課題として自覚されるようになった。『プロテスタンティズムの倫理と資本主義の精神』邦訳（一九三八年五月）、『儒教と道教』邦訳（一九四〇年一〇月）は、近代的職業人の形成とそれに対応する制度変革（とりわけ法制度、裁判制度の変革）がもつ歴史的意味を日本の学会に広く認知させることとなった。川島武宜の法社会学研究、仁井田陸の中国法制度史研究はこの刺激のもとで展開された。日本の社会科学は、ヴェーバー社会学との接触により、アジア的伝統性からの脱却という課題に向かって新しいテーマを発見していったのである。

しかし、アジア的伝統性からの脱却という課題が、第一に、日本の戦時体制創出という課題と結びついており、そこにおける合理的精神の必要性というテーマと深く関わっていたこと（風早八十二、大塚久雄、大河内一男、等）、第二に、アジア諸社会、とりわけ中国社会に対する日本の相対的な先進性というテーマと深く関わっていたこと（中江丑吉、仁井田陞、丸山眞男、等）、という二点は見逃すことができない。日本におけるヴェーバー社会学の本格的導入は、日中戦争開始（一九三七年）を境として本格化した総力戦体制と時を同じくしていたのであり、この両者の相乗効果が市民社会派の問題関心に重大な偏りをもたらすこととなった。それは一言でいえば「ファシズムは市民社会の本来的な傾向の究極にまで発展したものである」という初期丸山のテーマの消失と関わっていた。(7)

三　レーヴィットの人間学と「文化の悲劇」

レーヴィットにおいても、ヴェーバーが「職業労働と、たゆみなき活動に〈従事すること〉とが、〈生活に不可欠〉なものとなるにいたったピューリタンに同感を抱いている」(8)

ことは承知されていた。しかし、レーヴィットがヴェーバー社会学に見届けたのは、ヨーロッパ宗教改革によってもたらされたエートス転換の賛美ではなかった。むしろ注目されたのは、そうした精神革命がそれ自体のうちに「合理化の結果非合理なものが生ずる」というパラドックスを孕んでいた点の指摘であり、さらに、そこに起因する巨大な悲劇への言及であった。初期の丸山眞男は自らの属する時代を「今日は市民階級自体がもはや自由主義の担い手たることをやめて「全体主義」の陣営に赴いている」というパラドクシカルな姿において描きだしたのであったが、レーヴィットもまた、それと同質のパラドックスをヴェーバーの論述から引き出していたのである。「このパラドクシカルな顚倒――ジンメルのいわゆる〈文化の悲劇〉」、これがヴェーバーを読み取る鍵となる。(9)「マルクスにおいても一般に〈物〉が〈人間〉を支配し、生産されたもの……が生産する者を支配するという普遍的顚倒」が問題であった。マルクスの言うこの物象化あるいは自己疎外は「人間そのものの即事化と専門化であり、即事的な活動を通じて人間的に分割された〈特殊の〉専門人」がもたらされる傾向と言い換えることができる。ヴェーバーが問題としたのは「かかる専門人を合理化された時代の人間類型」たらしめる歴史動向の全体であった。戦後、市民社会派のリーダーの一人として活動した内田芳明によれば、ヴェーバーは西欧文化が「普遍的意義と価値とをもった発展方向にある」ことを「誇らかに自覚」していたというのであるが、(10)このような理解の仕方は、ヴェーバー社会学が〈文化の悲劇〉を語ったという中心テーマを見落としている点でレーヴィットの把握とはまったく別種のものとされなければならない。

レーヴィットによれば、ヴェーバーが近代西欧の歴史をこうしたパラドックスにおいて考察するにいたったのは、彼がニーチェの同時代人であったという点、ここに由来していた。ニーチェの『悲劇の誕生』には人間を「自然からの家出息子」と捉える視点が見いだされるのであるが[11]、レーヴィットが「マルクス・ヴェーバー」問題を提示する場合にそれを人間学（Anthropologie）によって基礎づけた理由も、この点に即して理解されなくてはならない。人間学といえばそれをただちに近代啓蒙主義の思想と結びつけるまことに粗雑な独断が一時世界の社会哲学を覆ったのであるが[12]、この不幸な誤謬が残した障害は計り知れない。この誤った独断の故に、レーヴィットの人間学もその真意の現れを著しく制約されたのであった。

しかし、レーヴィットにおける人間学は近代啓蒙主義の系譜（すなわちヒューマニズム）に源流を得るものではなかった。それは、人間を宗教的ないし哲学的観念の故に自然の秩序から逸脱してゆく特殊な生物と捉えたニーチェの根源的に批判的な視点からヒントを得るものであった。従ってそれは、人間を未来の解放に向かって進む肯定的な姿において捉えるものではなく、人間とその歴史の営みを徹底した懐疑の眼で捉える冷厳な態度に出発していた[13]。そもそもレーヴィットは、彼の学位論文「ニーチェの自己解釈およびニーチェの解釈についての解題」(一九二三年)いらいニーチェに深くコミットしていたのであり、まさしくその故に、同じくニーチェに深い関心を寄せていたハイデガーの許で研究生活に入ったのであった。(14)

四　真理概念の崩壊と「価値自由」

レーヴィットは『職業としての学問』に見られる魅力的な、しかし我々を深いペシミズムへと誘う一節——「美でも神聖でも善でもないけれども真であるような、否そんなものでないからこそ真であるようなものがある」——を引用し、このニーチェ由来のテーマに即してヴェーバーの学問論を理解しなければならないと強調している。(15) このテーマは『職業としての政治』では「この世の倫理的非合理性」という表現となって再現してくるとレーヴィットは言うのである。そうだとするとヴェーバーは、人間を歴史の過程で精神の高次化をたどってゆき、次第に解放のレヴェルを高めてゆく存在(ヘーゲル)とみなしていたのではなく、そもそも本来的に問題的な存在だと見ていたことになる。人間がその存在の根源において、基盤をなす土壌からさまよいでて逸脱するという問題性をはらんでいるとするならば——従ってニーチェが言うように「永遠回帰」を運命づけられているとするならば——、社会哲学の中心もそうした「存在忘却」(ハイデガー)ないし「自己疎外」

（フォイエルバッハないし初期マルクス）の自覚化におかれなくてはならない。このような深いペシミズムに耐えて生きたヴェーバーが、近代西欧文化の発展方向を「誇らしげに自覚」するなどと言うことはあり得ない。レーヴィットはこの部分に付された重要な註のなかでヴェーバーの学問論に立ち入り、ニーチェとヴェーバーの立場の極めて親密な関係を論じてこう述べている。「ニーチェによると、我々にはもはや「真実の」の世界を信じ込む根拠はどこにもない」。近代の自然科学ないし社会科学は、科学による世界の客観的な認識可能性を素朴にも信じ込み、この真理概念を疑うべくもない前提としてきたのであるが、こうした前提は近代人が抱いている特殊な価値観念の産物であり、歴史的に見て極めて特殊な観点だとしなければならない。従ってこのような真理概念は、長期にわたって維持することのできない一時的な思い込みに他ならないのである。ニーチェの哲学は「ヨーロッパ・ニヒリズムの存在を権力への意志のなかに看破した」のであるが、実のところ、ヴェーバーにおける〈合理的〉科学の理念はこのニーチェの主題と同質なのである。(16)

よく知られているように、ヴェーバーの科学論においてその中心に位置していたのは「価値自由」（Wertfreiheit）であった。このテーゼの含意は、この命名が表面的に印象づけるものとは異なっており、むしろ逆と言うべきものだったとレーヴィットは強調している。「価値から自由であるということは、ただ科学だけの世界に引き下がろうとすることではない。それはむしろ科学的判断にあたって、かえって科学外的な基準を考慮に入れようとすることなのである。この理論の要求することは、基準となる〈価値理念〉や関心を科学の世界から排除することではなく、それから一定の距離を保つために、それらを対象化することである」。自己がそこに所属する社会や時代に関してもこれを対象化し、感情的な一体性から自由となってそれから距離を保つこと、ニーチェが強調してやまなかったこの距離感情（Distanzgefühl）に言及し、レーヴィットはこれこそがヴェーバーの科学論においてその中心軸をなすものであったとする。[17] 科学の客観性についてヴェーバーが要請しているのは、〈主観性〉をできるだけ少なくせよという馬鹿げたことではまったくない。そうではなくて「科学的に重要ではあるが科学的には証明できないもの「つまりは主観的な価値判断─山之内」を、かえって意識的に、明瞭に指摘し、考量するということである」。客観的な〈事実〉の実証をもっぱらの課題とし、その課題を忠実に遂行することによって科学的でありうるとする従来の社会哲学を、ヴェーバーは徹底的に解体していった。ヴェーバーが自らのものとして掲げる社会哲学は、これとは反対に「具体的な価値判断に現れてくる究極の価値基準を自覚化すること」を目指したのであり、そのことによって「これらの基準を明瞭な自覚をもった論議と究明に委ねる」こと、ここに目標を定めていた。「素朴な実証性に甘んじている専門科学がもとよりすてて顧みようとしないこの科学的自己反省は、ひとに何を〈なすべきか〉は指示しない。しかし、ある目的が前提されているときに、与えられた手段をもって、矛盾を来すことなく何ができるかを教え、またなによりもまず、そもそもひとが一体何を本当に〈欲しているか〉を知らしめる」[18]。

科学の客観性について抱いていたヴェーバーのこの態度は「科学的探究の伝統的な価値理念をまったく信じない」という脱構築的意図と結びついていた。この脱構築的意図を、レーヴィットはあえて反語的に「特定の信仰」と呼んでいる。「客観的な規範一般にたいする科学の信仰、ことにそれらの規範を科学的に基礎づけることが可能であるという信仰、これこそヴェーバーが学問という手段をもって、科学的〈不偏性〉のために徹底的に克服しようとしたものである」。かくしてこうなるであろう。「自分自身の先入見にたいしてこそ科学的に不偏であるということは、ヴェーバーにとっては理論のエートスを表している」[19]。

ヴェーバーが歴史的諸社会の錯綜した現実を認識論的に整理する方法として提示した例の理念型も、価値自由とかかわる彼の徹底した自己相対化に由来していた。自分自身の先入見から解き放された観察者は、ありうる価値判断的前提を社会学的に整理し、その前提にもとづいて現実を区分けしてゆかねばならない。こうした区分けを遂行する研究者は、彼の研究対象がいかなる歴史的意味をもっているかを、無前提のまま対象のなかから引き出してくることはできない。というのも、歴史的対象は無限に複雑であり、それをかたちづくる因果系列は無数だからである。対象はいまや、それにいかなる関心から接近するかによって異なった姿をあらわすであろう。研究者は対象をいかなるものとして認識するかの基準を、対象そのものからではなくて、対象への彼の関心から構成してゆかねばならない。ヴェーバーの方法のこの構成的性格、あるいは名目論的性格を指してレーヴィットは「幻想から解放された人間」の立場と呼んでいる。この「幻想から解放された人間」は、いまや「対象のもつ意義と意義連関を、およそ現実に対する関係を、なによりも〈自分のもの〉としてみずから確立し、そして理論的実践的に意味を〈作りだ〉さざるを得なくなった人間」である。[20]

ここで設定されている認識者は、自己の責任において世界認識を構成してゆくという意味において、対象としての世界の中にありながら対象に意味を発見してゆく自由な判断者である。だが、自由な判断者としての位置に立ったという事態そのものが、合理化の進展する現代社会においては彼の位置を拘束する外的制約を生みだすという困難な問題を引き起こす。自然的災害の予期できない訪れによって翻弄されていた時代と異なり、相互に自由な存在となり、自己の責任において社会的関係性の網の目を想定しながら生きてゆく現代の人間は、自分の目的を実現するためにいかなる手段をもって対すべきかについて自由な選択に委ねられる。この自由な選択は多様な恣意の交錯によって混乱に陥るかというとそうではない。むしろ逆である。『ロッシャーとクニース』の一節を引きながらレーヴィットはヴェーバーがこの難題に直面していたことを我々に示している。ヴェーバーはこう述べている。「行為者の下す決断が「自由」であればあるほど、すなわち、その決断が

「外的」な強制や逆らいがたい「感情」によって乱されることのない「思慮」に基づいて下されれば下されるほど、——他の条件が同じだとすれば——動機づけはますます余すところなく「目的」と「手段」の範疇の中で整序され、従って動機づけの合理的分析はますます完全を期しうるようになる。……「それとともに」「人格」の概念も……いよいよ有力になり、それらの究極の価値と生の意義は行動の中で具体化されてその目的となり、目的論的に合理的な行為に転化する[21]」。

以上の連関を要約してレーヴィットはこう述べている。「〈合理性〉という普遍的な精神は、近代的人間世界の芸術・科学から法律的、国家的、社会的、経済的生活にいたるまで、ひとしく支配している。生活のこのような普遍的合理化の結果として、全面的な相互依存の体系、〈隷従〉の〈鉄のように堅い殻〉がつくられ、人間がことごとく〈器具化〉し、各人は経済なり科学なりのそのつど決定的な力となる〈経営〉のなかにはめこまれて逃れようがなくなる[22]」。

レーヴィットがヴェーバーの知的営為のなかに見たのは、それ自体として循環する巨大なパラドックスである。客観科学の真理性をもはや前提とすることが出来ない醒めた現代人は、社会的現実そのもののなかから価値判断的根拠を発掘することはできない。彼は自らの責任において社会的現実に意味を付与するのであり、科学の方法はこの事態を、つまり、認識者の判断根拠そのものが認識者の責任において構成された価値前提であらざるを得ないことを、明示するものでなければならない。だが、このように一人一人の責任に投げ返された自由な判断は、現代社会の行為連関において目的・手段関係の合理性をますます増幅するという結果を生みだしてゆく。啓蒙主義的な科学の脱構築を断固として遂行したヴェーバーも、それによって自由な行為者としての空間を拡げることができたわけではない。むしろ、科学的判断の価値前提を明らかにするという脱構築的な新領域も、自らの属する世界が〈秩序〉〈施設〉〈経営〉〈組織〉〈制度〉等々のレヴェルで進展する合理化をまざまざと浮かび上がらせる作業へと進んで行くほかないのであり、それ以上のものではない(23)。

ヴェーバーは啓蒙主義的社会哲学を批判し、この旧社会哲学は現代社会がますます合理化の方向に向かってゆくことを、そしてまた、そのことが大きな社会的障害をもたらさずにはいないことを、認識できないと見た。というのも、啓蒙主義時代の社会科学は、対象としての資本主義が押し進める客観的進化のなかに、自らが暗黙のうちに前提している価値判断的根拠を読み込んでしまっているからである。ここでは、客観的な進化はすなわち究極的な価値の実現過程なのである。ここで言う客観的進化とは、啓蒙主義の社会哲学において、結局、テクノロジーの進化につきるであろう。そして、ヴェーバーのいう「鉄の檻」つまり近代官僚制もまた、社会制御のための組織論的テクノロジーなのであるから、これもまた、社会問題処理の効率性を高める手段的価値として疑われることなく受容されてしまうであろう。

しかし、価値自由の立場に立つことにより科学の方法を転換したヴェーバーは、そのことによって合理化の進展を押し止めることができると信じたかというと、そうではない。ヴェーバーが果たそうとした課題は、こうして見てくると、現代世界が押し止めようもなく合理化の道を進んでいるという事態に警鐘を鳴らし、世人に対して、「合理化の結果としての非合理性」という近代の運命的悲劇（パラドックス）に向かって眼を開くよう促すことだったと思われる。マルクスはヴェーバーのいう合理化と同質の現象を自己疎外と捉えたのであるが、それらの同質性にもかかわらず、両者におけるこの問題次元への態度はまったく異なっていた。というのも、マルクスが自己疎外態としての資本主義に向かってその〈治療法〉［革命］を提示したのに対して、ヴェーバーは鉄の檻をもたらす合理化にかんしてその〈診断〉［認識論］を下すに止まったからである。(24)

五　ポストモダンを超えて

レーヴィットの『ヴェーバーとマルクス』からその第一編「「合理化」を手引きとするヴェーバーの市民的資本主義的世界の解釈」をとりだし、その論点を吟味してきた。この作業によって果たそうとしたのは、一九三〇年代初頭における社会哲学の危機を再認識し、この危機こそが現代の社会科学にとってその生成の坩堝であったことをあらためて確認すること、これであった。日本における市民社会派の登場は、この危機を近代啓蒙主義への先祖返りによって回避しようとする動向だったといえる。この動向は「近代文化の悲劇」を直視するという重い課題を避けて通る道だったのであり、第二次大戦の終了から半世紀以上経過した現在、とりわけ一九六〇年代の世界的な高度成長――ホブズボームのいわゆる「黄金の六〇年代」[25]――をへた後に生きる者にとって、もはや意味ある選択肢ではあり得ない。また、市民社会派が意図的ないし無自覚的に日本の戦時動員体制設計に参画し、そのことによって現代社会のパラドックスに巻き込まれてしまったことも、再認識しておかなければならない。これに対して一九七〇年代の初頭は、第一次世界大戦に始まる総力戦期から戦後冷戦期を貫く一時代の転換を告げる画期であった。それは、フレデリック・ジェイムソンが指摘しているように、時代の思潮がポストモダンに切り替わる分水嶺だったのである[26]。

レーヴィットが第一編の最終部分である第三章「普遍的隷属状態の真只中における個人の自己責任への自由としての合理性」において語ったことは、その点で示唆深い。というのも、この部分にはポストモダンにおいて語られたことのエッセンスが、しかもその最良の部分において、先取り的に姿を現しているからである。

「マルクスは……まったく対立のない社会のなかで市民社会を完全に除去することによっ

て矛盾を止揚せんとした」。それにたいしてヴェーバーは「合理化された世界を承認することによって生ずる矛盾を、これと対抗する自己責任の自由への努力によってたえず克服し続けること」、これを一貫したテーマとした。ヴェーバーのこの態度に現れた矛盾は「人間の内部における全人と専門人の矛盾である。したがって、合理化と自由の統一は、人間ヴェーバーが専門人たる自己に対してとった特異な態度のなかにもっとも深刻な形で示されている」。ヴェーバーはいかなる場合にも全体的な認識の場を示そうとはしなかった。ヴェーバーは自分を「つねに特定領域の成員としてのみ――なにか決まった役割において、また何かきまった人間としてのみ」提示した。ホーニヒスハイムの表現を援用すれば「論文においては経済的個別科学者として、講壇に立っては大学教授として、演壇にのぼっては政党人として、内輪のグループに入っては宗教的人間として」自己を表現したのである。[27]「このように生活領域を分立させること――その理論的表現が〈価値自由〉である――にこそ、じつはヴェーバーそのひとの個性が、その全体の特質においてあらわされている」。マルクスと対比すればこう整理できるであろう。ヴェーバーにとって問題なのは「マルクスの場合のように、……合理化された世界の特殊的人間性、つまり専門人たることを、分業と同様、いかにして止揚しうるかということではなく、不可避的に〈分割化せる〉人間性の只中において、なおかつ人間そのものが個人の自己責任への自由を全体において保持することがどうしたらできるのか」ということであった。「〈精神なき専門人と心情のない享楽人〉とからなる、この専門化され訓練された世界の只中で、情熱的な否定力をもって、あるいはここ、あるいはかしことはたらきかけ、そのつどなんらかの〈隷従〉の殻を突き破ろうとする――これが〈活動の自由〉の意味であった」。ヴェーバーが語った「日々の事象につけ」（『職業としての学問』）という命題の意味は、レーヴィットに言わせればこうなるであろう。それは「近代的専門人という現実の特殊的存在様式を越えた、またその外にある不可分的全体者としての個人」を目指すものではない。それは「個別化した役割の中にそのつど全身を投ずるとき、はじめて個人は一個の〈人間〉となる[28]」という決断なのである。

「このような個人性のおかげで、ヴェーバーはあらゆるものに自分を定着させえたが、しかもなにものにも安住することができず、与えられたすべての状況に身をおきながら、しかもまったく自分の足で立つことができた」。とするならば、これはポストモダンの社会学が語った「遊牧民」（nomad）の状況に他ならないであろう。アルベルト・メルッチはドゥルーズの印象的な表現を借りながら、現代の対抗運動はこのような遊牧民を担い手とすると述べたのであった[29]。

市民社会派がポストモダンの課題に取り組むことを回避してしまったことを考えると、日本の社会科学にとってレーヴィットの提起したテーマに再度立ち返ることは、必須の要請と言える。しかし、それだけではすまない。問題が困難をきわめるのは、私たちが今日直面している事態が、すでにポストモダンの思想状況によって語りうる範囲を超えてでしまったことであろう。

ここでレーヴィットのその後の歩みについて参照する必要がでてくる。レーヴィットは『ヴェーバーとマルクス』においてヴェーバーの合理化と初期マルクスの自己疎外を対比することにより、当時の社会哲学において抜きんでた地点にまで登り詰めていた。とりわけ、初期マルクスについて、そこに見られる主題を自己疎外論と見定めて検出したことは、彼が同じ一九三二年に刊行されることとなった『経済学・哲学草稿』をまだ見る機会をもたなかったことを考えれば、感嘆すべき先駆性だったと言えよう。しかし、レーヴィットが『経済学・哲学草稿』を吟味することがなかったというこの制約が、レーヴィットのマルクス理解に一定の限界を負わせたことも否定できない。

恐らくこの制約故に、レーヴィットは結局、ヴェーバーとマルクスをそれぞれの主題――合理化と自己疎外――において対比するという作業を抜け出ることができず、自身はこのいずれにもコミットすることなしに終わった。ヴェーバーと初期マルクスの批判的構成を見事に抽出すればするほど、レーヴィットには両者のいずれにも加担し難いというジレンマが重圧となってのしかかったと思われる。こうして、その後のレーヴィットは人間の世界に背を向けて自然の先在性へと向かってゆき、ついにはハーバーマスによって「歴史意識からのストア的退却」と揶揄される地点にまでいたりついてしまった。(30)このレーヴイットの歩みをハーバーマスのように揶揄の対象とするのは、啓蒙の亡霊（「近代の未完のプロジェクト」）に付きまとわれた近代人の傲慢とされねばなるまい。そのことは次第に恐るべき相貌を顕在化させてきた環境破壊をみれば明らかである。とはいえ、レーヴィットが社会哲学の領域を放棄してしまったかのように見える点では、ヴェーバーを特徴づけていた時代へのあの緊張感から次第に距離を拡げてゆき、ついには一種の超越的な静寂の世界に隠遁するにいたったという印象を免れないであろう。

レーヴィットはさらに社会哲学の領域に踏みとどまり、同じく自然の先在性を語るとしても人間的自然としての身体を探究する方向を探るべきであったろう。『経済学・哲学草稿』を、とりわけその第三草稿を熟読すれば、フォイエルバッハを介して初期マルクスが身体論の問題に深い関心を抱いていたことが判ったはずである[31]。言語だけではなく、人間は身体を介して自然と交流し、他者とコミュニケートしているということ、これが『経済学・哲学草稿』第三草稿の主題であった。

また、総力戦時代から戦後再興の過程をへるなかで現代社会が現すこととなった新しい相貌について、その後レーヴィットが取り立てて研究を進めたとは言えないことも、彼のいま一つの制約だとしなければなるまい。この点についてはフレデリック・ジェイムソンが『のちに生まれる者へ——ポストモダニズム批判への途 1971-1986』[32]に収めた「建築とイデオロギー批判」と、そこで取り上げられているマンフレード・タフーリの著作『建築神話の崩壊――資本主義社会の発展と計画の思想』[33]が注目に値する。というのも、タフーリはこの著作の中でマックス・ヴェーバーに再三にわたって言及し、ヴェーバーのいう「価値自由」と「理念型」の方法は古典的なモデル概念の破壊という点で、アヴァンギャルド運動と軌を一にするものだったと強調しているからである。タフーリによれば、アヴァンギャルド運動とヴェーバー科学論は資本主義が新たな段階に到達したことを示す指標なのであり、また、そうした変革を推進する原動力ともなったのであった。その結果、現代の資本主義はいまや資本家階級と労働者階級の対立という一九世紀的なダイナミズムを喪失し、「自己プログラム化するサイバネティックス」という様相のもとに新たなダイナミズムを帯びたものへと変質した、というのである[34]。フレデリック・ジェイムソンがタフーリを取り上げているのは、同じマルクス主義の立場に立つ批評家として、タフーリの立場が過度にポストモダンの批評家に接近し、マルクス主義の存立根拠を解体しかねない危険性をしめしたからであった。

六　市民社会派の再構築

日本の市民社会派はそのままの姿においてはもはや存続の可能性をもたない。それは、少なくとも、カール・レーヴィットの『ヴェーバーとマルクス』に立ち戻って、そこに語られていた啓蒙主義的社会哲学の脱構築を再確認することから出直すべきである。

だが、市民社会派にも、高度成長期をへるなかで一定の自己変革の芽が現れていたことは忘れるべきでない。そうした動向として、大塚久雄「《Betrieb》と経済的合理主義」(一九六五年)、丸山眞男「忠誠と反逆」(一九六〇年)、同「フルトヴェングラーをめぐって」(一九八三年)、内田義彦「考えてきたこと、考えること」(一九八三年)を挙げることができる。

大塚は一九六四年の「マックス・ヴェーバー生誕百年記念シンポジウム」において発表されたこの論説において「合理的経営……を拠点とするような資本主義文化をつくりだし、それを内面から推進していったところのエートスは、ヴェーバーがしばしば言っているように、じつは、人間自身の幸福感を強力に変形させるような、そうした根底的に非合理的なものを含んでいるわけです」と強調していた。この論点がレーヴィットの主題であったことはすでに見たとおりである。大塚のこの点への着目は、確かにまだ中途半端なレヴェルに止まっており、結局は再び古プロテスタンティズムの禁欲的労働エートスへの還帰を表明して終わったのであるが、それにしても、この発言がヴェーバーに内包される啓蒙主義的社会哲学批判のモーメントに注意を喚起したことは重要であった(35)。

丸山の場合、上記の二つの論文において語られている内容は、すでにいわゆる市民社会派の水準を超えるものだと言ってよい。丸山はこれらにおいて、人間存在の根源をなす身体のレヴェルを無視してはならない次元として取り上げている。[36] これらの発言において丸山は、彼の出発点をなした「政治学における国家の概念」に立ち戻り、一方で安易なポストモダンの風潮に抵抗しながら、同時に啓蒙主義的社会哲学の危機を語っているのである。

専修大学の最終講義として語られた内田の講演は、それまで大塚の観点に依拠しながら再三にわたって援用してきたダニエル・デフォーから視点を移すものであった。内田はここで、ジョナサン・スウィフトのあの皮肉タップリな風刺を借りてイギリス近代社会の負の側面を描写し、それを数学的合理性にもとづく社会設計だとしている。ここで内田は、ジョナサン・スウィフトの眼を借りて重商主義的近代化の歪みを描写しているだけではなく、現代社会の歪みをそこに重ね合わせているのである。『経済学の生誕』(一九五三年)に始まる内田の論調は、この最終講義にいたって近代のエッセンス(ロビンソン・クルーソー風の合理的生活設計)を肯定的に抽出する作業から離反してゆき、近代の帰結への深い懐疑へと転回したのである。[37]

内田のこの方向転換は、市民社会派の理論源泉とかかわって重要な局面を占めている。市民社会派は、その主唱者である大塚がマックス・ヴェーバーの研究者であるとともに傑出したイギリス経済史研究者であったことにより、アダム・スミス研究を核とする経済学説史研究の領域と連動してきた。これにはさらに、社会政策を主たる研究領域とする大河内一男が『スミスとリスト』によって同じく経済学説史研究にも大きな足跡を残していたという事実が付け加わる。内田は大河内の戦時期に行われた研究『スミスとリスト』から大きな刺激を受け（内田「戦時経済学の矛盾的展開と経済理論」『潮流』一九四八年一月）、それを出発点として独自のスミス研究を開花させたのである。

本稿の吟味はその焦点を「マルクス・ヴェーバー」問題へと集中してきたのであるが、そうだとすれば、市民社会派の研究において今一つの重要な焦点となったアダム・スミス研究を逸することはできないであろう。しかし、その点の吟味は別の機会に譲らざるをえない。(38)

註

（1） Karl Löwith, 'Max Weber und Karl Marx,' *Archiv für Sozialwissenschaft und Sozialpolitik*, Bd. 67, 1932. *Sämtliche Schriften*, Bd. 5. 柴田治三郎・脇圭平・安藤英治訳『ウェーバーとマルクス』（初訳、弘文堂、一九四九年。現行訳、未來社、一九六六年）。

（2） 重要なものを列挙すれば以下のようである。*Archiv* 版によった邦訳の注番号は、*Sämtliche Schriften* とはズレている。後著の番号を［ ］内に記しておく。

註（15）［14］ヴェーバーの論点を「マルクスの試みた現実の理論的分析と把握にてらして批評」しようとするランズフート（S. Landshut, *Kritik der Soziologie*, 1929）の一面性を指摘。

註（21）［削除］ヴェーバーの方法が社会学的体系化という点で未完成であることを指摘したワルター（A. Walther, *Jahrbuch f. Soziologie*, II. Bd. 1926）への批判。ワルターの観点は「体系的で教科書的専門社会学への志向」を示しているが、そうした観点によっては、ヴェーバーの中心問題である「合理化」を正しく位置づけることはできない。「もしヴェーバーの多様な関心のうち、ほかならぬ合理化の過程こそ彼に特殊なものであり、この特殊な観点が彼の全研究を貫く一条の原理であったとするならば、全マックス・ヴェーバーの統一的な透視もこのような彼固有の原理からなされうるはず」である。ヴェーバーは『取引所論』（一八九四年）においてすでに、合理化を理論的な中心問題として設定していたということ、この点にレーヴィットは読者の留意を求めている。

註（26）［24］「理念型」的構成をめぐるランズフートとの論争。「近代的な〈世界内存在〉」（ハイデガー）の「歴史的特性」を表現するものこそ、「疎外」（マルクス）および「合理化」（ヴェーバー）である。「疎外」と「合理化」に焦点を合わせることにより、マルクスとヴェーバーは、近代世界の歴史的特性のうちに〈人間と世界の分離〉という癒し難い難問がはらまれているとみたのである。ここでのランズフート批判には、後に大規模に展開されるハイデガー批判（『乏しき時代の思索者』一九五三年。邦訳、未來社、一九六八年）の萌芽がすでに姿を現しているとみてよいであろう。レーヴィットは「世界内存在」の観点の過度に一般的な適用に留保の姿勢をしめしているのである。レーヴィットによれば「全近代哲学の二元論的概念世界と〈二律背反〉」を批判的に捉えること、これが現代の社会哲学にとって決定的に重要なポイントなのである。「世界内存在」の視点を近

代世界にまで過度に一般化してしまうと、近代世界の構造そのもの、ないし近代哲学の概念そのものを歴史的に規定している二元論＝二律背反が見えなくなってしまう。ハイデガー批判、これが『ヴェーバーとマルクス』の隠された主題だったと言ってよい。ちなみに、この観点をレーヴィットにもたらしたのはルカーチであったことが、この註において明記されている。ルヴァルター（E. Lewaltar, 'Wissenssoziologie und Marxismus, *Arch. f. Sozwiss. u. Sozpol.* 1930）によるルカーチ批判に対して、レーヴィットが猛然と反論していることに注意。

註（30）［28］ヴェーバーの「方法論的個人主義」にたいするフライヤー（H. Freyer, *Soziologie als Wirklichkeitswissenschaft,* 1930）およびグラープ（H. J. Grab, *Der Begriff des Rationalen in der Soziologie Max Webers,* 1927）の批判にたいする反論。

註（32）［30］ふたたびランズフートへの批判。ランズフートのヴェーバー批判は「初めからマルクスの——実践的に一義的であるがゆえにはるかに透明な——問題提起にそって進められており、したがってヴェーバーの社会学における類似的な〈構造〉の欠如がもっているところの積極的な意味を誤解」している。

註（46）［43］ふたたびグラープへの批判。「グラープはヴェーバーの立場とは正反対のシェーラー（Scheler）の理論、すなわち価値そのものには明証的客観的な位階秩序が存在するとなす理論」を固持している。この註において、レーヴィットはニーチェ哲学の意義に言及し、「ニーチェおよびディルタイによってとりあげられてきた問題性……の平面においてヴェーバーの価値評価も理解されなければならない」と主張している。

註（78）［72］ここでハイデガーへの明示的な批判が語られている。ハイデガーのように「世界内的に存在する一切のものを、単独者として〈現存性〉に方向づけることによっては、現存在の社会性の問題が〈ひと（man）〉に還元されるだけでない。それと同時に、また、われわれの使用物——手元にある（道具）（das zuhandene Zeug）——の社会的性格をその存在論的特性において発見することもできないのである」。

註（87）［81］キルケゴールへの言及。「時代史的に見て『現代の批判』の一書を世に送ったキルケゴール（Kierkegaard）がマルクスと同時代であり、両人がヘーゲルの精神哲学との決定的な決別をまったく正反対の方向で具体化しているということは、ここにおいて明白である」。丸山眞男は『日本政治思想史研究』（東京大学出版会、一九五二年）を「シナ歴史の停滞性と儒教」の関連から説き起こしているが、その際に参照されているのはヘーゲル「歴史哲学緒論」である。この著作には、ヨーロッパ近代の社会哲学全体を危機の様相において捉える観点——レーヴィットと重なるモーメント——は見いだされない。ただし、丸山がはやくからジンメルを通してレーヴィットと通じ合う観点を身につけていたことは確かである。笹倉秀夫「丸山真男における〈生と形式〉」歴史と方法編集委員会編『方法としての丸山眞男』（青木書店、一九九八年）。とすると、丸山において「社会哲学の危機」に関わる一方の認識を一時的に抹消させてしまった日本の歴史的状況とは何であったのか。これが問われなければならないであろう。

（3）　丸山「政治学における国家の概念」一九三六年。山之内『日本の社会科学とヴェーバー体験』（筑摩書房、一九九九年）の第二章〔本書第6章〕を参照。

（4）大塚久雄編『マックス・ヴェーバー研究』（東京大学出版会、一九六五年）所収。
（5）大塚「新興工業としての化学工業」一九三九年。山之内、前掲書、前掲章を参照。
（6）大河内「「経済人」の終焉」一九四二年。大河内『スミスとリスト』（日本評論社、一九四三年）所収。
（7）この問題点については、山之内、前掲書、前掲章を参照。
（8）レーヴィット『ウェーバーとマルクス』邦訳、五六－七頁。
（9）レーヴィット、同上書、五四頁。
（10）内田芳明「「オイコス」と「クリエンテーラ」」『マックス・ヴェーバーと古代史研究』一九七〇年、岩波書店、一二七頁。
（11）Friedrich Nietzsche, *Die Geburt der Tragädie*, 1872. 秋山英夫訳『悲劇の誕生』岩波文庫、一九六六年、三五頁。
（12）海外ではアルチュセールの一連の著作、とりわけ、Louis Althusser, *Pour Marx*, 1965.（邦訳『甦るマルクス』人文書院、一九六八年）、Étienne Balibar との共著 *Lire le Capital*, Tome 1, Tome 2, 1968.（邦訳『資本論を読む』合同出版、一九七四年）が、日本では廣松渉の諸著作、例えば『マルクス主義の地平』（勁草書房、一九六九年）、『マルクス主義の成立過程』（至誠堂、一九七四年）、『マルクス主義の理路』（勁草書房、一九七四年）、がこうした潮流を作りだした。初期マルクス研究からヴェーバー研究にいたる私のこれまでの試みは、一貫して以上の独断にたいする異議申立てであった。差し当たりは、山之内「初期マルクスの市民社会像」（『現代思想』一九七六年八月－一九七八年一月、一七回連載。未完）、同『社会科学の現在』（未來社、一九八六年。特に第三章「フォイエルバッハとマルクスの対話——市民社会の歴史貫通的規定性とは何か」）、および、同『日本の社会科学とヴェーバー体験』（前掲。特に、第二章〔本書第6章〕、第八章）を参照。フランスでも、最近になって、あらためて初期マルクスの諸著作、とりわけ『経済学・哲学草稿』の意義を再発見しようとする動きが現れている。例えば、Dominique Méda, *LE TRAVAIL. Une valeur en voie de disparition*, 1995. 若森章孝・若森文子訳『労働社会の終焉——経済学に挑む政治哲学』（法政大学出版局、二〇〇〇年）をみよ。同書の第四章第四節「疎外された労働」において、メーダは私と同様に『経済学・哲学草稿』第三草稿の「私的所有と労働」に注目し、ここからマルクスによる批判的認識の根拠を再構成しようと試みている。

（13）代表的には、K. Löwith, *Wissen, Glaube und Skepsis*, 1956. *Sämtliche Schriften*, 3. 川原栄峰訳『知識・信仰・懐疑』（岩波書店、一九五六年）、柴田治三郎訳『世界と世界史』（岩波書店、一九五九年）参照。

（14）Enrico Donaggio, 'Zwischen Nietzsche und Heidegger. Karl Löwiths anthropologische Philosophie des faktischen Lebens,' 1999, mimeo. *Deutsche Zeitschrift für Philosophie* に掲載の予定。

（15）レーヴィット『ウェーバーとマルクス』前掲、五九頁。

（16）レーヴィット『ウェーバーとマルクス』同上、一四〇頁。

（17）「距離感情」については、山之内「大衆民主主義時代の比較社会学」（『ニーチェとヴェーバー』未來社、一九九三年、所収）を参照。「距離感情」をめぐる奥田隆男との討議については、山之内「テクストとしてのヴェーバーと読者の救済感情」（『日本の社会科学とヴェーバー体験』前掲、第一〇章）参照。

(18) レーヴィット『ウェーバーとマルクス』前掲、二九－三〇頁。

(19) レーヴィット『ウェーバーとマルクス』同上、三一－二頁。

(20) レーヴィット『ウェーバーとマルクス』同上、三九頁。

(21) レーヴィット『ウェーバーとマルクス』同上、四八－九頁。

(22) レーヴィット『ウェーバーとマルクス』同上、四六頁。

(23) レーヴィット『ウェーバーとマルクス』同上、四一頁。

(24) レーヴィット『ウェーバーとマルクス』同上、一九－二〇頁。

(25) Eric Hobsbawm, *Age of Extremes. The Short Twentieth Century, 1914–1991*, 1994. エリック・ホブズボーム『二〇世紀の歴史——極端な時代』上下（三省堂、一九九六年）の冒頭におかれた「二〇世紀——大局的な見方」を参照。

(26) Fredric Jameson, Introduction, to: *Postmodernism, or, The Cultural Logic of Late Capitalism*, 1991.

(27) P. Honigsheim, 'Max Weber als Soziologe', *Kölner Vierteljahrshefte f. Sozialwiss.*, 1921. レーヴィット『ウェーバーとマルクス』前掲、六八－九頁。

(28) レーヴィット『ウェーバーとマルクス』同上、六八－七〇頁。

(29) Alberto Melucci, *Nomads of the Present. Social Movements and Individual Needs in*

Contemporary Society, 1989. アルベルト・メルッチ『現在に生きる遊牧民——新しい公共空間の創出に向けて』（岩波書店、一九九七年）

（30） レーヴィットとハーバマスの間の批判的応答については、山之内「システム社会と歴史の終焉」（『システム社会の現代的位相』岩波書店、一九九六年、第二章）の整理を参照。

（31） この点については、本章の註12を参照。

（32） Fredric Jameson, *The Ideologies of Theory*, 1988. 邦訳『のちに生まれる者へ——ポストモダニズム批判への途 1971-1986』（紀伊國屋書店、一九九三年）。

（33） 英文原題は、Manfredo Tafuri, *Architecture and Utopia. Design and Capitalist Development*, 1976. 邦訳『建築神話の崩壊——資本主義社会の発展と計画の思想』（彰国社、一九八一年）。

（34） 山之内「戦争テクノロジーの二〇世紀」『二〇世紀の定義』第一巻「二〇世紀への問い」（岩波書店、二〇〇〇年）所収。

（35） 大塚久雄「《Betrieb》と経済的合理主義」（大塚編『マックス・ヴェーバー研究』東京大学出版会、一九六五年）。この点については、山之内『日本の社会科学とヴェーバー体験』前掲、第二章（本書第6章）、を参照。

（36） 丸山「忠誠と反逆」（『近代日本思想史講座』第六巻、筑摩書房、一九六〇年）、同「フルトヴェングラーをめぐって」（『歴史と社会』第二号、一九八三年五月）。丸山のこれらの論説がもつ意味については、山之内「私家版丸山政治学解題」（『日本の社会科学とヴェーバー体験』前掲、第一四章）を参照。

(37) 内田「考えてきたこと、考えること」(専修大学『社会科学研究所月報』二三五号、一九八三年二月)。内田の最終講義の意味については、山之内「市民社会派の系譜とレギュラシオン理論」(海老塚、小倉編著『レギュラシオン・パラダイム』青弓社、一九九一年)を参照。

(38) 『道徳感情論』(一七五九年)と『国富論』(一七七六年)の間には、倫理的判断をめぐる評価のズレが見られるのではないか、これがスミスの死後に提起された「アダム・スミス問題」の骨格である。日本におけるスミス研究の主潮流は、高島善哉『経済社会学の根本問題』(一九四一年)、および、大河内一男の『スミスとリスト』(一九四三年)いらい、両著作の間にはそうしたズレは存在しないとする立場に立ってきた(差し当り、『道徳感情論』邦訳、筑摩書房、一九七三年、の水田洋による「解説」を参照)。山之内「教育の公共性と社会科学」(岩波講座『現代の教育』第九巻、一九九八年)は、そうした主潮流への疑問を提出している。拙稿が根拠としてあげたのは、『修辞学・文学講義』(一七六二―六三年)にみられるスミスの古代社会論であった。時期的にみて『道徳感情論』と『国富論』の中間に位置する『修辞学・文学講義』に卓抜な古代社会論が見いだせるという事実は、「アダム・スミス問題」について、再度の検討を要請していると思われる。

IV

第8章　総力戦体制からグローバリゼーションへ

一　総力戦と記憶の政治学

二〇〇〇年八月一五日、日本の敗戦をあらためて想起させる日に、NHKは注目すべき映像を放映した。「日米の抱擁、ジョン・ダワーが語る戦後日本の原点」がそれである。前年の暮れ、アメリカではダワー教授が刊行した『敗北を抱きしめて』*Embracing Defeat. Japan in the Wake of World War II*, 1999に対して栄誉あるピューリッツァー賞が与えられた。NHKは目敏くこの書物の価値を読み取り、著者であるダワー教授を主役として迎えるこの番組――それは一時間一五分という異例のスケールをもつ番組であった――を提供したのである。この番組は衛星第一放送で放映されたために、衛星放送を契約している視聴者以外には知られることがなかった。しかし、それでも多くの人々がこれに接したのであり、その印象をめぐってさまざまな会話が交わされた。

その後まもなく原著は岩波書店から邦訳され、多くの好意的な書評が寄せられた。[1] しかし、原著の邦訳とNHK番組との間には見落とすことができない一つの差異があった。というのも後者では原著だけでなく、ダワーのいまひとつの近著である『昭和——戦争と平和の日本』*Japan in War and Peace. Selected Essays*, 1993から“The Useful War”(「戦争の効用」)が選びだされ、この論文に全体の構図を構成する重要な位置が与えられていたからである。もちろん、注意深く原著を読んだ読者には「戦争の効用」の構図がその背後にあることとは承知できたであろう。それでも、NHK番組では「戦争の効用」が表に出され、この論文の趣旨を説明するダワー教授の姿が印象深く映像化されていたために、視聴者はこの番組から次のような強いメッセージを受け取ることとなった。それは、第二次世界大戦の過程で引き起こされた社会体制の巨大な編成替え——総力戦体制のもとでの構造変動——とその基本的脈絡が、アメリカ占領軍のリーダーシップのもとで行われた戦後改革にもかかわらず、戦後日本社会の骨格をなすべき主要な要素の一つとしてそのまま保持された、という論点である。ここでいう「にもかかわらず」は実は留保付きである。というのも、番組でのダワーの強調点は、むしろ「の故に」だったのであり、まさしくこのことがEmbracingという表現の主要な指示内容だったからである。以下の私の論文にとって、この留保とその意味は決定的な重みをもつのであるが、その点はおいおい明らかになるであろう。

ダワーが番組で強調するところによると、総力戦体制のもとで発生した社会変容のなかで戦後日本に引き継がれたもののうちもっとも重要な部分といえば、国家的規模で高度な資源動員を達成する能力を備え、かつ、社会工学的なデザイン能力を身につけた行政官僚制の整備にほかならない。ダワーによれば、この有能な官僚組織はマッカーサー司令部のもとでこれと密接な連携を保ちながら戦後再建の任に当たったのであった。この有能な官僚組織は、さらに、サンフランシスコ平和条約（一九五一年九月四日調印）以後の高度経済成長期においてそのプロジェクトをデザインすることとなる。ダワーは官僚制の形成とそのもとでの合理化の進展という、マックス・ヴェーバー「支配の社会学」の主題をそれと意識せずに採用し、これを主軸としてアメリカによる日本占領が果たした歴史的機能の「意図せざる結果」（M・ヴェーバー）を描写してみせたのである。[2]

総力戦体制はそれにかかわった諸国のシステムを、政治・経済・社会・文化を問わずあらゆる領域で変容させた。従来の戦争とは異なり、第一次世界大戦以来の戦争は、それ自体としてグローバルな性格をおびたのであり、また、あらゆる資源の全体的動員を不可欠のものとした。そして、総力戦体制下に推し進められた社会変容の主要な部分は、戦争が終わって平和が回復されたにもかかわらず、戦後に引き継がれた。これがわれわれのグループが『総力戦と現代化』において検証しようとした新しい見解であった。[3]この新しい研究潮流は、イギリスのマーウィックに代表される先駆的業績を起点として、ほぼ一九八〇年代の中ごろには同時並行的に各国の歴史学および社会科学に多様な姿をとって登場しはじめ、一九九〇年代ともなると戦後歴史学・戦後社会科学に取って代わる位置を占めるようになった(4)。ダワーの著作もこの新しい潮流を代表する成果の一つなのである。

この新しい研究潮流が引き起こした知の領域の変容は、歴史学だけではなく社会科学にもかかわっている。そこでは、戦後長らく中心軸を占めてきた研究潮流を意識しながら、それによってはテーマ化が困難な問題がグローバリゼーションの時代に登場していることが自覚されたのである。ダワーが自らのケースについて語っているところによれば、当初そこに焦点を当てようとしていた日本文学の領域を放棄して彼は戦後日本の歴史に専念する方向へと転換したのであったが、そうした方向転換をうながしたのはヴェトナム戦争であった。自分の祖国が、かつて日本が犯したそれと同じ過ちをヴェトナムで繰り返していることを目撃したダワーは、選び取るべきテーマの転換に踏み切らざるをえなかったのである。ダワーにおける研究テーマの転換は、対象とする時代領域が変わったことだけを物語るのではない。この転換の直後に彼が選んだ作業がハーバート・ノーマンによる重厚な日本研究——そこには若きノーマンがそこから刺激を受けたマルクス主義の研究方法が濃厚に姿を表していた——の丹念な整理であったことが示しているように(5)、この転換にはダワーに先立つ時代にアメリカの日本研究をリードしたライシャワーの方法への反逆という意味が刻印されていた。戦時から戦後にかけてアメリカの歴史学や地域研究を支配したのは近代化論であった。この近代化論の方法を日本に適用したライシャワーによれば、日本は一九二〇年代に歩んだ「大正デモクラシー」にもかかわらず、その後において軍部独裁を許すこととなり、アジア侵略の戦争へと突入した。このライシャワー型の解釈によれば、戦時期の日本がたどった歩みは「大正デモクラシー」という正常な道からの逸脱だったのであり、この逸脱は占領期におけるアメリカのリーダーシップのもとで克服されたということになる。(6)正常な道へと立ち戻った日本は、いまや、アジアばかりではなく、あらゆる地域の発展途上国にとってその近代化のモデルとなるであろう。これがライシャワーの描きだした近代日本像であった。ロバート・ベラーの『日本近代化と宗教倫理』*Tokugawa Religion* やトマス・スミスの『近代日本の農村的起源』*The Agrarian Origins of Modern Japan* によって提示された近代日本像も、大きな脈絡としてはこの近代化論に属する業績であった。(7)

これらと比べた場合、ダワーの研究がまったく新しい関心をもって開始されたことは明らかである。暗黙のうちに近代ヨーロッパ社会をモデル化し、その継承的発展としてアメリカ社会を理想化したこと、世界の開発と近代化をこのヨーロッパ・アメリカ型に接近するプロセス――ないし接近すべきプロセス――として描きだしたこと、これがライシャワー型の方法の特徴であった。これに対して、ダワーの研究は総力戦体制が引き起こした社会変動に焦点を合わせ、この社会変動のなかで強力な支配秩序へと成長した官僚制に着目したのであり、さらに、この強力な官僚制がデザインしてゆく一枚岩的な合理化と批判的に対峙するという課題に発するものであった。ヴェトナム戦争は、アメリカ型の合理的秩序を絶対化した国家官僚制機構が、その硬直した認識に固執して一面的で社会工学的な世界戦略を強行してゆく姿に他ならなかったのであり、ひいては、戦後アメリカの歴史学と社会科学をリードし続けた近代化路線の破綻を示している。これがダワーの方向転換が意味するものであった。

ここで、戦後の日本や、あるいは同じく戦後のドイツにおいて歴史研究・社会科学研究の主流となった学問潮流が、たとえ当の担い手たちがそうは思っていなかったとしても、その基本線においてライシャワー型の発想に合流するものであったことを認識しておかねばなるまい。

ドイツについて戦後の研究潮流を代表したのは社会構造史学派（ローゼンベルグ、ヴェーラー、コッカら）であった。そこでは、二〇世紀の社会は初期近代のそれとは性格を異にする組織資本主義として再編成されたことが強調されたのであるが、にもかかわらず、組織資本主義論はその理論的源泉の一つであるマックス・ヴェーバーの官僚制的合理化論（「鉄の檻」という表象によってシンボル化されるそれ）に即するものではなかった。むしろここでは、「鉄の檻」というペシミスティックな結論に至りついたヴェーバーは克服の対象とされたのであり、官僚制的合理化を歩んだ現代社会も、組織資本主義の民主主義型と権威主義型という対抗的な二つのモデルに分岐すると認識された。このうちの民主主義型においてモデルとなったのはニューディール改革によって危機を乗り切ったアメリカであり、権威主義型としてモデルとなったのがナチス時代のドイツである。(8)

日本では、大塚久雄や丸山眞男によって代表され、マルクス派に属する内田義彦や平田清明をも含むいわゆる市民社会派が、国家と市民社会のカテゴリー的分離を前提としながら、市民社会のレヴェルで進行する近代化にその望みを託そうと試みていた。ここでも、「ニューディール対ファシズム」という対抗図式は現代の歴史像を描きだすための基本的な構図となった。(9) ドイツの社会構造史学派だけでなく、日本の市民社会派においても、宗教改革期のヨーロッパを起点とする近代社会の形成がモデル化され、その継承発展としてアメリカのニューディールが理想化されていた。これに対してドイツや日本の近代化過程は本道から外れた「特殊な道」なのである。石田雄は、丸山や大塚の考える近代においては、アメリカの近代化論が強調する機能主義的合理化ではなく、精神のレヴェルに発する社会革命が前提されていることを指摘し、アメリカ流の近代化論と市民社会派の間には見逃すことができない一線が画される、と主張している。(10) しかし、アメリカ流近代化論に対してその最大の理論的支柱を提供したものがタルコット・パーソンズの社会システム論であったこと（先にあげたベラーの直接の指導者はパーソンズであった）、そこにおいてはヴェーバーから継承されたプロテスタント倫理の学説が――ヴェーバーにおける「鉄の檻」のペシミズムからは解放されて——現代のシステム社会のあらゆる制度化を性格づけてゆく回転軸（価値体系）として位置づけられていることを考慮すれば、石田の議論が説得力をもつとはいえない(11)。

ダワーの著作は、第二次世界大戦後の西側中心世界においてその基軸となった秩序が、意外なことに、その起源を総力戦体制期の編成替えに発するものであったことを明らかにしている。この発見はたんに歴史学ないし社会科学の内部で起こった特殊な出来事なのではなく、むしろ、戦後西側で支配的だった秩序が限界点に達し、新たな秩序へと大きく変質しはじめたという巨大な事態にともなう現象である。ダワーが原著の序文で語っているように、今、世界の歴史学ないし社会科学において、戦後の知の領域を構築してきた「戦争の記憶（そして忘却）」が問いなおされようとしている。第二次世界大戦がもたらした比較を絶する破壊と暴力、そして悲惨を考えれば、戦後の学問が総力戦の時代をもっぱら負のイメージで描きだしたのは当然であった。そして、ドイツやイタリア、あるいは日本をとらえたファシズムがその責任を負うべきものとして悪の象徴とされたことも、その時代の記憶の作られ方からして避けることができなかった。しかし、ヴェトナム戦争によってアメリカの栄光が泥にまみれ、反ファシズム勢力の一角を占めたソヴィエト同盟が崩壊した現在、そして、戦後支配的だった秩序（ニューディールや福祉国家に代表されるそれ）が極点にまで達して有効性を失ったと思われる現在、その秩序の正当性を保証してきた記憶のあり方は根本から問いなおされることとなる。

ダワーがここで記憶だけではなく忘却についても指摘していることに注意しよう。あるいはさらに突っ込んで「記憶の形成」は「偽りの記憶作り」をともなってきたと指摘していることに注意しよう。ある記憶が時代のなかで正当性を獲得するということは、その反面で、それとはそぐわない数多くの記憶が抑圧され、忘却されていったことを物語っている。その忘却の穴を埋めるようにして「偽りの記憶作り」がひそかに、あるいは大がかりに進行したのである。ニクラス・ルーマンならばここでそのプロセスを「複雑性の縮減」をたどる社会システムの正常な選択機能だと述べるであろうが、[12]しかし、ルーマン流の大雑把なマクロ的把握では、抑圧や忘却、さらには偽りといった深層心理作用をともなう記憶の作られ方、つまりはミクロ的で主観的な要素への配慮は主題化されえない。抑圧され、忘却され、したがって辺境化されてしまった記憶が呼びもどされつつあるのが現在の歴史学ないし社会科学の状況であるとするならば、その状況を知覚しようとする者は、細心の注意をはらって、辺境化され、歴史の舞台から遺棄されてしまった者たちの痛みを拾いだしてこなければならないだろう。あるいはまた、正当性を確立した側が意識的あるいは無意識的に隠蔽してきた恥部や汚点を、意図的に暴きださなくてはならないであろう。前者の作業が自己相対化と同時に謙虚さやいたわりを込めた感受性を求めるとすれば、後者の作業はおなじく自己相対化を必要とするといってもアイロニーを含むものとなり、ときにはスキャンダルを表に出す蛮勇を求めることとなる。[13]

二　「日米の抱擁」か「敗北を抱きしめて」か、さらにその外側か——平和国家日本と済州島

しかし、それにしてもダワーの著作がもつタイトル Embracing Defeat とは曖昧で多義的な解釈を誘うネーミングである。ダワー自身もそのことを意識しており、日本語版の序文で「日本語でも、英語でも、矛盾していて意味がわかりにくい」ことを認めている。日本語版では続けてこういわれている。日本は「最も苦しい敗北を経験したが、それは同時に、自己変革のまたとないチャンスに恵まれたということでもあった」。敗戦という未曾有の苦難のなかで「なんと多くの日本人が「平和」と「民主主義」の理想を真剣に考えていたことか！」。ダワーは本書の中心テーマについてこう語っている。「「よい社会」とは何なのか。この途方もない大問題が敗戦の直後から問われはじめ、この国のすみずみで、男が、女が、そして子供までが、この問題を真剣に考えた。……戦勝国アメリカが占領の初期に改革を強要したからだけでなく、アメリカ人が奏でる間奏曲を好機と捉えた多くの日本人が、自分自身の変革の筋立てを自ら前進させたからである。多くの理由から、日本人は、「敗北を抱きしめ」たのだ」。

これに対し、原著の序文に見られる定義はかなり異なった印象を与える。ダワーはマッ

カーサー司令部が施行した占領行政が矛盾に満ちたものであったことを指摘する。それは、一方で当の合衆国ですでに否定ないし無視されつつあった「リベラルなニューディール的態度、労働運動を基礎とした社会改良主義、そして権利章典的な理想主義」を掲げるものでありながら、他方では日本人の感情を考慮して天皇の戦争責任を棚上げしたばかりでなく、さらに、天皇の権威に依存するものでさえあった。日本側が天皇の退位を考慮していたのに対して、マッカーサーは「天皇は新しい民主主義の指導者だと公然とたたえ……天皇退位案を、暗に中止させようとさえした」。昭和天皇の戦争責任を免責するだけではなく、昭和天皇の権威を円滑な占領行政に積極的に利用すること、これがマッカーサー司令部の方針であった。アメリカの占領行政は、こうして「天皇に対してはこびへつらう」ような対応をもってのぞんだのである。この方針はアメリカの一方的な判断によっていわば独断的に遂行されたのであり、対日戦争の最大の主役であり、かつ、日本の侵略の最大の被害者であった中国をはじめとして、多くのアジア諸国の見解を反映するものではなかったことを、ダワーは注意深く指摘している。一般にアメリカやヨーロッパの側は日本の民主主義を「官僚制民主主義」とか「天皇制民主主義」と呼び、占領行政と戦後改革によっても日本の伝統的な文化的本質はまったく変化しなかったと考えてきたのであったが、このような見方は、以上の経過を検討してみると、まったく当たっていないことがわかる。戦後日本の政治的ないし社会的構成は、日本に固有なものの持続としてだけ理解されてはならない。むしろそれは、「征服者と被征服者との間の複雑な相互影響から生まれたもの」なのである。現代日本社会の中核にあるものの多くは「勝者と敗者が共有していた特殊性」によってもたらされた。この脈絡からすると、占領期の日本は「アメリカ人の征服者たちの、ほとんど肉体の感触を楽しむかのようなきつい抱擁に緊縛」されたプロセスとして描写される。ここではEmbracingは、あたかも公にされてはならない性的関係の秘儀であるかのような意味を付与されている。占領軍の支配秩序は日本の既存の統治機構と見えにくいところで絡み合い、野合しながら戦後日本の社会構造を作り上げていったというのである。上の日本語版序文で提示されたのが「平和と民主主義」を明るく公的にアピールする意味合いを込めたEmbracingであるとすれば、原著序文でのそれは権力関係の二重性とその癒着に強調点をおいたEmbracingである。Embracingの後者の意味を強調して受け止めた解釈が、『総力戦体制からグローバリゼーションへ』の共編者である酒井直樹によって提示されている。酒井によれば、Embracingとは「抱きつき合い」の関係を語っている(14)。グローバリゼーションの時代とともに、日本占領の意味はアメリカ社会ないし日本社会のそれぞれが抱える文化的・歴史的特性に力点をおく解釈から解き放たれるのであり、もはや解除不可能な「抱きつき合い」を見据えるところから再解釈されるのである。

Embracingには多義的な意味が込められている。そこには、ほとんど対極的ではないかと思われる次の二つの意味が認められる。第一は、歴史の表舞台には現れない民衆の側の経験である。彼らは敗戦によってもたらされた規範や信条の崩壊に直面して驚愕し、落胆したのであったが、しかし、民主主義を訴えかける上からの占領者の呼びかけに真剣に取り組み、ほとんど全社会的といってよい規模で自己点検と再構築の作業に取り組んだのであった。この点の再発見に努力を集中したダワーの研究は、少年としてその時代の現実に立ち会った私にとってもうなずけるものが多い。第二に、表向きは民主主義の権化として上からの指導に当たったアメリカ占領軍の権力は、実際には総力戦体制下に整備された日本の中央集権的官僚機構と密接に連携し合い、民衆の側で進展した素朴な誠実さをともなう自己改革の歩みを裏切って民主化の動向を歪めていったのであった。このようなジキル・ハイド的二重性は、占領者として進駐したアメリカの体制が、それ自体として総力戦の時代を経過したものであったことに由来するであろう。

このように整理してみると、「日米の抱擁」を表に出したNHK番組のタイトルは第二の定義に即しており、「敗北を抱きしめて」を表に出した日本語訳タイトルは第一の定義に即していることがわかる。両者の相違は、前者が原著序文に忠実であろうとし、後者が日本語版序文に忠実であろうとしたことに由来している。

これら二つの定義を確認したいま、私たちは、第二次世界大戦とその終結の意味がこのような複雑な多義性を帯びていることにあらためて気づかされることとなる。しかし、どうやらことはそれだけで片づくものではなさそうである。というのも、ダワーの原著序文はさらに次のような指摘を残しているからである。アメリカ占領政策は、複雑な二重性を抱えてではあれ日本民衆の下からの自己点検運動と呼応するかぎりにおいて民主主義的であった。これは事実であるが、「そうした改革は、アメリカが占領したアジアの他の地域――例えば朝鮮半島南部や日本の中でも沖縄本島や琉球列島――ではまったく導入されたことがない。それらの地域では、冷厳な軍事戦略的思考が支配的であったからである」。一面において日本占領が民主主義的であったという事実は、日本周辺の地域の、これとは比較を絶する苛酷な経験と著しいコントラストをなしている。

当然のことながら、この領域はダワーの著作の範囲ではない。しかし、ダワーがその点を鋭く指摘していることは忘れてはなるまい。このようなコントラストが生じたのは、それでは、いったいどうしてなのか。ダワーはこの重要な相違を指摘してはいるものの、このコントラストが語る意味を戦後世界の歴史構造として描きだすところまではいっていない。これはダワーの優れた研究のひとつの盲点となっている。ダワーのこの盲点を埋める作業なしには、「総力戦と記憶の政治学」の課題は完結しないのではなかろうか。

日本周辺部では冷厳な軍事戦略的思考が適用され、日本にだけは民主主義の育成が課題とされたというのは、しかし、本当であろうか。これではまるで、アメリカは仮面をかぶった二重人格というよりも、事実、左半身は民主主義、右半身は覇権主義というつぎはぎな姿をもっていたことにならないであろうか。こうした矛盾を解消するためには、アメリカが日本にだけ見せた民主主義の養成という方針も、周到に用意された戦略の表れだったと解釈する必要がある。この角度から見るならば、「敗北を抱きしめて」と「日米の抱擁」の間にある乖離も、実は乖離ではなくて同一の事態の両面だということが浮かんでくる。日本は第二次世界大戦において戦争を主導した列強の一つであった。日本はアメリカだけではなく、イギリス、フランス、オランダなど、アジア諸地域を植民地として支配したヨーロッパ諸列強と戦った近代国家であった。この恐るべき潜在力をもった国家を、ひとまずは戦争を放棄した平和国家として民主化すること、これがアメリカの世界戦略が目指すところであった。その点において、日本に民主主義をほどこして非軍事化することは、大きな視点からいえば、これまた「冷厳な軍事戦略的思考」が周到に計算した結果であったに違いない。この軍事戦略は、第二次世界大戦中からすでに、当面は反ファシズムの戦いにおいて提携の相手であったソ連共産主義との、将来の世界史的対立を予測して立てられた方針によるものであったろう。日本を平和国家化することと、南朝鮮を軍事的支配の下におき、そこに傀儡政権を樹立すること、あるいは、沖縄を全島あげた軍事基地に化することとは、矛盾することではなかった。それらはいずれも、冷戦時代の反共産主義システムをいかに構築するかというアメリカの世界戦略から発する同根の戦略だったのである。「日米の抱擁」か「敗北を抱きしめて」かという選択問題は、実は、地政学的にみてその外側に位置づけられ、直接に軍事統治の対象とされたり（沖縄のケース）、あるいは傀儡政権のもとで民主主義的運動が弾圧されたり（南朝鮮のケース）した事例という苦痛に満ちた体験を外側に控えて発現した現象であった。グローバリゼーションの時代とともに、この後者の体験にかかわる記録の出版や歴史研究がようやく本格化し、その姿を現しつつある。わけても耳を疑い目を覆いたくなるような残忍さをともなったのが一九四八年の済州島四・三事件であった⑮。おそらく済州島事件は天皇の権威を最大限に利用して日本統治を行うというアメリカの方針を確定させ、さらに、この方針の「正しさ」を確信させる大きな要因となったであろう。絶対に、日本を済州島化させてはならない。これがマッカーサー司令部の原則となった。この事情は厳重な報道管制によってひた隠しにされたのであり、当時の日本人が知りうるものではなかった。その秘められ、亡き者にされてきた記憶がようやく今日になって蘇ろうとしている。占領期日本に関する研究は、そうした外部の歴史と切り離されたまま、模範的な民主改革といった神話で飾られるべきものでは決してない。

理想的な民主的改革者という姿と、冷酷非道な民主主義の扼殺者という姿とが、同一の覇権国家アメリカそのものとして映しだされるのを見るとき、しかも、済州島事件が発生した時点を見れば歴然とするように、それが朝鮮戦争勃発（一九五〇年六月）に先立つ出来事であったことを知るとき、北朝鮮側の南への侵略によってアジアの冷戦が始まったのだという決まり文句がたとえ事実であったとしても、その言明をそのまま受け入れるわけにはいかない。第二次世界大戦以後の歴史を語る者は、ニューディールの国アメリカの姿を、いつでもこの両面を演出できる非情な社会工学的合理主義の権化として見通しておかなければならない。

三　アイロニーとスキャンダルは何故に避けがたいのか――国家と市民社会の一体化

すでに参照したように、戦後日本の社会科学をリードした研究者集団に市民社会派と呼ばれるグループがあった。この集団が掲げた理論的構図の中心には、国家とは次元を異にする市民たちの活動の場があるという主張がみられる。そしてしばしば、この主張の理論的典拠としてマルクスやマックス・ヴェーバーが援用された。例えば平田清明は『資本論』第一巻にみられる「個体的所有の再建」という言明にその手掛かりを求め、この論点に即してマルクスの全体を再構成しようと試みた。平田によれば、「個体的所有」というマルクスの論点には、来るべき社会主義について、国家主導のソ連型共産主義ではなく、市民社会にその基盤をおいた社会主義といういま一つの（オルタナティヴな）展望が示されているというのである。[16] ヴェーバーについては、官僚制的合理化のゆきつく近代の行く末には「鉄の檻」が現れるとするペシミスティックな展望を彼が語っていたにもかかわらず、ヴェーバー社会学の本来の姿は宗教改革に始まるヨーロッパ近代の賛美にあったという見解が、内田芳明によって提示されている。ヴェーバーは西欧近代が「普遍的意義と価値とをもった発展方向にある」ことを「誇らかに自覚」していたというのである。[17]

マルクスやヴェーバーに関する市民社会派の解釈が、はたして、そのまま肯定されるべきであるかどうかは、それ自体、大きな問題である。しかし、その点の吟味は他の機会に譲り、[18]ここでは、市民社会派の場合、一般に、国家権力の発動にもとづく支配秩序とは区別される次元として市民社会が設定されていることに注意することから始めよう。

そもそも、市民社会を国家から区別してここに権力秩序とは異なる対抗的秩序の拠点を認めようとする傾向は、絶対王制にさからって議会制民主主義を押し立てた初期ブルジョワ段階の特徴であった。ジョン・ロックが国家以前の「自然状態」を語ったとき、それはホッブズの場合とは異なり、市民たちが労働生産物を交換する理性的活動の場を指していた。[19]それに対し、初期ブルジョワ段階の末期に現れたヘーゲルの場合には市民社会はすでに理性的ではなく、精神を欠いた「欲求の体系」として問題の局面にあるとされる（『法の哲学』）。ヘーゲルによれば、精神はまず家族のレヴェルにおいて「直接的ないし自然的」な姿をとって現れる。それに対して市民社会では、精神は普遍性と特殊性、客体性と主体性の次元に分裂して現れるのであり、したがって、形式と実質をつなぐ連関が失われる。ここでの普遍性はまだ形式的普遍性（市場を通しての匿名化した記号＝価格による普遍的調整）にとどまるのであり、実質性を欠いている。この精神の欠如態は、「理性的反省にもとづく統合」を通して国家のレヴェルで実質との関連を回復するのであり、そのことによって高次な一体性を取り戻す。

ヘーゲルにおいては、市民社会はそれ自体として何らかの存立根拠をもちうる場なのではなく、精神の欠如態、あるいは功利主義的利害が全面化した「欲求の体系」として位置づけられていた。ヘーゲルにおいても、市民社会はダイナミックな発展のモーメントを内包する場面として、近代社会の基幹部分をなすものと見なされていたが、しかし、それは、家族－市民社会－国家という三層からなる「移行の論理」全体に内属する場合に初めて意味をもつ領域だったのである[20]。

ヘーゲルにおいて国家は分裂した「欲求の体系」を統合する精神の高次な現実態であった。そこでの精神はあくまでも「理性的反省」というモーメントによる統合を象徴するものであった。しかし、第一次世界大戦を経過した後に現れる国家の様態はこのヘーゲル的統合とは原理的に異質なものであった。というのも、それは近代の極点における破局（総力戦としての第一次世界大戦）を経過することによって近代的理性に対する絶望を経験した後の国家だったからである。この時点での国家には、啓蒙的理性そのものの非合理化というモーメントが避けがたい姿をとって現れていた[21]。その点についてはジェフリー・ハーフの『反動的モダニズム』（一九八四年）が、特にその第四章「エルンスト・ユンガーの魔術的現実主義」が示唆に富んでいる[22]。この時点になると、国家の戦略的行動を支える軍事技術はまったく新しい次元のものへと飛躍した。機関銃・戦車・潜水艦・航空機・毒ガス、等々。さらには、写真にはじまり映画にいたる「複製技術」がメディア操作へと積極的に導入されることにより、国家権力は大衆の感情を総力戦へと動員する魔力を手に入れることとなった[23]（ベンヤミン「複製技術時代の芸術作品」一九三六年）。

日本において、総力戦時代の国家の新しい姿はどのように把握され、どのように提示されていたであろうか。ここで、新しい国家権力の姿をヴィヴィッドに描きだした日本の一知識人を見ておこう。科学史研究者として傑出した業績を残すこととなる下村寅太郎の若き時点での発言がそれである。下村は、当時、日本の論壇で話題をさらった「近代の超克」座談会（一九四二年九月・一〇月）でこう語っている。機械体系の発達によって現代の人間はその身体を外部に向かって大きく拡張していった。人間はかつてのような限定された生理的身体存在ではなくなっている。「現代においてはもはや単なる肉体は現実的には存在していないのである。現代の身体は機械を何らかの仕方に於いて自己のオルガンとしているオルガニズムなのである」。この観点からすれば、機械文明を人間の精神に従属させようとする試みは誤った復古的ロマン主義であるにすぎない。むしろ逆こそが真理となる。「近代の悲劇は古風な魂が「新しき身体」に追随し得ぬことにある。新しき身体の新しき形而上学が切要なる所以である。現代の身体は巨大になり精緻になった。この身体に対しては、内的な覚悟や鍛練というごとき古代の心理学の方法では間尺に合わない。政治的社会的、或いは更に国家的な方法を要求する。否、新しい神学をも必要とするであろう」[24]。古風な「復古的」ロマン主義を語る潮流が「近代の超克」座談会での一方の傾向を代表していたことを思うと、この下村の発言はそれらとは異なるものであり、まったく新しい傾向を代表していた。下村は復古的というよりもむしろ超近代に向かうモダニズムを哲学的に表現していたのである。しかし、その路線は復古的ロマン主義の潮流と同様に超国家主義（新しい神学）を主導する性格のものだったのであり、その点で「近代の超克」座談会の企画に即するものであった。ファシズム時代の国家哲学は、復古的ロマン主義と超モダニズムの対立をはらみながら、相互に矛盾し合うこの両者の絡み合い（Embracing）という複合的な姿をとったのである。

同座談会の前年に出版された『科学史の哲学』のなかで下村はさらにこう述べている。「科学の支配は従来単に一部局的に、例えば営利的企業的に、一時的に、例えば戦争において組織的に実践されるに止まっていたが、もしこれがさらに広大な国家権力によって全面的に恒常的に、駆使されるならば、これはもっともおそるべき威力となるであろう。その結果は広さと深さにおいて我々の想像を絶するものがあるであろう。かつて人類がなしえなかった如きスケールの雄大にして壮大な世界の変革と建設が可能となるであろう。これはまさに哲人を俟つべき問題ではないか」[25]。この発言の中では、ブルジョワ的市民的な「営利企業」のレヴェルは、機械体系の身体化という新たな状況のなかで全国家レヴェルの力能へと吸収され、合体してゆくべきだと指示される。市民社会はここではヘーゲル的な区分を超えて国家と一体化する。国家は、「復古的ロマン主義」によって国民の意識を統合する「古風な」様式を脱却し、超モダンな「科学技術ロマン主義」によって国民の意識を動員するのである。いまや、科学技術領域のテクノクラート層は、下村に先導され誘導されて社会工学的な全体主義体制のデザイナーとして飛躍するよう煽り立てられている。[26]ここでは戦争はかつてのような「一時的」な性格を脱却するのであり、国家の永続的な事業だと見なされている。国家はそのものとして戦争遂行を目的とする団体となる。市民社会の営利企業は、国家存在の外部においてそれとは次元を異にする活動をいとなむ（ヘーゲルのケース）のではなく、国家の内部に吸収されて国家戦略遂行の道具となる（下村のケース）。日本ファシズムにおいても、ドイツのエルンスト・ユンガーと呼応する超近代的なタイプの全体主義思想が現れていたことに留意すべきである。

国家と市民社会をその社会的領域において区分する発想は、第一次世界大戦以降の時代においてもはやそのままでは通用しえなくなっている。その点が確認されなければならない。元来、市民社会の内部にあってブルジョワ的経済活動を介して発展してくる科学と技術は、総力戦の時代を経過することによって国家の機能へと吸収され、国家の機能と一体化する。第二次世界大戦後の社会哲学についてみると、われわれの注意を引く新たな展開は、ことごとくといってよいほどに、国家と市民社会の区分を否定したところから出発していることに気づかされる。

まず、ニューディール国家が生み出した社会哲学のケースを見てみよう。タルコット・パーソンズは社会システムを社会的諸機能の分化を通して進展してゆく進化のプロセスとして把握した。全体社会が成り立つためには次の四つの機能的必須要件（functional imperatives）が満たされていなければならない。これが彼の議論の前提であった。第一に、一定の潜在的（Latency）な価値体系が社会のすべての制度的領域に浸透したとき、社会システムの安定的な再生産が可能となる。第二の政治的目的設定（権力形成）にかかわる領域（Goal）、第三の経済的な財の生産と配分にかかわる領域（Adaptation）、第四の組織の内部的諸単位の間の連帯形成と関連する領域（Integration）のそれぞれは、この潜在的価値体系の制度化を介して、相互的な機能交換の運動を開始するのである[27]。

パーソンズの社会システム論においては、ファシズムの場合とは異なって、国家が特別な役割を遂行する領域として姿を現すことはない。しかしながら、ここでも国家はすでに市民社会と一体化しており、四つの必須要件とその間の相互的な機能交換運動そのものが全体社会として提示されている。市民社会が国家と一体化した姿で捉えられた結果、パーソンズの場合、初期ブルジョワ国家の段階を特徴づけていたあの発想、すなわち、国家権力支配に対する市民的抵抗という二元論的見地は跡形もなく消え去ってしまった。彼の場合、初期ブルジョワ段階からマルクスやマックス・ヴェーバー、あるいはハロルド・ラスウェルにまでいたる社会理論をことごとく特徴づけていた権力の「ゼロ・サム理論」――支配的位置についた者が権力を一元的に掌握し、他の者はそれに強制的に服従させられるという権力論――は完全に否定し去られる。権力（power）はむしろ、「集合的目標の利益のために事をなさしめるある社会システムの一般化された能力（generalized capacity）」だとされる。ここでの権力は、支配の機能というよりも共同利益を実現するための機能なのである。あるいは権威（authority）について「集合体のメンバーからの支持を期待する「リーダーたち」の権利の制度化」だと定義される。パーソンズの場合、こうして権力は権威とほとんど同質の機能を果たすものとして理解される。権力はいまや、抵抗を抑えて支配秩序を貫徹させる力としてではなく、権威と同じく、共通目標を達成するための必須要件として解釈替えされる。(28)

パーソンズは国家と市民社会の領域的区分が超えられた時代の新しい権力概念を語りだしている。ここでは国家と市民社会の区分は消失してしまっており、両者は機能的な相互交換を介した全体社会の一体性のなかで、相互に補完し合っている。パーソンズはニューディール時代のアメリカ社会を経験的な背景として選び取り、第一次世界大戦以後に成立したこのシステムをいともおおらかに肯定している。

パーソンズの描く図柄と同じ関係を、しかし、それとはまったく逆にアイロニーを込めて、あるいはスキャンダラスな姿で描写する試みが現れてくる。その頂点に立つのがフーコーのパノプティコンであろう。フーコーは近代以来の社会について、ジェレミー・ベンサムが書き残した監獄設計図を比喩的なモデルとして援用しながら、こう描きだしている。一九世紀イギリスの傑出したテクノクラート知識人であったベンサムによれば、理想的な監獄の設計は次のモデルに従うべきである。このモデルにおいて、それぞれの独房に収監された囚人は建物の中心に立つ一望監視塔にいる看守によって監視されている。しかし、看守がはたして実際に監視塔にいるのかどうかは、独房に閉じ込められている囚人にはわからない(29)。この監視塔が果たす機能は、パーソンズが語りだした価値体系のそれとひどく似ている。パーソンズの価値体系も潜在的であり、それとして目に見えるものではない。目には見えない何ものか、つまりは文化的なものであり、日常生活に行き渡っている言語活動と同じレヴェルで働く力が、われわれの身体と行為を監視し規律化している。この権力概念は、目に見える警察や裁判所やあるいは軍隊によって権力を象徴させてきたそれまでの社会理論――パーソンズ流に表現すれば「ゼロ・サム理論」――とはまったく質を異にしている。フーコーもまた、パーソンズと同様に、権力を何らかの禁止や抑制、強制といった消極的な力と受け取ってはならないと強調している。それは自己のアイデンティティに内在化された精神の力なのであり、身体を調教して創造的に何かを造りだしてゆく積極的な力なのである(30)。ここでは、初期ブルジョワ段階以来のあの二元論、国家権力と市民社会の二元論が働く余地はない。

このパノプティコン装置に閉じ込められている現代の人間にとり、自己の属する社会以外でいとなまれる他者の生活空間はまったくの異邦人の世界であり、自分と同じ基準で相互に評価し交流し討議することのできる空間、いいかえれば、相互的コミュニケーションを許容する空間ではない。それは別次元に属する文化的エイリアンの世界である。この世界を諒解するために援用されるイメージは、自己のパノプティコン的監視空間の側から妄想をたくましくして紡ぎだした特殊に歪んだ像である。ヨーロッパ近代に属する人々は、この歪んだ像を相手に投影する作用を通して他者を諒解してきた。エドワード・サイードの『オリエンタリズム』は、国家と市民社会の二元論的区分が消失してゆく時代にあって、ヨーロッパ市民全体の他者認識がオリエンタリズムという特殊な色眼鏡を介したものへと偏向していったことを暴露している(31)。ここでもアイロニーとスキャンダルが社会哲学のなかに避けがたく流入しているという事態を見ることができる。

ここで手短に、市民社会派が成立してくるのがほかならぬ総力戦の時代であったこと、したがってそこにも、記憶の形成にかかわるアイロニーやスキャンダルが否定し難い姿をとって現れていたことを確認しておこう。

丸山眞男は彼の最初に印刷に付された論文「政治学における国家の概念」(一九三六年)においてこう述べている。「ファシズムのイデオローグたちは自由主義民主主義を排撃するときにしばしばこの上に「ブルジョワ的」という形容詞を冠する。しかし、今日は市民階級自体がもはや自由主義の担い手たるをやめて「全体主義」の陣営に赴いている時代である。一九世紀においてブルジョワ自由主義を語るのはよい。二〇世紀においてなおそれを語るのは無知にあらずんば欺瞞である」。丸山はここで、ファシズムの時代において市民階級自体が全体主義の潮流に積極的に合流していると見ている。その意味で国家と市民社会の間にかつて存在していた区分線はすでに消失している。この基本認識に立って丸山はこう述べている。「ファシズムは市民社会の本来的な傾向の究極にまで発展したものである」。この丸山の認識が、近代社会についてそのアイロニーを映し出し、そこに途方もないスキャンダルを発見するものであったことは特筆に値する。

しかし、出発点においてこのように認識していたにもかかわらず、この逆説的なトーンは間もなく陰をひそめてしまう。その後における丸山の代表的な作品となった『日本政治思想史研究』（一九五二年）や『現代政治の思想と行動』（一九五六・五七年／増補版、一九六四年）においてその主題となったのは、アジア社会や日本における政治哲学の近代以前的性格であり、その批判であった。丸山のこの主題は、アジア社会や日本において市民社会はいまなお未成熟だとするテーマに収斂していった。特に問題なのは『日本政治思想史研究』である。戦時中に書かれた論文を戦後になって収録したこの書物では、江戸時代においてすでに日本はアジアのなかで例外的に西欧型近代へと自力で接近していたことが力説され、その主張を根拠として中国の日本に対する後進性が浮き彫りにされている。一九三六年の論文においてその主題であった市民社会の全体主義化というテーマは、わずか数年の間に消え去ってしまい、国家と市民社会の一体化を手掛かりとして現代社会を批判的に相対化する観点ははるか彼方に押しやられてしまった。政治思想において中国に対する日本の先進性をあからさまに語る『日本政治思想史研究』のテーマには、戦後になって書かれた丸山の「あとがき」が語るところによれば、近代合理性を欠いた日本の軍国主義体制に対する必死の抵抗が込められていた。しかし、この抵抗の論理が新たなアイロニーを生んでいることは明らかであろう。西欧近代を基準として日本と中国の間に横たわる進化の度合いを明示するという一面的な眼差しが——サイード流にいえばオリエンタリズムの眼差しが——そこに現れていたことは否定できない。丸山本人も「あとがき」のなかでその点の不明を自己批判している[32]。

丸山におけるこうした転換——ほとんど「転向」というに近い——が、日中戦争の開始(一九三七年)と符丁を合わせていることは見落とすことができない。市民社会派に属する大河内一男の社会政策論においても、さらには大塚久雄の社会経済史学においても、ほぼ日中戦争の開始を境として戦後に継続される構想が結実したことが確認できる。しかし、大河内においても大塚においても、総力戦の時代に始まるその起点についてみると、戦後になって押し出された論理とは明らかに異なる筋道がそこに浮上していた。というのも、そこでは、総力戦国家が推し進める社会政策によって、あるいは総力戦時代が要請する産業の新しい水準によって、つまり、他ならぬ戦時体制が必須のものとする近代化によって、日本社会のより合理的な編成が可能となる、という展望が語られていたからである。この論点は戦後になるとさらに一回転する。戦後には戦時体制が推し進める合理化というテーマは忘却され、欧米を基準とする日本社会の近代化というテーマがひたすら表に出されることとなった(33)。こうして、ダワーが「戦争の効用」を表に出して暴露した戦時動員体制から戦後体制への連続というスキャンダラスなテーマは、記憶のなかから消去されてしまった。このテーマは、戦後になって社会科学の主流となった市民社会派の恥部ないし汚点だと考えられたために、戦後はタブーとされてしまったのである(34)。

フーコーやサイードによって代表される社会理論の水準は、一九八〇年代以降に現れる実験的試みのなかに吸収され、グローバリゼーションの時代に向けて新たな枠組みを用意することとなった。一九八〇年代の半ばを転換点とするこの新たな動向について、さしあたり、ウルリッヒ・ベックの『リスク社会』(一九八六年)と『モダーニティとホロコースト』(一九八九年)を含むジグムント・バウマンの諸論考を参照してみよう。そのタイトルが自ずと語っているように、これらの著作によれば、現代社会はアイロニーを濃厚にはらんだものであらざるをえない。古典的近代以後の社会科学は、そのアイロニーを前提として成立したものであるが故に、あるいは足元にアイロニーを抱えていながらそれを無視ないし隠蔽してきたが故に、スキャンダルをはらんだものとならずにはいない。

四　産業社会からリスク社会へ――社会科学のパラダイム・チェンジ

第一次世界大戦が始まったとき、各列強政府が最も恐れたのは労働者階級が反乱を起こし、戦争遂行に反対するのではないかということであった。しかし、当初はその逆が真であった。各国の労働者も祖国の大義に応えて勇んで戦場に赴いた。労働者階級を政治的に代表すると目された社会民主主義政党も戦争に協力した。しかし、戦争の長期化とともに苛酷な前線の状況が明らかになり、犠牲者の数が天文学的な数字にまで達し、さらに国内でも生活物資の不足と物価上昇がはなはだしくなるにつれて、労働者階級の抵抗は次第にその勢いを増していった。そしてついに一九一七年一〇月、ロシアに反逆ののろしがあがった。共産主義体制が誕生したのである。

第二次世界大戦を迎える時代になると、共産主義の恐怖は各国政府の脳裏から一刻も離れない悪夢となった。こうして一部は国民社会主義を標榜するファシズムに赴き、他は労働者階級や農民、さらには小規模経営者層をも社会政策の対象に組み入れたコーポラティズムの体制に進んでいった(35)。傑出した歴史家ホブズボームがいうように、共産主義体制は総力戦が生んだ一種の鬼子なのであったが、共産主義体制の恐怖があったからこそ、そして、ソ連が五カ年計画によって一九二九年の世界大恐慌の圏外に立ち、順調に経済を建て直していったからこそ、ヨーロッパやアメリカの改良型資本主義はそれを戒めの鑑として大胆な内部改革に乗り出したのであった(36)。

ニューディールを頂点とする改良型資本主義は、経済学の内部に社会心理学を導入したJ・M・ケインズに導かれ、資本主義体制を維持したままで、その体制の内部に労働者階級をはじめ辺境化されていた下層の人々を組み入れる方向へと大胆に舵を切った。ケインズによって国家の行政テクノクラートは大衆の心理をもてあそぶ魔術を手に入れた(37)。アメリカではカーネギー財団によってスウェーデンからグンナー・ミュルダールが招かれ、『アメリカン・ディレンマ』（一九四四年）に分析のメスが入れられた。ミュルダールによれば、奴隷制に起源をもつ人種差別問題はこの国の致命的な弱点である。アメリカは人種差別問題の解決に真剣に取り組むことなしには第二次世界大戦を切り抜けることができない。というのも、当面の敵対者である日本は、アジア諸地域の住民に対し、ヨーロッパ列強の植民地支配だけではなく、アメリカの人種差別をも取り上げて「アジア解放のための戦争」を正当化するからである。ミュルダールは、第二次世界大戦こそはアメリカにとり、人種差別を撤廃する最後のチャンスとなるだろうと予言している(38)。しかし、この予言が実現するにはさらにヴェトナム戦争におけるアメリカの敗北という経験が必要であった。

改良型資本主義は、こうして見ると、それ自体として総力戦体制の歴史的所産であることがわかってくる。だが、アメリカに関する歴史研究について見るならば、「戦争遂行国家から福祉国家へ」というアイロニカルな脈絡が正式に学界に登場するのは、ごく最近になってからのことである。[39] 忘却され置き去りにされていた記憶をたどりなおし、この逆説的な事態を探り当てる作業が、グローバリゼーションの時代において社会哲学の中心テーマの一つとなる。

ここで現代社会のアイロニーについて、その概要を確認しておこう。改良型資本主義体制は社会政策や財政政策を積極的に導入することによって、対抗勢力としての労働者階級を体制の内部に招き入れた。この改革は、階級利害対立の調整とその制度化、道路や通信等のインフラストラクチャー整備、医療保険制度、年金制度等の革新的政策によって有効需要を高め、農業部門や中小企業部門に停滞していた過剰人口を産業部門やサーヴィス部門へと吸収してゆく経路を巧みに誘導しようとした。この改革は、そうした誘導政策の余地が残されているかぎり、安定した高度成長を約束するものであった。とりわけ、第二次世界大戦の災害から復興する過程でヨーロッパ諸国は目を見張るような成功を収め、「黄金の六〇年代」(ホブズボーム)と呼ばれる奇跡の発展を遂げたのであった。[40]

しかし、この成功こそがその内に下降の要因を蓄積していくこととなった。コーポラティズム体制の内部に組み込まれた労働者階級は、その組織力を利用して次々と実質賃金の上昇を求め、社会福祉の充実を要求していったからである。ケインズ政策の魔術がもはや利かない限界がまもなくやってきた。実質賃金の上昇や財政支出をまかなうための税金は企業収益を圧迫し、生産性の上昇はもはや望めない状況がやってきた。一九七〇年代にはいると、こうして、「民主主義の統治能力」を問い、「福祉国家のジレンマ」を問題化する声が次第に大きくなっていった。[41] 民主主義は制度的に硬直化してしまい、いまや発展を妨げる制約条件になってしまったのだというアイロニックな叫びが、保守派の社会科学者からあげられることとなったのである。

民主主義の統治能力を問う声は保守派からだけ提起されたのではない。フランクフルト学派の第二世代を代表するハーバーマスは、一九六二年に刊行された『公共性の構造転換』においていちはやく市民的公共圏の内部に形成されつつある新たな身分制に注目し、これに警告を発した。ハーバーマスはこの動向に再封建化というアイロニカルな呼び名を与えている。[42] 一九七〇年代のフランスに登場したレギュラシオン学派は、フォード型の大量生産技術に対応して登場した公共政策や社会政策あるいは景気循環対策をとりあげ、これにレギュラシオン様式という名称を与えた。レギュラシオン学派の問題提起は、経済構造の分析に優位性をもちながらも、国家論の領域に致命的な弱点を抱えるマルクス主義の方法に新たな視点を導入し、その限界を超えようとするものであった。しかし、にもかかわらず、この試みによってマルクス主義国家論の構築が可能になったとまではいえない。というのも、レギュラシオン学派はフォード主義以降の現代国家に照明を当てているものの、古代以来の統治機能全体を射程に入れうる国家論を展開してはいないからである。あるいは、政治の作用や宗教をも含む倫理や文化の作用について、全体的な展望を可能とする理論を展開してはいないからである。レギュラシオン様式を媒介として国家と市民社会の一体化が現れた点に注意を向けたということ、ここにこの学派の貢献があったといってよい[43]。

これらの分析は、いずれも、総力戦体制を起点とする改革によって国家と市民社会の境界が突破され、そのことによって民主主義が古典的な作用を果たさなくなったことに留意するものであった。一般にコーポラティズムと呼ばれるこの新たな体制は、それ自体、アイロニーのうえに成り立っていた。というのも、民主主義や人権の名において階級差別を告発し、その修正を求める声は、それがいったん認められて体制の内部に定着するとなると、逆に体制にからめとられ、体制と一体化してしまうからである。国家権力とそれに対する抵抗の主体という二元論は、コーポラティズム体制においてはもはや有効に機能しない。抵抗運動と見えるものは、日本の労働組合が定例化した春闘に表れているように、実は体制に寄り添ってゆく運動でしかない。ここでも「抱きつき合い」が避けがたくなっている。抵抗運動だと社会的に認知されている運動は、じつは、精妙なパノプティコン装置にからめとられてゆくプロセスに他ならない。

現代社会のシステムが負わされたこうしたアイロニーを論ずる動向として、フランスのフーコーやドゥルーズ、イタリアのタフーリやメルッチやヴァッティモ、イタリア系であるがフランスで活動しているヴィリリオ、あるいは最近注目を浴びているネグリとハート等を数えることができる。彼らのうちから誰のまたどの著作を選んでもよかったであろうが、本稿では社会科学の領域に根ざしており、かつ、グローバリゼーションの時代をはっきりと視野にいれている著者としてウルリッヒ・ベックとジグムント・バウマンを参照してみよう。ベックの『リスク社会』（一九八六年）とバウマンの『立法者と解釈者』（一九八七年）および『モダーニティとホロコースト』（一九八九年）はともに一九八〇年代後半に刊行されており、グローバル化の進展とともに大きな変容を迎える社会科学について、それぞれ、注目に値する論点を展開している。また、この両者が相互の見解の違いにもかかわらず、しばしば敬意を払うべき筆者として言及しあっていることも、ここで二人を取り上げる要因として働いた。ベックの『リスク社会』が英訳されたのは比較的遅く、一九九二年のことであったが、この英訳版に対してバウマンは書評を寄せている[44]。両者の交流はこの書評に始まるといってよいであろう。これに対するベックの最初の反応は友好的とはいえないものであったが、その後は和解が進んだと思われる[45]。

ベックの『リスク社会』[46]は三部からなっている。「はじめに」および第一部「文明という火山——リスク社会の輪郭」は、アウシュヴィッツ（ドイツ）、ヒロシマ・ナガサキ（日本）、ハリスバーグ［スリーマイル］（アメリカ）、ボパール（インド）、チェルノブイリ（旧ソ連）に代表される二〇世紀中葉以降の大災害に言及するところから始められる。本総論の筋道からすれば、これらの大災害がいずれも第二次世界大戦期に開発された究極的破壊技術と直接・間接に関連しているという事実が見落とされてはならない。ベックが強調する産業社会からリスク社会への移行は、総力戦体制を歴史的出発点としているのである。

こうした大災害は、第一に、社会を政治的・文化的に区分してきた空間的障壁がいまや無意味化したことを物語っている。以前に存在しえた「他者」はいまや存在根拠をもたなくなった。というのも、これらの大災害においては、災害の規模があまりにも巨大であるがために、地球上の誰しもがそれを向こう岸の「他者」の悲劇として傍観することができなくなったからである。リスクはグローバルな規模に達したのであり、したがってグローバルな対応を要請している。第二に、以前の産業社会において政治的に規定的だったのは階級や階層といった社会的存在の様式であった。ここでは存在が意識を規定していた。しかし、リスク社会ではこの関係が逆転する。というのも、リスク社会においては「リスクをめぐる知識の発生と普及を研究対象とする社会学理論」が問題の枠組みを提示するようになり、この枠組みが政治に新たな潜在的可能性をもたらすからである。リスクが人類の破局とかかわる規模に達したために、この破局をめぐる知識と、この知識によって喚起される意識が、存在を規定しはじめたのである。第三に、科学が合理性に関する定義を独占していた状況は終焉を迎える。「文明に伴うリスクに潜在する科学的合理性と社会的合理性」は衝突しはじめた。かくして、専門家としての科学者の合理的判断は絶対ではなくなる。公衆は、彼らの下す科学的判断はリスクの許容限度を甘くみているのではないかと疑いはじめる。第四に、過去に関するデータ、現在得られるデータがいかに正確であったとしても、それは未来に起きる可能性をもつ災害を計る基準として十分だとはいえなくなる。経験的に起こったことの調査からではなく、経験的に起こったことがないこと、「間接的にも経験していない」ことに関する判断が政治的な意味をもちはじめる。未来という、いまだ経験したことのない不確実な時間領域への洞察が科学にとって避けがたい課題となる。科学は確実性の領域のみを対象とすることはできなくなり、むしろ不確実性の領域がその主要な対象となる。この最後の論点はフーコーのケースと対照的である。というのも、フーコーにとって主たる関心の的となったのは「知の考古学」であったのに対して、ベックの場合には、いまだ到来していない未来のリスクに関する知——「知の未来学」——が主たる関心の的となるからである。

フーコーにとってヘーゲルに代表される近代哲学の歴史意識はもはや意味をもちえない。永遠に進化を遂げる精神の自己発展として描きだされるヘーゲルの歴史哲学にかわって、フーコーの場合、過去の一定の時点に形成された規律・監視装置とその統制機能をアイロニーを込めて暴露すること、これが主たる課題となる。それに対してベックの場合、未来の時間を展望することが主たる課題となっている点ではヘーゲルと同じである。しかし、彼が取り上げる未来の時間はヘーゲルと異なって啓蒙の可能性を約束するものではなく、

「破局」(Katastrophe)を予想させる不確実な領域(災害の領域)である。この不確実性は社会の神経系を絶えず病的に緊張させることになる。また、その予測と防止のために膨大なコストがかかることとなる。ベックによれば、「リスク社会」は、「危険の防衛」という社会的正当性原理の結果として不可避的に一種の「全体主義」(Totalitarismus)に向かう傾向を内包している。[47] 社会的神経系統の病的緊張とその経済的コストは、いったい、どのようにして社会的に配分され、負担されるのであろうか。

第二部「社会的不平等の個人化——産業社会の生活形態の脱伝統化」は、福祉国家体制のもとで進行した脱伝統化の作用をとりあげてそこに「個人化」の動向を読み取る作業である。おそらくハーバマスの問題提起を継承してであろうが、ベックもまた、産業社会のもとで組織化された階級的集合行為が身分制的硬直化をもたらし、再伝統化を結果したと見ている。だが、この再伝統化は皮肉なダイナミズムのもとにおかれることとなった。というのも、産業社会において新たな身分と化した階級集団は、自らの要求する福祉国家体制のもとで自己解体の道を歩むからである。福祉国家体制は、階級の壁を超えた社会的移動を推し進め、教育の普及によってエリートへの道をオープンにした。女性もこの過程でその社会的位置を大きく変化させることとなった。女性はいまや、産業社会において再生産された家父長制秩序からの自己解放を推し進めていった。それだけではない。社会的存在以前のレヴェルで個人を包接していた家族関係さえもが安定的な準拠枠ではなくなる。

幼児保育や老人介護の社会的制度化にしめされるように、男性も女性も、いまや、家族を介してではなく、個人として生活世界における社会的再生産の単位となる。[48]「福祉国家における社会階級の脱伝統化とともに、連帯の成立を集団に限定したり、労働者に限定することによって、「プロレタリアート生産労働者」という歴史的原型に固定することはますます不可能になってきた」[49]。その結果として現れたのが「社会的リスクの個人化」である。いまや社会問題は、階級や階層の集団的存在という媒介項なしに直接に個人のレヴェルで現象するようになる。こうなってくると、社会問題はその社会的起源を不透明化するのであり、問題が生じるとすればそれはあたかも個人の努力の不足、あるいは性格の職業的不適格性にもとづくものであるかのように見えてくる。「社会的危機が個人的なものとしてあらわれると同時に、社会的危機がもはや知覚されないか、あるいはその社会的なものが間接的にしか知覚されない」ようになる。[50]個人化が進んだ社会では、一見すると解放されたかに見える個人は実は制度の内部に取り込まれ、社会的依存を深めてゆく。労働市場への依存、教育への依存、消費への依存、社会保障への依存、交通計画への依存、医学的・心理学的・教育学的な助言や補佐への依存、等々。[51]「個人化」の過程をとおして「自我と社会の関係はいわば逆転」して現れてくる。個人はますます社会的に形成された制度への依存を強めている。その意味で自我は社会的に決定されている。しかし、にもかかわらず、個人は「個人的な人生行路形成という目的のために個人と社会の関係を操作可能なものとして扱っているような自我中心的世界像を展開」するように仕向けられ、あるいは強制されている。社会的決定と自己責任による選択のこの双方向的な往復運動をさしてベックは「自己再帰性」(Selbstreflexivität)と呼んでいる[52](邦訳では「自己内省的」と訳されている)。ベックの展望は、このわずかに開いた隙間をくぐり抜けるようにして対抗的な意識が形づくられるだろうということ、ここにかけられているように見える。システムとしての社会が「リスク社会」での成功と失敗の責任を個人に負わせるとするならば、この外から強制された自己責任を逆手にとってシステム論理に反逆する自律的な意識が芽生える可能性もでてくるのではなかろうか。アルベルト・メルッチが『現在に生きる遊牧民』のなかでベックと同様に「個人化」の進展を語り、「自己再帰性」のもつ体制依存的側面と体制批判的側面の二重化を指摘していたことが想起される[53]。

第三部「自己再帰的な近代化——科学と政治が普遍化している」で主題となるのはサブ政治の概念である。産業社会と異なり、「リスク社会」では科学は自己自身の真理性を確証する場としての超越性をもはやもちえない。産業社会においては、科学と技術は政治の外側にあって企業や大学で営まれる私的領域であった。そこで産出された成果とその産業的応用が政治的コントロールの権限を逸脱することはなかった。しかし今日では、科学技術の展開はもはや議会や官僚行政といった政治的センターのコントロールが及ばない空間を形成しはじめ、しかも、巨大な社会的影響力（サブ政治）をもつようになっている。近代社会形成期において革命を推し進めたのは政治の領域であった。しかし、今日において革命を推し進めるのは科学技術である。しかし、この革命は伝統的な政治制度の枠外で進行するのであり、社会的な制御を受けていない。その典型例としてベックが吟味するのは、医学における体外受精や遺伝子操作であり、また、マイクロ・エレクトロニクスの導入による経営・管理構造の変化である。科学技術はすでに政治的意味をもつ社会的影響力を行使しているのだが、伝統的な民主主義的政治制度はそれをコントロールする能力をもっていない。この事態は政治への信頼を低下させている。ハンナ・アーレントの言葉を援用しながらベックはこう述べている。「不可視の（あるいはすでに顕在化した）副作用からなる支配、ハンナ・アーレントのいう「誰によるものでもない支配」が、発達した西側民主主義レジームを捉えてしまっている[54]」。伝統的な政治の枠外で不可視のうちに進行するサブ政治は、いかにすれば透明化され、政治的討議と審査の対象となりうるのであろうか。伝統的な議会政治としての民主主義はもはやそのままでは有効に機能しないことを見届けたうえで、ベックは新たな政治文化の形成が要請されると考えている。「メディアの受け手たる大衆、司法、プライバシー、市民運動、新たな社会運動」、ここには「なかば制度的に保証され、なかば制度を無視して表現される新たな政治文化[55]」が呼び出されようとしている。制度的に不定型なこの政治文化はアナーキーに見え、無秩序状態（アノミー）にいたるのではないか、という危惧も生じる。しかし、そうではなく、ここには「相互的統制という新たな中間形態」が生まれようとしているとベックは主張している。(56) 政治文化のこの新たな側面をもベックは「サブ政治」と呼んでいるのであるが、これはより正確には「対抗的サブ政治」とすべきであろう。ベックはこの「新たな政治文化」の一つの形態として「市民運動」があると述べているのであるが、ここでいわれる市民運動が、初期近代の主体である市民を担い手とするわけでないことはいうまでもあるまい。この市民運動は「リスク社会」の段階に特有の「対抗的サブ政治」が押し上げる「自己再帰的」現象なのである。

ベックの問題提起は、こうして見ると、既存の科学哲学の枠組みを超える水準にあることがわかってくる。科学は、自然科学であれ社会科学であれ、それ自体の内で自己完結することはもはやない。科学の主張は絶えず対抗科学の立場からする社会的吟味にさらされるようになる。現代の科学は、科学と社会の間のこうした摩擦をともなう交流関係を避けることができない。いや、それどころか、狭義の科学とそれへの対抗運動との摩擦をはらんだ社会的交流関係こそが、新たな科学の先端的な研究領域となるのである。ベックはギデンズおよびラッシュと組んで「自己再帰性」(self-reflexivity) 概念を用いた現代社会分析を提唱したのであったが、(57) 他の二人はともかく、ベックに関するかぎり、この提起が社会科学の方法の根本的な組み替えを要請するものであったことは注目に値する。ベックはマックス・ヴェーバーばかりではなく、フーコーをも念頭におきながら、これらを古典的社会学の基本前提になお囚われた見方だと断定して批判している[58]。彼らは現代社会を合理化の極限において「鉄の檻」ないし「パノプティコン装置」に行き着いた秩序と見ているのであるが、こうしたペシミズムは「古びたカテゴリー（階級、家族、性別役割、産業、技術、科学、国民国家など）を用いつづける」限りでは不可避の状態と思われてくる。しかし、既成化した古典社会学の枠組みを解体し、リスク社会の現実を直視するならば、そこから新しい時代の展開に対応した新しい社会学が可能となる。このベックの問題提起はヨーロッパ的規模で反響を呼び、イギリスの若い世代を代表するバーバラ・アダムらと提携して活発な活動が展開されつつある[59]。

ベックは、上の議論の延長上にさらにこう述べている。産業社会とは異なり、リスク社会では「外からも内からも目に見える一体的な社会的集団は形成されない。社会階層とか社会集団とか社会階級は発生しないし、組織されることもない[60]」。しかし、この論点には留保が必要であろう。高度技術社会のもたらすリスクが人類全体を覆う普遍性を帯びて現れることは事実であるが、しかし、そのリスクの負担があまねく個人化され、均等に配分されるという意味でも普遍的かとなると、まったくそうではあるまい。バウマンの認識はこの点についてベックと対照的である。バウマンはグローバリゼーション時代の「新たな貧困」（山之内、酒井編『総力体制からグローバリゼーションへ』第Ⅱ部「労働の論理から消費の美学へ」）を語るのであり、この「新たな貧困」にともなう独特の階層分化を指摘している。

ベックの分析が近代産業社会のはらむアイロニー——科学技術の発展それ自体がもたらすリスク——に視点を集中するものであるとすれば、バウマンの分析は古典社会学がはらむスキャンダルにその焦点を合わすものだといってよい。『立法者と解釈者』にはマックス・ヴェーバーに対する暴露的批判が見て取れる。

バウマンによると、ピューリタニズムがもたらした「禁欲的職業労働のエートス」に焦点を合わせ、ここから近代世界誕生の歴史物語を紡ぎだしたヴェーバーの方法は、宗教改革時代の実態を捉えたものではない。それは近代の合理性が行き詰まって「鉄の檻」と化した時代が自己救済のために後から捏造した神話なのである。「ピューリタンとは「内面志向型」の自制的な人間を意味していたのだが、それも知識人たちが、自分自身の生活様式の視点から、理性に導かれた社会の中心的な行為者、そうした社会の産物として説明したものである」。ヴェーバーの有名なテーゼは、だから、「ピューリタンがいないのなら、それは発明されなければならない」という要請に従って後から捻り出された虚偽意識だというのである。[61]

このスキャンダラスな論難は、ヴェーバーの問題提起の本来の筋道を外している。ヴェーバーにとってピューリタニズムとは、なるほど近代世界に適合的なエートスを練成した変革の思想であったが、しかし、ヴェーバーが「この歴史の知的モデルへの賛辞」を奏でたというバウマンの読み方はまったくの誤読である。ヴェーバーの真意はまさに逆であった。というのも、プロテスタンティズムによって構成されることとなった新たな意識は、専門職業の合理性をテコとして「鉄の檻」とも呼ぶべき近代官僚制支配の機械装置が生み出されるにあたり、その「一貫した倫理的基礎」として働いたということ、この巨大な歴史的アイロニーの分析がヴェーバー社会学の中心に位置する課題だったからである。ヴェーバーはヨーロッパ宗教改革のエートスに賛辞をささげたのではない。逆にそこに、社会工学化した技術合理主義が誕生し、展開してゆく「倫理的基礎」を見いだしていたのである[62]。

バウマンのヴェーバー論難は、ヴェーバーが壮大な物語として提示した近代批判の脈絡を理解し損なっている。ヴェーバーは宗教改革にまでさかのぼって近代合理主義批判を遂行しようと志していた。しかし、このバウマンの誤読は一面で事の真理を突いている。というのも、大方のヴェーバー研究なるものは、現代社会の行き詰まりに直面して自己救済を求め、ヴェーバーのテーゼのなかに失われた近代の可能性を回復する根拠を見いだそうとしたからある。近代の自己救済として現れたこの種のヴェーバー学――虚偽のヴェーバー学――は、日本の市民社会派においてその頂点に達していた[63]。虚偽のヴェーバー学がその根底に潜ませていたスキャンダルをあからさまにした点でバウマンの論難には意味がある。

バウマンの議論は、さらに、ヴェーバーとは対照的な形でヨーロッパ近代の形成史を描きだそうとするのであり、その点でも示唆に富んでいる。ヴェーバーがプロテスタンティズムを担う社会層として産業的中産層に注目したのに対して、バウマンはヨーロッパ近代における国家権力の形成を大量の浮浪民の発生と結びつけている。中世共同体が解体することによって、共同体の境界を越えて流動するノマドの大群が出現した。局地的な権力にとどまっていた封建貴族にはこの事態に対応する能力がなかった。こうして、国家的規模で問題を処理する能力をもった知識人（＝立法者）が権力行使の新しい主体として絶対王制を押し上げてゆき、やがてフランス革命にまでいたりつく。近代形成期が浮浪民を社会的基盤として説明されたと同じように、現代のシステムもまた、国家的秩序によっては統制され得ない新しいタイプの浮浪民の出現によって説明される。現代社会は、こうして新しいタイプの「二つの国民」（＝階層分化）、新しいタイプの「貧困」を抱えた厄介な事態に直面することとなる。

新しいタイプの貧困を説明するにあたって、バウマンはヴェーバーの「禁欲的職業労働のエートス」を比較の基準として援用しようとする。かつて近代の産業社会が登場したとき、労働のエートスが社会的統治の正当性根拠として、また、個人の倫理的正当化根拠として働いた。これとは対照的に「消費の美学」に依拠するポスト現代社会では消費に過剰な意味が付与されるようになる[64]。イタリアの建築評論家タフーリは、かつて、現代社会を「自己プログラム化するサイバネティックス」と呼んだのであるが[65]、バウマンのポスト現代社会認識もそれと似ている。ポスト現代の社会では、普遍化した消費の欲求が労働倫理の歯止めを失って「自己プログラム」化し、一種の自動運動装置として働きだす。かつてヘーゲルは市民社会を「欲求の体系」と呼び、この体系は外枠としての制御機構（＝国家）なしには正常な機能を続けることができないとしたのであった。なぜなら、「欲求の体系」において欲求を生み出すのは、欲求している当の本人なのでなく、「その欲求が生じることによってもうけようとする人びと」の働きかけだからである（『法の哲学』第一九一節）。利益を得ようとする無数の人々の相互作用が無制限に許容されるとき、そのシステムは途方もない道徳的頽廃にまで落ち込む。これがヘーゲルの警告であった。バウマンの見るところ、ポスト現代の消費社会もまた、歯止めなき「欲求の体系」がとどまるところを知らずに自己増殖するシステムなのである。情報革命によって時間的にも空間的にも流動化し「液状化」したグローバリゼーションの時代には、「欲求の体系」の内部に位置する者とそこからはみだしてしまった者の間に苛酷な区分線が引かれてしまう。内部にいる者は精神的に豊かでいられるかというと、まったくそうではない。彼らは、いつ自分も外部にはじき出されてしまうかもしれないという恐怖に駆られて、内部にいる者たちを統制する規律に否応なしに適応するのである[66]。

バウマンの批判的認識は根源にまで達する趣がある。しかし、ベックとは異なり、バウマンは未来へ向けた対抗運動(新しい社会運動)の展望を示そうとはしない。バウマンの方法は時系列的な歴史性の探究に対しては意識的に距離をおくものであり、比較類型学的関心へと自己の課題を限定している。

五 「痛みの連帯」か「生命への畏敬」か——日常生活批判と身体

総力戦体制からグローバリゼーションへとたどってきたわれわれの考察は、二〇〇一年九月一一日のテロ事件によって新しい状況へと導きだされてしまった。新聞は国際テロリズムを相手とする「未知の総力戦」の時代が始まったと書き立てている(『朝日新聞』九月一八日)。この事態は、しかし、これまで参照してきた諸論考のなかですでに予告されていたといってよい。バウマンはホロコースト問題を特殊にドイツ的な問題、あるいは、ドイツ近代の特殊な道の問題という脈絡から解き放ち、それを近代そのものの本質に由来する社会工学的合理主義の帰結だと語っている。ホロコーストはドイツないしナチスだけに焦点を合わせるべき局地的な事件なのではなく、近代合理主義による社会設計思想の究極の地点で生み出された排除=抹殺作用なのである。また、その被害をユダヤ人だけの悲劇として囲い込むことも誤っている。ドイツ近代の特殊な道と結びつけ、あるいはユダヤ人に特殊な悲劇とすることによって、従来の歴史学や社会科学は近代合理主義そのものがはらむ問題性を免責してきた。これがバウマンの主張である。(67) 目にはしかと見えないとしても、われわれはすべてホロコースト以後の世界に生きている。いや、ホロコーストそののなかに生きている。ホロコーストは決して過去の出来事なのではなく、現在の秩序そのものの特性なのである。ベックもまた、異なった角度からではあったが類似の問題を提起していた。ベックによれば、リスク社会の秩序は自ずと全体主義へと傾斜してゆくであろう。さらに驚くべきことだが、アンリ・ルフェーヴルはすでに一九六〇年代の末に、現代社会は「テロリスト社会」へと転化してしまったと述べている。「[現代社会では] 誰でもがテロリストである。というのも彼は(たとえ一時的であるにせよ) 権力に参与したいと願うからである」(68)。「テロリスト社会」に生きる人間は日常化したテロルに慣れ切ってしまい、外部ないし周辺の他者に対しておのれの属するシステムがテロルを行使していることに気づかない。あるいは、たとえ気づいてもその痛みに共感する感性を失っている。ルフェーヴルの警告を少し拡張すればこういえるであろう。「テロリスト社会」は周辺化された他者を絶望に追い込み、そこに無数のテロリズム実行予備軍を生み出す。この事態こそはパレスチナ問題に根源をもつ九月一一日事件の輪郭に他ならないのである。ルフェーヴルを先駆とし、バウマンやベックへと続く訴えは、グローバル化した都市の頂点に立つシンボル的なタワーが爆死を覚悟したテロリズムの前にいとももろいものであることが映像化されたことにより、実感として受け止められるようになった。「自由を守るために断固たる報復を」というアメリカ大統領の演説は、その「自由」なるものが「恒常的な戦争準備（＝社会全体の兵営化）」を要求するものであることを、つまり、社会工学的に設計された緻密な防衛と攻撃の計画を不可避とすることを明らかにしている。あるいは、人権よりも安全を優先させた監視と警察の機構が不可欠であることを明らかにしている。アイロニーを通り越して、これはスキャンダルそのものというべき事態である。

おなじ論点がハイデガーの「ヒューマニズム書簡」を素材とするヴァッティモの論説にも読み取れる[69]。ヴァッティモによれば、技術文明がその極に達して人間を操作すべき対象に変えてしまったことにより、ヒューマニズムは危機に陥った。だが、これを技術がヒューマニズムを脅かしている状態と見るべきではない。というのも、技術はそれ自体としては道具なのであり、中立的なものだからである。技術のエッセンスは、むしろ、絶えず進化してゆく精神の名において語られる「真理」なのであり、近代においてその「真理」の位置を占めるのはヒューマニズムなのである。それ故にこう言われねばならない。技術とヒューマニズムは相反する二項対立の関係に立つのではなく、ヒューマニズムこそが技術を生み出し進化させてゆく究極の起動力なのである。つまり、ヒューマニズムがヒューマニズムを危機に陥れているのである。

この途方もないアイロニーを前にすれば、誰しもがたじろがずにいられない。このたじろぎのなかから、しかし、ヒューマニズムの再定義にまでさかのぼる模索の旅が始められなくてはならないであろう。記憶の政治学が要請するテーマとして最後に残されていた問題がここに浮上する。国家と市民社会が一体化し、「誰でもが権力に参与したいと願う」システムが成立したこと、これが現代社会の根源にある問題性だとするならば、こうした権力への抵抗は自分自身の日常生活に立ち入った自己批判的検討とならずにはいない。

ベックの立論は存在と意識の関係が逆転することに焦点を合わせるものであり、知識社会学にその拠点を求めるものであった。『立法者と解釈者』の構成が示すように、バウマンの立論も全体が知識人論の展開となっている。あるいは、「ホロコースト」状況や「液状化」する社会をいかに認識するかが問いの中心におかれ課題となっている。それに対し、近代にはじまり、現代において社会工学的プロジェクトへと洗練されていった合理化について、身体の領域からその限界ないし問題性を掘り下げる試みが現れてくる。知識が多くの人々によって共有される普遍性を特徴としているのに対して、身体は自分自身と一体化した生命の器であり、各人の日常生活と結びついた個別性を特徴としているからである。酒井直樹を代表とする雑誌『トレイシーズ』は、その第二号に「人種パニックと移民の記憶」を掲げて特集している[70]。巻末におかれたブレット・ド・バリーの「編集日誌」は、この特集に収められた多くの分析や主張を整理する過程で、編集作業者がどのような精神的迷路をさまよったかを語っている。そこで行き着いた一つの極点が「痛みの連帯」という境地であった。金成禮の「国家暴力と性の政治学――済州四・三虐殺を中心に」にまで編集作業が進んだとき、ド・バリーは筆者が「どう言った声が既存の物語のなかで全く排除されてきたのかを探り出そう」としていることに気づかされる。金が済州島をめぐる「死の政治学」から語りだそうとしているのは「身体や主体性や痛み」であり、「女の身体が暴行や棄却の対象」とされてしまった過程にかかわる記憶の復元である。さらにはアカというレッテルによって「集合性のシニフィアン」と化し、「沈黙という第三の暴力にさらされ」てきた事態である。済州島の女性たちについて「彼女たちのようなサバルタン的主体には『彼女たち自身の』痛みさえも奪われている」と金はいう。アイルランドを経験の背景とするルーク・ギボンズ「国民の賓客――アイルランド、移民、ポストコロニアルの連帯」についても、ド・バリーは身体の領域に注目する。身体に加えられた暴力は、言葉には表現できず、例え外的障害は消えたとしても言語表現を超えた身体的深層の傷として――例えば失語症として――残される。「傷についての文学をもっと複雑に読み込んでいく」必要にこの特集の編集者は気づかされている。

ド・バリーは「痛みの連帯」という通奏低音を特集の諸論文から読み取ってきたのであるが、しかし、この「連帯」は理論や政治的志向によって、あるいは言葉によって保証されるものではない。この点にまで到りついたド・バリーは、暗澹たる思いを込めてこう語る。「痛みの連帯」は、それが一時的な認識に終わるとすれば惰性化し、ただ言葉のうえだけのものへと制度化してしまう。つまり、ただの知識へと還元されてしまう。それは認識者の側の身体にまで転移され、そこに傷として刻印されるような連続的プロセスとして内化されたとき、真に意味ある連帯となる。だが、はたしてそのようなプロセスは持続可能であるのだろうか。

身体論には、さらに別の可能性を引き出してくるモーメントも潜在していると思われる。というのも、近代を特徴づける道具主義的ないし機能主義的合理性がわれわれの日常性を支配するまでに浸透し、そのことによって自然とのかかわりがほとんど消失してしまったにもかかわらず、肌身を通して自然を感じ取りたいと願う欲求はなお潜在的に残されているからである。社会工学的に構築された現代の生活環境によって自然への感受性は抑圧されてしまった。にもかかわらず、この感受性は根絶できない要素として身体のレヴェルに残されている(71)。というのも、身体は他ならぬ生命の直接の器なのであり、生命の器であることを通じて自然と連関しているからである。下村寅太郎は機械によって身体が拡張されたのだという点を強調し、ここから「科学技術ロマン主義」への道を切り開こうとした。この下村の指示する方向こそは、超近代としてのモダニズムによってファシズムを正当化する道であった。下村はいま一つのロマン主義、つまり、古風なロマン主義を軽蔑している。しかし、この古風なロマン主義——例えば保田與重郎のケース——は、実は下村流の科学技術ロマン主義と野合することによってファシズムのイデオロギーを合成したのであった。そのために、戦後思想のなかではロマン主義の評価は高くなく、むしろ、復古的なナショナリズムをもたらす反動と見なされる傾向が強かった。そうした戦後思想に異議を唱える社会科学者は、まったくの変わり者と見なされてきた[72]。

しかし、例えば『万葉集』に息づいている豊かな自然観は、直ちにナショナリズムと結びつくわけではない。それをナショナリズムと直結させる思考は、決して古代人のものではない。むしろ、それは国民意識を過剰にまで強要してやまない近代以降の特殊なイデオロギーなのである。これに対して古代人の残した自然観には、近代以降の文明が記憶のなかから抹殺し、忘却へと追い込んでしまった身体的記憶が力強く刻印されている。

テッサ・モーリス・鈴木の『辺境から眺める』は古代人の身体的記憶に共感するところから出発している[73]。「あとがき」が記すところによれば、モーリス・鈴木はオーストラリア先住民の永い歴史が忘却され、ヨーロッパからの大量の移民がやってきてから以後のみをオーストラリアの歴史として描いてきた記述のあり方に次第に疑問を抱くようになった。この疑問を彼女が専門とする日本研究に投影したとき、同じような扱いを受けてきた日本の先住民がいたことに気づかされる。こうして、日本近代史から抹消されたままとなってきたアイヌやウイルタの失われた記憶をめぐる研究が始まった。「一九九〇年代初期に、ある書物でウイルタの人びとの歴史……について書かれたものを最初に読んだときに感じた驚愕を、私は今でも鮮明に覚えている。わたしははじめて、近代における国境線の画定が多くの小社会にもたらした劇的な暴力の意味を、いくばくか理解しはじめた」のである。モーリス・鈴木の場合も「痛みの連帯」が研究の動機として大きなモーメントを占めている。しかし、それと同時に、オーストラリア先住民が残した岩絵の数々に接して得た感銘——例えば「海の哺乳類であるイッカクの見事な彫り絵の輪郭」への感嘆——が彼女の研究を促すいま一つの動機となっていることを、見落としてはなるまい。冒頭の「辺境から眺める」を見ると、スティーヴ・マーグリンが参照され、「エピステーメ」と「テクネー」の区別が検討されているのを見ることができる。「エピステーメ」とは「分析をこととし、明晰であり、理知的で、理論的で、専門化された知識であって、普遍妥当性を必要とする」。これに対して「テクネー」は「全体的（ホーリスティック）で、明確でなく暗示によって伝えることがしばしばであり、実践的で、パーソナルな知識」である。それはまた、「眼、手、ハートを必要とし、論理的な推論だけではなく、伝統や直観から引き出されるものであって、普遍性請求をかかげはしない」。ここでテクネーと呼ばれている知識は、理論的に純化したエピステーメと比べた場合、身体との直接の繋がりを強く保存している点で特徴的である。レヴィ＝ストロースの『野生の思考』を読んだ者なら、おそらくそこに、ブリコラージュと重なるイメージを見いだすであろう。モーリス・鈴木は前者による後者の圧伏過程を当然の事態と受け止めてきたこれまでの知識社会学に異議を唱えている。実際にはこれら二つの知識体系は、相互に補完し合ってできたのであり、これからもそうでなければならない。「集権的知識体系の創造（前者）と分散型知識体系の創造（後者）との間での、はるかに複雑な二方向への引っ張り合いと、そこから生ずる数多くの社会形態のあいだの複雑に絡み合った相互交錯作用（インタープレイ）」として人類史を描き直すこと、これがモーリス・鈴木の提起する課題である。

「テクネーにもとづいた小さな知識体系の強みは、主に、周囲の相対的に小さなコスモスの内部での相互関係についての深い認識と、予知不可能なもの、不規則なもの、不確かなものへの感受性とに見ることができる」。近代以後の社会は「予知可能性」「規則性」「確実性」を求めて生活空間を設計してきた。この社会工学的合理性からすると、「予知不可能なもの」「不規則なもの」「不確かなもの」の存在は不安をそそるのであり、排除されなければならないノイズである。しかし、いまでは、ノイズをまったく排除した清潔で整頓された空間への希求こそは、「ホロコースト」を不可避のものとし、「テロリズム社会」を生み出していることが、次第に明らかとなってきた。こうなってみると、「テクネー」の知は曖昧な身体の感受性に依拠するものであるとはいえ、いや、曖昧な身体の感受性に依拠するものであるが故に、かえって、われわれの日常生活を批判的に再構築するにあたって不可欠な知の型であることがわかってくる。

「周囲の相対的に小さなコスモス」にふたたび関心を取り戻さなくてはならないとモーリス・鈴木は訴えている。そうした「小さなコスモス」が意味をもつのは、それが身体を介して自然界の数々の生命と交流する場となっているからだと考えてよいだろう。この「小さなコスモス」は、同時に、そこでの数々の生命との交流を共有することによって、バーチャル化した人工的空間では生じえない身体的触れ合いの空間をわれわれに取り戻す場でもある。「痛みの連帯」は外部から加えられた負の要素に動機づけられているという点で消極的かつ受動的なモーメントである。それに対して身体を介する「生命への畏敬」は、同じ連帯を構築するとしても身体に内在する欲求によって動機づけられているのであり、強い共感を誘う積極的なモーメントである。ここで言及されている「周囲の相対的に小さなコスモス」を、長らく哲学的な考察の対象となってきた「場所」問題に重ねてみよう。そうすると、そこに「場所感覚の消失」に苦しむ現代社会が袋小路を脱するための開口部が示されていることが見えてこないであろうか[74]。「痛みの連帯」と「生命への畏敬」は共に身体に根ざす共感に発している。しかし、この両者が相互に排除し合うのではなく、相互に共鳴し合うとき、「日常生活の批判」はゆるぎない根拠を得るといってよいであろう。

註

（1） John Dower, *Embracing Defeat. Japan in the Wake of World War II*, 1999. 邦訳『敗北を抱きしめて』上・下（岩波書店、二〇〇一年）。

（2） マックス・ヴェーバーは『プロテスタンティズムの倫理と資本主義の精神』のなかで宗教倫理と経済体制（資本主義）の関連について論及し、前者が生の意味に関して投げかけた主観的動機づけ（意図）と後者の客観化された制度の間には逆説的な連関が見られるとしている。というのも、純粋に宗教的な救済を願う信徒たちの主観的意識においてまったく目的外におかれていた副次的な作用が、「意図せざる結果」（ungewollte Folgen, unintended consequences）として歴史的な制度的強制力を生み出すからである。社会科学の方法として「意図せざる結果」の論点を組み入れる着想はアダム・スミスの『国富論』（一七七六年）ですでに語られていたのであるが、しかし、スミスとヴェーバーの間には、同じ表現を用いながらもまったく異なった構想が見いだされる。スミスは市場社会における利己的動機をとりあげ、その主観的には自己中心的な意図にもかかわらず、結果として社会全体の福祉は最大化するという逆説を述べたのであったが、ヴェーバーはその反対に、宗教的救済に発する倫理的行為をとりあげ、その主観的には純粋な救済への願望にもかかわらず、結果としては機械仕掛けの硬直的な支配秩序（＝官僚制の「鉄の檻」）が出来上がるという逆説を述べたのであった（山之内『マックス・ヴェーバー入門』岩波新書、一九九七年を参照）。同じ表現が社会科学の根幹にかかわる論理として提示されているのであるが、両者が近代社会に対して自らを位置づける角度は一八〇度異なっている。スミスが登場しつつある近代社会に楽観的な希望を託していたのに対して、ヴェーバーは危機の時代を迎えようとする近代社会について宗教改革にまで遡る文化批判の必要性を語っている。「意図せざる結果」の論点は現代社会分析の方法とかかわって再び浮上している。後述、註58を参照。
（3） 山之内靖、ヴィクター・コシュマン、成田龍一編著『総力戦と現代化』（柏書房、一九九五年）。その後、コシュマンの introduction を含む本書の英訳版が刊行された。Yasushi Yamanouchi, J. Victor Koschmann, Ryuichi Narita ed., *Total War and Modernization*, 1998, Cornell East Asia Series.
（4） A. Marwick, B. Waites, A. Giddens, Christopher Dandeker, Lweis A. Erenberg & Susan E. Hirsch といった著者たちによる研究動向については、山之内「戦時動員体制の比較史的考察」〔本書第2章〕、「戦時動員体制」、「戦時期の社会政策」〔本書第4章〕、「総力戦からグローバリゼーションへ」（いずれも『日本の社会科学とヴェーバー体験』筑摩書房、一九九九年、に所収）を参照。ドイツの状況については、われわれの『総力戦と現代化』に参加した Michael Prinz による紹介（「ナチズムと近代化――ドイツにおける最近の討論」）を参照。

マーウィック（Arthur Marwick, *Britain in the Century of Total War*, 1968 等）やティトマス（Richard Titmuss, *Problems of Social Policy*, 1950）による先駆的業績以来、いちはやく総力戦体制のもたらす巨大な変動に――とりわけその国民的総合作用に――関心をもってきたイギリスの研究動向については、特別の注意を必要とする。というのも、イギリスでは、マーウィックやティトマスの議論は総力戦体制の下での変動を過度に強調しているのではないか、とする「修正主義」の論調がすでに現れているからである。修正の要請はとりわけ女性の統合をめぐる評価に集中している。Penny Summerfield,

'Approaches to women and social change in the Second World War,' in: Brian Brivati and Harriet Jones ed., *What Difference Did the War Make?*, 1993; Harold L. Smith, *Britain in the Second World War: A Social History*, 1996.

総力戦体制下の女性をめぐる日本のケースについては、上野千鶴子『ナショナリズムとジェンダー』（青土社、一九九八年）が総括的な問題提起を行っている。女性兵士の社会的地位をめぐるソ連・アメリカ・日本のケースを比較したものとして、佐々木陽子『総力戦と女性兵士』（青弓社、二〇〇一年）を参照。

イギリスのOpen Universityを舞台として企画されたWar, Peace and Social Change: Europe 1900–1955のシリーズは貴重な貢献である。なかでも、二つの世界大戦がもたらした社会変動に関して主要な議論を紹介し、そこに見られる多様性を浮き彫りにした次の企画は示唆に富んでいる。Clive Emsley, Arthur Marwick and Wendy Simpson ed., *War, Peace and Social Change in Twentieth-Century Europe*, 1989.

総力戦体制期のアメリカが経験した社会変動の包括的な叙述として、上杉忍『二次大戦下の「アメリカ民主主義」』（講談社、二〇〇〇年）を参照。

一九一七年のロシア革命とともに出現した共産主義体制について、これを総力戦との関連で位置づける見解が現れている。鈴木義一「第一次世界大戦とロシア革命」（馬場哲、小野塚知二編『西洋経済史学』東京大学出版会、二〇〇一年、所収）を参照。一九四九年の中国革命についても同様の分析が必要とされるであろう。

二つの世界大戦を中心において現代史全体を展望したEric Hobsbawm, *Age of*

Extremes. The Short Twentieth Century 1914–1991, 1994. 邦訳『二〇世紀の歴史——極端な時代』上下（三省堂、一九九六年）は、総力戦を軸として巨視的な構図を描きだしている。

（5）John Dower, *Origins of the modern Japanese state. selected writings of E. H. Norman*, 1975.

（6）アメリカの日本現代史研究においてダワーが占める位置、とりわけ先行するライシャワーとの差異については、成田龍一のすぐれた書評「ジョン・ダワー『敗北を抱きしめて』」（『年報・日本現代史』第八号、現代史料出版、二〇〇二年）を参照。関連する討論として、酒井直樹、T・フジタニ、成田龍一「アメリカの「日本」／アメリカからの声」（『現代思想』一九九五年九月号）も参照されたい。

（7）Robert N. Bellah, *Tokugawa Religion. The Values of Pre-Industrial Japan*, 1957. 邦訳『日本近代化と宗教倫理』（未來社、一九六六年）。Thomas C. Smith, *The Agrarian Origins of Modern Japan*, 1966. 邦訳『近代日本の農村的起源』（岩波書店、一九七〇年）。

（8）代表的には、ユルゲン・コッカ「組織資本主義か国家独占資本主義か」『現代の理論』一九七六年四月（山之内『現代社会の歴史的位相』日本評論社、一九八二年、一三〇頁）を見よ。関連して、Jürgen Kocka, 'Kontroversen über Max Weber,' in: *Neue Politische Literatur*, 1976-Heft 3. 邦訳『マックス・ヴェーバー　西ドイツの研究動向』（未來社、一九七九年）。「近代官僚制と経営の革新能力は、ヴェーバーによって（他には例えばシュンペーターによっても）著しく過小評価されていたようである。これは社会変動に関する彼のモデルの弱点を示している」。同上邦訳、五五頁。コッカやヴェーラーに代表される社会構造史学派に呼応する邦語の研究としては、大野英二『現代ドイツ社会史研究序説』(岩波書店、一九八二年)、とりわけ、その最終章「「組織資本主義」論の問題点」を参照。

(9)「ニューディール対ファシズム」の二元的対抗関係を主題とする現代史の叙述として、代表的には、関口尚志、梅津順一『欧米経済史』(放送大学教育振興会、一九八七年)を参照。これに対し、先の『総力戦と現代化』は、第一次世界大戦に始まる強制的な国家統合とそれがもたらす国家間対立こそがファシズム台頭の根源的要因であったと捉えている。山之内『日本の社会科学とヴェーバー体験』(前出)はそうした観点に立って戦後日本における社会科学ないし歴史学の主潮流を相対化する試みである。木畑洋一『第二次世界大戦——現代世界への転換点』(吉川弘文館、二〇〇一年)は総力戦体制論の有意味性を認めながらも、なお、基本的には「ニューディール対ファシズム」の二元論を保持すべきだとしている(同上書、一三〇頁以下)。

(10) 石田雄『日本の社会科学』(東京大学出版会、一九八四年)。同『社会科学再考——敗戦から半世紀の同時代史』(東京大学出版会、一九九五年)。

(11) 山之内「戦後半世紀の社会科学と歴史認識」(『歴史学研究』一九九六年一〇月号)。同「戦争テクノロジーの二〇世紀」(『二〇世紀への問い』岩波書店、二〇〇〇年)。

(12) Niklas Luhmann, 'Wie ist soziale Ordnung möglich?', *Gesellschaftsstruktur und Semantik. Studien zur Wissenssoziologie der modernen Gesellschaft*, Band 2, 1981. 邦訳

『社会システム理論の視座』（木鐸社、一九八五年）。

(13) 戦時動員体制がもたらした社会的編成作用を強調する新しい研究動向に対し、「戦争の記憶」を対置することによってその欠落点を指摘する批判が現れている。野上元「戦時動員論再考——「戦争の記憶」との関連で」（『年報社会学論集』第一三号、二〇〇〇年）。野上の批判は「戦争の記憶」の形成を戦争終結時における「復員」の過程に直結するという単純な手法に依拠している。このため、野上の思考からは「記憶」の形成が同時に「忘却」や「隠蔽」の過程でもあったという重要な問題が抜け落ちてしまう。野上は「「戦時動員＝近代化」論は新しいものではなく」すでに戸坂潤（一九三七年）によって指摘されていた、と述べて総力戦体制論の意義を否定しようとしている。だが、この指摘は無意味である。私もまた、すでに戦時期の大河内一男や下村寅太郎によって総力戦のもつ体制変容作用が強調されていたことを論じてきた（山之内「参加と動員——戦時期知識人のプロフィール」初出、一九九二年。『システム社会の現代的位相』岩波書店、一九九六年、に再録）。さらにさかのぼれば、すでに第一次世界大戦の最中に河上肇は戦時動員による社会化の進展に注目していた（『貧乏物語』一九一七年）。野上の議論には、戦時期には「オーソドックス」（野上）であった総力戦体制論が戦後になって隠蔽されてしまったのは何故か、あるいは、総力戦体制論の再度の——本格的な、世界同時的な——登場が一九八〇年代の後半以降にまで引き延ばされたのは何故か、という問いが欠けている。

(14) 酒井直樹「共感の共同体と空想の実践系——東アジアにおけるアメリカ合州国の存在をめぐって」（『現代思想』二〇〇一年七月、臨時増刊号）。

(15) 金石範、金時鐘『なぜ書きつづけてきたか なぜ沈黙してきたか――済州島四・三事件の記憶と文学』(平凡社、二〇〇一年)。済民日報『済州島四・三事件』第一巻～第五巻(新幹社、一九九四―二〇〇〇年)。

(16) 平田清明『市民社会と社会主義』(岩波書店、一九六九年)。

(17) 内田芳明『マックス・ヴェーバーと古代史研究』一二七頁 (岩波書店、一九七〇年)。

(18) マルクスについては、山之内『現代社会の歴史的位相』(前掲)「序章」「第二章」を、ヴェーバーについては、同『ニーチェとヴェーバー』(未來社、一九九三年)、同『マックス・ヴェーバー入門』(前掲)、同『日本の社会科学とヴェーバー体験』(前掲)を参照。

(19) ジョン・ロック『市民政府論』(原著、一六九〇年。邦訳、岩波文庫、一九六八年)。

(20) ヘーゲル『法の哲学』(原著、一八二一―二三年講義ノート。邦訳、『世界の名著』中央公論社、一九六七年)。山之内「初期マルクスの市民社会像」(『現代思想』一九六六―六八年、連載)を参照。

(21) マックス・ホルクハイマー、テオドール・アドルノ『啓蒙の弁証法』(原著、一九四七年。邦訳、岩波書店、一九九〇年)。

(22) Jeffrey Herf, *Reactionary Modernism. Technology, culture, and politics in Weimar and the Third Reich*, 1984. 邦訳『保守革命とモダニズム』(岩波書店、一九九一年)。

(23) ヴァルター・ベンヤミン「複製技術時代の芸術作品」一九三五―三六年(『ベンヤミン・コレクション』1、筑摩書房、一九九五年)。

(24) 下村寅太郎「近代の超克の方向」(『近代の超克』冨山房、一九七九年、所収)。

(25) 下村寅太郎『科学史の哲学』初出、一九四一年(『下村寅太郎著作集』第一巻、みすず書房、一九八八年)、特に「4 科学論の方法について」「5 現代における人間の概念」を参照。山之内「参加と動員」(前掲)一六四頁、参照。

(26) 小野清美『テクノクラートの世界とナチズム――「近代超克」のユートピア』(ミネルヴァ書房、一九九六年)。

(27) Talcott Parsons and Neil J. Smelser, *Economy and Society*, 1956. 邦訳『経済と社会』(一九五八―五九年、岩波書店)。山之内『現代社会の歴史的位相』(前掲)第六章「パーソンズにおけるマルクス・ヴェーバー問題」を参照。

(28) Talcott Parsons, 'Authority, Legitimation, and Political Action,' *Nomos*, No. 1, 1958. 山之内『現代社会の歴史的位相』(前掲)第六章第五節「権威・正当化および政治的行為」、を参照。

(29) ミッシェル・フーコー『監獄の誕生――監視と処罰』(原著、一九七五年。邦訳、新潮社、一九七七年)。

(30) フーコーが近代世界の権力について「監視と処罰」という観点を押し出したからといって、それがもっぱら「禁止」や「抑圧」を意味するものと受け取ってはなるまい。「権力は〈排除する〉、それは〈抑制する〉、それは〈抑圧する〉、それは〈取り締まる〉、それは〈抽象する〉、それは〈仮面をかぶせる〉、それは〈隠蔽する〉などの、否定・消極的な関連でつねに権力の効果を述べるやり方は中止しなければならない。実際には権力は生み出している、現実的なものを生み出している。客体の領域および真実についての祭式を生み出している」。同上、邦訳、一九六頁。

（31）Edward E. Said, *Orientalism*, 1978. 邦訳『オリエンタリズム』（平凡社、一九八六年）。

（32）山之内『日本の社会科学とヴェーバー体験』（前掲）五四－五九頁（本書二四〇－二四七頁）。

（33）山之内『日本の社会科学とヴェーバー体験』（前掲）五二－五四頁（本書二三六－二四〇頁）。

（34）総力戦体制のもとで多くの知識人が――大河内、丸山、大塚、下村、等々――戦時体制のもとでの合理化という構想に参与していたにもかかわらず、それが戦後になって消去されてしまった経緯については、丸山が「近代日本の知識人」（『後衛の位置から』未來社、一九八二年、所収）で語った「悔恨共同体」の論理がその一端を示している。敗戦の年一九四五年の一〇月には、早くも、戦後に活躍する知識人を網羅する「青年文化会議」が発足したのであったが、この会議での基調について丸山は同時に二つの点を述べている。第一は「過去の根本的な反省に立った新しい出直し」つまり「自己批判」である。しかし、それと並んで第二に「多かれ少なかれ被害者意識と世代論的発想とを共有した知識人の結集」が運動の基軸であったとしている。「悔恨共同体」という場合、自らが総力戦体制にコミットしていたことへの反省（第一の論点）が基調となったかに響くが、実態はそうではなかった。そこに見られたのは戦争に加担した者としての「加害者」意識ではなく、むしろ「被害者」意識（第二の論点）だったのである。石田雄の表現（『日本の社会科学』前掲、一七四－一七五頁）によれば、そこで支配的だったのは「言論の自由、集会結社の自由という解放感」であった。解放感と被害者意識が暗黙のうちに連携し合ったこの「悔恨共同体」においては、市民社会そのもののなかに全体主義的コントロールへの止み難い動因が働いているという根本的な懐疑——一九三〇年代前半には広く共有されていた認識——が保持される余地はなかった。むしろ未完の市民社会へ向けてヨーロッパ（ないしアメリカ）の近代を幻想的にモデル化する動向が支配した。かくして「市民社会」への時代遅れな郷愁が長く日本の社会科学ないし歴史学を覆ってしまった。こうした知の状況においては、アドルノやホルクハイマーが主張した「啓蒙の弁証法」——近代合理性そのものに内在する非合理性への警告——はわずかな反響しか呼ばなかった。この点はヨーロッパ知識人の自己認識と比べた場合、著しいコントラストを示している。丸山眞男の『現代政治の思想と行動』（初版、一九五六・五七年）を英訳したイヴァン・モリスが「訳者序文」で加えたコメントは、その点をあらわに示していて印象的である。Translator's Introduction to: Masao Maruyama, *Thought and Behaviour in Modern Japanese Politics*, 1963.

（35）コーポラティズムについては、いまでは古典となったCharles S. Maier, *Recasting Bourgeois Europe. Stabilization in France, Germany, and Italy in the Decade after World War II*, 1975. を参照。Scott Lash & John Urry, *The End of Organized Capitalism*, 1987. はコーポラティズムの時代の終焉を取り上げている。

（36）ホブズボーム『二〇世紀の歴史』（前掲）一二六頁、を参照。「逆説的な言い方だが、ソ連が大恐慌の影響を受けずにいるかのように見えたことから、［資本主義の諸国は］自由主義の正統理論にたいする信仰を捨てる誘因を与え」られることになった、とホブズボームは指摘している。

(37)「需要」と「有効需要」を区別するケインズの着想は、有効需要の創出に向けて国家行政が市場に積極的に関与する時代へと幕を開いた。ケインズ経済学を単なる経済学だと考えるのは大きな誤謬である。それはむしろ、行政官僚による社会心理操作へと道を開くものであり、社会管理の全体主義化を目指す社会工学的魔術の登場を意味した。山之内「プロテスタンティズムの倫理と帝国主義の精神」(『日本の社会科学とヴェーバー体験』前掲、第一三章)を参照。ケインズ登場以後の現代社会は、ヴェーバーのいう「脱魔術化」(Entzauberung, disenchantment)の段階を過ぎて「再魔術化」(Wiederverzauberung, re-enchantment)の時代に入ったと見るべきである。「再魔術化」については、George Ritzer, *Enchanting a Disenchanted World. Revolutionizing the Means of Consumption*, 1999. を参照。山之内『脱魔術化した世界の再魔術化にどう向き合うか』(仮題、近刊)はリッツアの問題提起を受けた現代社会分析の試みである。なお、ケインズ経済学とともに現代社会は「自己プログラム化するサイバネティックス」の段階に入ったとするマンフレード・タフーリの論点(Manfred Tafuri, *Architecture and Utopia. Design and Capitalist Development*, 1976. 邦訳『建築神話の崩壊——資本主義社会の発展と計画の思想』彰国社、一九八一年)を参照。ここでも、国家と市民社会をカテゴリー的に区分する発想はすでに有効性を失ったと告げられている。山之内「戦争テクノロジーの二〇世紀」(前掲)を見よ。

(38) Gunnar Myrdal, *An American Dilemma. The Negro Problem and Modern Democracy*, Vol. 1, 2, 1944. とりわけ、その最終章、'America Again at the Crossroads in the Negro Problem' を参照。上杉『二次大戦下の「アメリカ民主主義」』（前掲）第三章「アメリカのディレンマ――総力戦体制下の黒人差別」はこの問題を取り上げている。

(39) Marc Allen Eisner, *From Warfare State to Welfare State. World War I, Compensatory State Building, and the Limits of the Modern Order*, 2000. アメリカ経済史の標準的なテキストで次のように語られていた点に注意。「ニューディールにおいて戦時動員のテクニックは多方面で再利用され、以後、連邦政府の危機対策における主要な選択肢であり続けた。制度的進化に占める第一次大戦の重要性は、専門領域の研究者にとっては自明のことであるにもかかわらず、アメリカ経済史のテキストブックでは無視されてきた」。Jonathan Hughes, *American Economic History*, 2nd edition, 1987, p. 413.

(40) 全部で一九章からなるホブズボームの大著『二〇世紀の歴史』（前掲）は、全体が次の三部に分けられている。第一部「破局の時代」、第二部「黄金時代」、第三部「地すべり」。

(41) サミュエル・P・ハンチントン、ミッシェル・クロジェ、綿貫譲治『民主主義の統治能力』（原著、一九七五年。邦訳、サイマル出版会、一九七六年）。M・ジャノウィッツ『福祉国家のジレンマ――その政治・経済と社会制御』（原著、一九七六年。邦訳、新曜社、一九八〇年）。

(42) ハーバマスは私的領域と公共的領域の区別が曖昧化して両者が交錯した結果、現代社会は全体として「再封建化」の傾向を示していると指摘している。『公共性の構造転換』

（原著、一九六二年。邦訳、未來社、一九七三年、新版、一九九四年）の第五章「公共性の社会的構造変化」および第六章「公共性の政治的機能変化」は、少なからぬ箇所で現代社会の「再封建化」について言及している。山之内『現代社会の歴史的位相』（前掲）四〇三頁、参照。

（43） レギュラシオン学派の紹介として、差し当たり、山田鋭夫『レギュラシオン理論——経済学の再生』（講談社現代新書、一九九三年）を参照。

（44） Zygmunt Bauman, 'The solution as problem,' *Times Higher Education Supplement*, 13 Nov., 1992. Review to: Ulrich Beck, *Risk Society*, 1992.

（45） ウルリッヒ・ベック、アンソニー・ギデンズ、スコット・ラッシュ『再帰的近代化——近現代における政治・伝統・美的原理』（原著、一九九四年。邦訳、而立書房、一九九七年）二四－二五、一〇〇頁、を参照。

（46） Ulrich Beck, *Risikogesellschaft. Auf dem Weg in eine andere Moderne*, 1986. 邦訳『危険社会——新しい近代への道』（法政大学出版局、一九九八年）。

（47） *Risikogesellschaft*, a. a. O., S. 106. 邦訳、一二七頁。

（48） *Risikogesellschaft*, a. a. O., S. 209. 邦訳、二五八頁。ベックの問題提起を受けて、富永健一は現代社会における「家族の失敗」をテーマ化している。富永健一『社会変動の中の福祉国家——家族の失敗と国家の新しい機能』（中公新書、二〇〇一年）。

（49） *Risikogesellschaft*, a. a. O., S. 154. 邦訳、一八八頁。

（50） *Risikogesellschaft*, a. a. O., S. 158f. 邦訳、一九三頁。

(51) *Risikogesellschaft*, a. a. O., S. 210. 邦訳、二五九頁。

(52) *Risikogesellschaft*, a. a. O., S. 216f. 邦訳、二六七－二六八頁。

(53) Alberto Melucci, *Nomads of the Present. Social Movements and Individual Needs in Contemporary Society*, 1989. 邦訳『現在に生きる遊牧民――新しい公共空間の創出に向けて』(岩波書店、一九九七年)。山之内「システム社会の現代的位相――アイデンティティの不確定性を中心に」(『システム社会の現代的位相』前掲、第四章、を参照)。

(54) *Risikogesellschaft*, a. a. O., S. 306f. 邦訳、三八三頁。訳については英語版をも参照して変更を加えた。「誰によるものでもない支配」(Niemandsherrschaft) については、遺稿(一九五七年頃) Hannah Arendt, *Was ist Politik*, 1993. に次のような表現が見られる。現代社会の「専制的性格は、この世界支配の中にもはやどんな個人や専制支配者を見いだすことができないとしても、一向に変わりはしないであろう。というのも、官僚制的支配、匿名性による支配は、だれ一人として支配権を行使しないとしても (weil 〈niemand〉 sie ausübt)、その専制的性格を薄めたりはしないからである。反対に、この匿名化した非実体的支配について誰も論じなくなり、それが誰の眼にも見えなくなるが故に、ますます恐ろしいのである」。ibid., S. 14. 類似の発言は『人間の条件』(一九五八年) や『エルサレムのアイヒマン――悪の陳腐さについての報告』「あとがき」(一九六三年) にも繰り返されている。現代社会の権力に関するこのアーレントの発想は、後のアンリ・ルフェーヴルやフーコー、さらにはジグムント・バウマンらによって受け継がれてゆくであろう。アンリ・ルフェーヴルの「テロリズムと日常性」については後述の註68) を参照。バウマンについては以下の本文で言及する。ハンナ・アーレントによる「匿名的な官僚制支配」という認識の背後には、言うまでもなく、マックス・ヴェーバーがいた。*Was ist Politik* の該当箇所については、『ハンナ・アーレント、あるいは政治的思考の場所』(みすず書房、二〇〇二年)の著者である矢野久美子から教示を得た。

(55) *Risikogesellschaft*, a. a. O., S. 322. 邦訳、四〇一頁。

(56) *Risikogesellschaft*, a. a. O., S. 368. 邦訳、四五二頁。

(57) ベック、ギデンズ、ラッシュ『再帰的近代化』前掲。

(58) Ulrich Beck, 'Risk Society Revisited. Theory, Politics, Critiques and Research Programmes,' in: *World Risk Society*, 1999. はベックの主張を総括的に整理した論文である。とりわけ一三九頁を参照。ベックはヴェーバーから「意図せざる結果」の論点を引き継ぎ(本章の註2を参照)、ヴェーバーが十分に展開することなく終わってしまったこの論点こそ、ホルクハイマーやアドルノ、さらにはフーコーをも拘束している官僚制の「鉄の檻」にかかわる認識——この認識こそは古典社会学の方法の最後の遺産だとベックは言う——を超える方法的な手掛かりだと主張している。ベックはヴェーバー(「意図せざる結果」論)によってヴェーバー(「鉄の檻」論)を乗り越えようと提唱している。ベックによれば、「リスク社会」の到来は古典社会学の方法を機能喪失へと追い込んだのであるが、その点の自覚に立てば、そこから新たな連帯の可能性が生まれるのである。山家歩「リスク社会論批判——統治性論の立場から」(『年報社会学論集』二〇〇一年、第一四号)はベックのこの論点に疑問を呈し、フーコーを擁護している。他方、齋藤純一「社会の分断とセキュリティの再編」(『思想』二〇〇一年六月号)はアーレントとフーコーの論点の詳細な検討を通じて、「集合的アイデンティティの過剰」に焦点を合わせた彼らの観点では捉えられない新たな局面が現れているとする。齋藤は一九七〇年代以前と一九八〇年代以降とを分ける基準についてこう論じている。「同化、画一化、平準化、同調圧力といった社会のコンフォーミズムの機制に照準する批判の有効性」が相対的に失われ、「差異化や多様化という逆の動きのなかに分断化や排除の機制」が組み込まれる状況が現れている。

(59) Barbara Adam, Ulrich Beck and Joost Van Loon, *The Risk Society and Beyond. Critical Issues for Social Theory*, 2000. アダムの意欲的な問題提起については、次の邦訳書を参照。バーバラ・アダム『時間と社会理論』(原著、一九九〇年。邦訳、法政大学出版局、一九九七年)

(60) *Risikogesellschaft*, a. a. O., S. 70. 邦訳、八一頁。

(61) Zygmunt Bauman, *Legislators and Interpreters. On modernity, post-modernity and intellectuals*, 1987, p. 150. 邦訳『立法者と解釈者――モダニティ・ポストモダニティ・知識人』(昭和堂、一九九五年)二一九頁。

(62) 山之内『マックス・ヴェーバー入門』前掲、九三-九六頁。

(63) 山之内『日本の社会科学とヴェーバー体験』前掲、特に第二章〔本書第6章〕を参照。

(64) Zygmunt Bauman, 'From the work ethic to the aesthetic of consumption,' in: *Work, consumerism and the new poor*, 1998. 山之内、酒井編『総力戦体制からグローバリゼーシ

ヨンへ』（平凡社、二〇〇三年）所収の邦訳「労働の倫理から消費の美学へ――新たな貧困とアイデンティティのゆくえ」を参照。

(65) タフーリについては、前出、註37を参照。

(66) Zygmunt Bauman, *Liquid Modernity*, 2000. 邦訳『リキッド・モダニティ――液状化する社会』（大月書店、二〇〇一年）。バウマンの論点を援用した現代社会分析として、渋谷望「消費社会における恐怖の活用」（『現代思想』二〇〇一年六月号）を参照。

(67) Zygmunt Bauman, *Modernity and the Holocaust*, 1989. バウマンのこの書物は大きな衝撃をもって迎えられた。バウマン自身による本書の意味づけとして、二〇〇〇年版に収録されている'Social Manipulation of Morality. The European Amalfi Prize Lecture', 1990.を参照。バウマンの論点への優れた導入として、Peter Beilharz, *Dialectic of Modernity*, 2000. および、Peter Beilharz ed., *The Bauman Reader*, 2001.とそのintroductionを参照。

(68) Henri Lefebvre, *La vie quotidienne dans le monde moderne*, 1968. 邦訳『現代世界における日常生活』（現代思潮社、一九七〇年）。第四章「テロリズムと日常性」を参照。Michael E. Gardiner, 'Henri Lefebvre. philosopher of the ordinary,' in: *Critiques of Everyday Life*, 2000. は、ルフェーヴルの先駆的な指摘へと読者を導いてくれる。ルフェーヴルの観点はフーコーの「知識権力論」や「規律権力論」、あるいはマルクーゼの「一次元的人間」と極めて近い位置にある。しかし、ルフェーヴルはシステム化した現代社会の統治もその極限において正当性の危機に直面すると見ていたのであり、その点で両者と

の違いを強く意識していた。Gardiner, pp. 94f.

(69) John Snyder, Translator's introduction to: Gianni Vattimo, *The End of Modernity. Nihilism and Hermeneutics in Post-modern Culture*, 1988. 山之内「ポストモダンの鏡に照らして――「マルクス・ヴェーバー問題」再読」(『日本の社会科学とヴェーバー体験』前掲、第八章) 参照。

(70) 酒井直樹、ユキコ・ハナワ責任編集「西洋の亡霊と翻訳の政治」(『思想』別冊トレイシーズ1、二〇〇〇年一一月)。

(71) ハーバーマスは、アドルノとホルクハイマーに代表されるフランクフルト第一世代がその主題とした「道具主義的合理性批判」の限界を指摘し、階級支配ないし官僚制支配のレヴェルをすでに超えてシステム社会にまで至りついた現代においては、「機能主義的合理性批判」がそれに取って代わる必要がある、とした。しかし、ハーバーマスの「機能主義的合理性批判」は、「システム制御」の領域(経済と政治)に対して言語的コミュニケーションの場である「生活世界」を対置するという単純な二元論の構成を取っており、「言語以前的」な「前概念性」のレヴェルないし「生の領域」を脱落させているという点で致命的な欠陥を示している(ポール・ピッコーネ)。山之内『システム社会の現代的位相』(前掲)第四章、を参照。私がここで「道具主義的合理性」批判や「機能主義的合理性」批判について語る場合、ハーバーマスの限界を意識した上でのことであり、ハーバマスが無視した「身体性」の領域ないし「前概念的」な「生の領域」に根ざした批判を意味している。

(72) そうした「変わり者」の作品として、橋川文三の著作をあげることができる。『近代日本政治思想の諸相』（未來社、一九六八年）、『昭和ナショナリズムの諸相』（名古屋大学出版会、一九九四年）。保田與重郎や亀井勝一郎らに焦点を合わせ、文学的活動の創造性という点から「日本ローマン派」に注目するケヴィン・マイケル・ドーク『日本浪曼派とナショナリズム』（原著、一九九四年。邦訳、柏書房、一九九九年）は、戦争責任問題に直結させてしか対象を理解しようとしてこなかった戦後の動向から、新しい歴史研究が解放されつつあることを示している。

(73) テッサ・モーリス・鈴木『辺境から眺める——アイヌが経験する近代』（みすず書房、二〇〇〇年）。

(74) 「場所問題」について私に示唆を与えてくれた文献として、Joshua Meyrowitz, *No Sense of Place. The impact of electronic media on social behavior*, 1985. をあげておきたい。本書の存在は、ハーバーマス『公共性の構造転換』の一九九〇年再版に付された「新版への序言」（邦訳、未來社、一九九四年）によって知ることができた。さらに遡れば、中村雄二郎の諸著作——とりわけ『述語的世界と制度——場所の論理の彼方へ』（岩波書店、一九九八年）——から絶えず示唆を受けてきたことに負うところが大きい。ライプツィヒで知り合った友人、小林敏明の『西田幾太郎——他性の文体』（太田出版、一九九七年）は場所問題を現代哲学とのかかわりで理解するに当たって良き案内役を務めてくれた。

特別インタヴュー　総力戦・国民国家・システム社会

（聞き手）成田龍一・大内裕和

総力戦とはなにか

――　山之内さんは、イギリス産業革命の研究を出発点とし、ヴェーバー研究、河上肇研究、ヨーロッパ社会思想史研究と次々に研究領域をひろげてこられましたが、近年はアメリカ・ドイツとの共同研究を主宰されてきました。共同研究の成果が昨年（一九九五年）から今年（九六年）にかけ『総力戦と現代化』『ナショナリティの脱構築』（ともに柏書房。前者は、山之内、ヴィクター・コシュマン、成田龍一編。後者は、酒井直樹、伊豫谷登士翁、ブレッド・ド・バリー編）として刊行されたのを機会に、山之内さんの最近のお仕事や問題意識についておうかがいしてみようと思います。まず、山之内さんが総力戦という出来事に対しどのように関心をもたれたのかをうかがうところから始めたいと思います。

山之内　まず、私の所属している世代のことから話をしたいと思います。私は戦時期に小学生として過ごしていて、そういう意味では実際に戦闘に参加するという世代ではなかったんですね。最近、石田雄さんの『社会科学再考』（東京大学出版会、一九九五年）という書物が出ました。戦後日本の社会科学を、その流れに即して吟味し直す作業をされているわけですが、石田さんは陸軍少尉として敗戦を迎えられています。この石田さんたちの世代と比べますと、戦時期に私は小学生だったわけですから、直接に思想的な弾圧の対象になるとか、そういうことはありませんでした。ただ、戦時の全体主義的な統制が強化されていく、そういう状況の中で学校教育を受けたということはあるわけです。

私にとって戦時期というのは、自分の身近な者がたくさん戦争に駆りだされていったし、また家庭生活における日常性という領域についても、数々のものが戦時期の統制の対象となっていたわけですからね。そういう記憶は、私にとって忘れることのできないものになっているわけです。ですから私は、大学院に入って〈ヨーロッパ経済史研究〉からスタートしたんですが、「〝戦時期〟をどのように位置づけたらいいのか」ということは、絶えず自分自身の中で問いかけていく問題として持続していたわけです。

いま私どもの目の前で、日本の戦後に出来上がってきたシステムに対する批判的な告発が盛んに行われています。そういう批判的告発の中心にあるのは、ずうっと続いてきた官僚統制ですね。日本の中央集権化された官僚のシステム、とりわけその中心に大蔵省があってリードしてきたわけですが、それを見直そうという動きが様々なところで盛んになってきた。〈社会科学〉や〈歴史学〉もその中で大きく揺らぎ、かつ新しい方向を求めて動き始めています。

そこで、「戦後体制をリードしてきた、官僚を中心とする日本社会の設計という仕組みの起源はどこにあったか?」という問いかけがなされて、それはどうも意外なことに〝戦時期〟にあったのではないか、という問題提起が各所から出てきています。この問題提起が示しているように、戦時動員体制の下で国民国家の体制が根本から再構築され、新しいシステムが始まったということ、そのことを従来の歴史学なり社会科学は十分に捉えてこなかったと言わなければならないでしょう。「いったい戦時期、戦前体制の下で国民国家のどのレヴェルがどのように変わったのか」ということが今、問われてきていると思うわけです。

この問題に早くから注目し、問題提起されたのは野口悠紀雄さんです。彼は最近、『一九四〇年体制』(東洋経済新報社、一九九五年)という興味深い書物を出されています。それから、我々の『総力戦と現代化』の中には、岡崎哲二さんや、労働問題つまり戦時期の産業報国会の研究で非常に重厚な書物をまとめられた佐口和郎さんなどにも参加して頂いていますが、問題の口火を切ったのは経済学の領域であったように思います。しかし、問題の広がりは大変大きい訳ですから、果たして経済分野からアプローチするだけでよいのかどうか、ということが重要な問題点になるだろうと思います。

確かに優れて〈経済〉の領域から戦時体制(総力戦体制)のもつ意味を問い直す口火が

切られたわけですけれども、実際にはしかし〈政治学〉の領域でも同じように早くから、雨宮昭一さんが戦時期の地方政治における政治勢力の新しい再編運動に注目して、非常に貴重な研究を提出されていたわけです。私どもの共同研究の中では、戦時期における女性問題と関連して、成田龍一さんの興味深い研究が載せられています。

また〈教育〉の領域についても、戦時期における教育改革思想と戦後日本の教育体制の連続性という見失われていた問題が、大内裕和さんによって指摘されました。さらに〈哲学〉の領域では、三木清の「構想力の論理」を中心にしながら、岩崎稔さんがこれまたきわめて重要な視点を発掘されています。また「日本の戦後思想をリードした市民社会派の潮流を再吟味する」という課題のもとに、ヴィクター・コシュマンさんと杉山光信さんが大塚久雄、内田義彦について研究されています。

こうした流れは、もちろん日本だけのものではないわけで、我々の共同研究にはドイツからプリンツさんの参加を得ました。彼はツイテルマン氏との共著で『ナチズムと近代化』*Nationalsozialismus und Modernisierung* という論文集を編纂しています。プリンツ、ツイテルマンの共同編集の下に出された論文集は、日本において提起された問題と、かなり深いところで共鳴する関心を提出されています。

ここから見えてくるのは、確かに日本において〝口火〟は経済の領域から出されたわけですけれども、問題の広がりは決して経済の領域で終わるものではなくて、政治、教育、哲学、思想そして女性の問題までも含めた、非常に幅広い社会的な相互連関の中で捉えられなければならないものだ、ということです。そうだとすると、経済から口火が切られたとは言うものの、戦時期の問題を理解するためには、こうした社会諸領域の間の相互連関を、またその相互連関の様式を問題としていかなければならないということになります。そういう意味で、経済領域から見ていけばこの意味が了解されるという性格のものではないだろうということ、これが私どもの考えている重要なポイントです。

経済のほうから押していくと、どうしても階級とか階層といった権力的位置に基づく支配力とその再配分ということに焦点が合わされていかざるを得ないわけです。しかし、こうした多面的な社会生活諸領域の内的連関とその様式における推移を考えるという立場に立ってみると、諸領域の機能的な連関の仕方そのものがどのように変わったかということ、社会的諸領域の機能的連関の在り方の根本的な変化というところで捉えるという方法が、どうしても必要になってくるだろう。そういう観点に立っているものですから、私どもとしては、機能主義の立場の理論的表現として捉えられることのある〈システム論〉を積極的に援用し、システム論の方法を歴史分析の理論として援用するという領域の開拓に進んでいったわけです。

そういう点で私どもの研究は、〝戦時期〟を「階級社会からシステム社会への移行における、ある原始的蓄積の時代である」と考えております。マルクスの『資本論』の理論を援用させてもらえば、次のようなことです。マルクスは『資本論』第一巻二四章で〈原始的蓄積〉という問題を設定していて、そこでは純粋に経済的要因はひとまず置いた上で、政治的暴力的な契機を通して近代資本主義の社会システムが生まれてくる過程を叙述しています。つまり、経済の領域の外側にある暴力的契機を通して近代資本主義社会が生まれる、というわけです。それとのアナロジーを語るとすれば、現代のシステム化された社会は、戦時動員体制という暴力的な契機を原蓄過程として生まれてきたのだ、ということを考えてみたかったわけです。

連続の特殊性と普遍性

――〝戦前〟と〝戦後〟の連続／断絶については多くの議論がありました。しかし、いずれも戦後改革を前提としてその点を論じ、一時は断絶説が定説となっていたときに、山之内さんは、一九三〇年代の世界を念頭におき総動員体制という観点からいわば〈ネオ連続説〉を提起されたわけですね。「戦時動員体制の比較史的考察」を『世界』に発表されたのは一九八八年のことでした。そのときにはあまり反響はなかったのですが、今や〈ネオ連続説〉は他の論者も唱えるところとなっています。特に、お話のなかにありました野口悠紀雄さんの議論があるわけですね。ただし、野口さんの議論と山之内さんの議論は随分違うように思われます。どの点が違うのかということについて、補足していただけますでしょうか。

山之内　野口さんの『一九四〇年体制』には「さらば戦時経済」という副題が付いておりまして、野口さんは戦後の日本の経済システムを連続的に戦時期の統制経済の延長上にあるものと捉えておられます。そして四〇年体制の確立を、まず〈企業と金融のレヴェル〉で、それから〈官僚体制のレヴェル〉〈土地改革のレヴェル〉という三つの領域に即して、非常にクリアーに整理してくれているわけです。その点、私どもと史実認識の点で重なり合うところがあると思うんですね。しかし野口さんの御本を読んでいますと、彼の場合はその議論が戦時期に進行した日本経済の〈戦時経済体制〉とそれ以降の日本の〈戦後経済体制〉を、日本の経済体制のアメリカやヨーロッパのそれと比べた場合の異質性ないし特殊性という点で捉える、という観点によって根拠づけていると思うんです。

私どもの場合には、〈戦時動員体制〉は、日本だけでなくてヨーロッパ諸国やアメリカ合衆国の経済システム、社会システムをも大きく変質させ転換させていくことになったと主張しているわけですけれども、野口さんの場合、そうした世界史的な同時性の下で進行した事態についてはほとんど視野の外に置いている、ということですね。そのために野口さんの場合には、日本の経済システムは特殊性・異質性というレヴェルで捉えられ、読後の印象からすると、「そういう特殊性・異質性を解消していくためには、既にアメリカが先行して改革を進めていったような、そういう改革の路線に早く日本も合流していくべきだ」という政策的提案となって結実していくように思われるわけです。

しかし私どもはそれとははっきりと視点を異にしている。〈戦時動員体制〉つまり、二つの世界大戦が持ったところの、人類の歴史の上でかつて存在しなかったまったく新しい、そして暴力的な再編の力は、社会の隅々まで及んでいったのであって、そこでは、階級対立をも一つの機能的な社会連関の中に位置づけ直していく過程が進行したのだ、と考えています。それをナチス・ドイツの体制についてはグライヒシャルトゥング、つまり強制的均質化と呼んでいるわけですけれども、この強制的均質化は何もファシズム国家についてのみ起こったことではありません。アメリカ合衆国も、戦時動員体制において、とりわけ第二次世界大戦下において、非常に根本的な経済社会システムの変更、組み直しへと進んでいった。

その点を見落としてしまうと、「日本をアメリカ的体制へと合理化させていけば問題は解決するのだ」という野口さんの観点が出てきてしまうわけです。私どもはそういう意味からして、日本はアメリカ的体制に合一化すべきだと考えているのではない。「アメリカも日本も現在、世界的同時性において構造の在り方が問われている」と思うわけです。野口さんの場合には、戦時動員体制を通してできあがった国民国家という政治的・社会的な秩序の在り方について、日本、ないしファシズム国家についてだけを視野の中に入れている。こうした限定の結果として、日本のケースはヨーロッパ市民革命によって出来上がった国民国家とは明らかに異質だということになる。そうすると、「総力戦体制を通して市民革命によってできあがったそれとは全く異なるところの、全く新しい国民国家が形成された」という問題も、すっかり欠落してしまうように思えるんです。

実は私どもの共同研究の中でも、本来ならば〈国家論〉を正面から扱った論文を入れるべきであったと今思うわけですが（笑）、その点は力及ばず、十分に言及されてはおりません。ですから私どもの研究でこの先問われているのは、「二つの世界大戦を通して、どのように新しい〈国民国家〉が創り出されたか」という問題だ、ということになるでしょう。これは、どうしても避けて通ることのできない重要な問題になってくると思います。ところが野口さんのようなアプローチの仕方だと、こうした国家論の領域における構造変化を問題にする視点そのものが欠落してしまっている。異質なもの、特殊なものを正常に戻すのだ、ということだけが問われ、そこで終わり、ということになってしまうでしょう。

〈ナショナリティの脱構築〉

―― 同じように〈ネオ連続説〉を唱え、〝戦時期〟に焦点を当てても、野口さんたちのいわば〈戦時体制論〉と、山之内さんが主張する〈戦時動員体制論〉とでは、明らかに問題意識や歴史認識において異なる点がある、ということですね。そのことは恐らく、『総力戦と現代化』と対をなす『ナショナリティの脱構築』に関連してくると思いますので、質問をそちらにむけましょう。著作のタイトルでもあるわけですが、〈ナショナリティの脱構築〉ということについて説明して下さいますか。

山之内　まず強調しておかなければならないのは、二つの世界大戦、とりわけ第二次世界大戦における、〈総力戦〉という掛け声の下で行われた構造変革です。これはあくまでも国民国家の体制を前提として行われた。というよりも、国民国家の性格について、それまでとは異質な意味を付与しながらそうした構造変革が進行した、ということに注目しておかなければならないだろうと思います。簡単に国家論のレヴェルでどのような問題が浮かんでくるかについて、いま私が理解している限りで基礎的なことを申し上げてみますと、例えば明治以後の日本の近代国家の形成において、国家論のレヴェルで大きな影響を及ぼしたものにヘーゲルの『法の哲学』があります。

この中では確かに、倫理的精神の分裂態としての市民社会が国家によって再統合されるという論点が、強く表に出てきています。そういう意味で国民国家のもつ重要な役割が既に強調されているわけです。しかし、その国家の役割は、総力戦体制において占めることになった国家の役割とは決定的に違っている。

哲学的にみてヘーゲルは、まず出発点としての家族の領域を設定し、そこにおける感情的な自然的結合から記述を始めています。この自然的な倫理的結合は市民社会において分裂し、主体性と客体性、特殊性と普遍性は、それぞれバラバラになって自己主張を始めます。その市民社会における倫理的精神の分裂態は、国家のレヴェルにおいて理性的な反省を通して高次なレヴェルで再構築される、と。つまり倫理的精神は、あくまでも理性的反省を通して国家のレヴェルで再統合されるわけです。ですからヘーゲルの場合は、〈国家〉のレヴェルでひとまず総括がされ、この〈国家〉の列強諸国の競合を通して世界精神が貫徹していく、という構図になっているんですね。この点は世界市民という立場を設定したカントの場合とは異なってくる。

しかしそれにしても、それを担っていく〈国家〉は、理性的反省という場において与えられている。恐らく日本においても、明治以来、〈国家論〉はそういう二重の意味を持っていたでしょう。つまり国家は国民的な感情的要素が結集する場であるけれども、それはストレートに感情的な要素を結集してそれで終わりというものではなくて、やはり理性的な反省が行われる場という限定ははっきり付いていた。これが市民社会的な時代における国家論の一つの根本的な規定であったと思うんです。しかしナチスの登場とともに出てくる〈国家論〉のレヴェルにおいては、それは理性的な反省の場としての国家というよりも、最初から神話と結びつき、非常に強力な情緒的モーメントを動員した国民的結集ということが謳われていた。つまりファシズムの時代になってくると、〈神話〉ないし〈神話〉と結びついた象徴というものが極めて重要な意味をもって登場してくるわけですね。そうした感情的・感覚的なものをむしろ根源として、その力を通して国民国家の性格を根本から組み替えていくという作業に入っていくわけです。

そういう点で、〈市民社会レヴェルの国民国家〉と〈総力戦体制の下でもたらされた国民国家〉というのは、性格が非常に違うと思うわけです。感情的なレヴェルにおいて国民的統合を成し遂げていったそういう体制というのは、果たして戦後改革によって根本から組み直されて、理性的反省のレヴェルにおける国家というところにきれいに戻ったのかというと、やはりそうではないのではないか。戦時期において感情的領域において統合された、そういう国民国家の意識的結集のモーメントはそのまま持続していく面がある。確かに天皇制の位置づけは大きく変えられた、変わっていったわけですが、しかし相変わらずそれは〝象徴〟として意味を持ち続けているんですね。

そういう意味で、日本の戦後改革は、その普遍主義的な憲法にもかかわらず、我々〈日本人〉という民族的結集体の意識そのものについては、これを根本から組み替えるということは実はなかった。敗戦後に作られた『日本国憲法』は、外に開かれたコスモポリタンな性格を一方でもちながら、しかし他方では日本人性というその領域を、根本から揺るがすようなものではなかったんじゃなかろうか。いま我々が問われているのは、そうした問題なんじゃないかと思っています。

市民社会論批判

――『総力戦と現代化』『ナショナリティの脱構築』のプロジェクトは、〝戦時〟と〝戦後〟の断絶説へのはっきりとした批判をもつのですが、同時に、そうした認識・言説を生みだした〈主体〉への批判も目指していると思います。〈市民社会派〉への批判が、山之内さんの議論にはふくまれていると思います。冒頭で、石田雄さんの名前を挙げながら、世代の違いという点から論及されましたが、論理的なレヴェルにおける違いを、展開して頂けますか。

山之内 〈市民社会派〉についてまず申し上げておかなければいけないのは、私は実は東京大学の経済学部で大塚久雄教授の演習に所属して、大学・大学院を通して大塚教授に師事したわけで、私自身は学問的なトレーニングの出発点において、骨の髄まで市民社会派の方法によってトレーニングを受けたわけです（笑）。しかし、私には先ほど述べたように戦時期の体験というものがありまして、どうも自分の胸の内にある戦時期の体験についての理解と、それから市民社会派によって語られた戦時体制についての批判的言説との間に、ある種の〝ズレ〟を感じ続けていたんですね。

もう少し具体的に話さないと、どうもこの場は済まなくなってくると思いますが（笑）、市民社会派の中でも最も優れた理論構築をされた丸山眞男さんのお仕事について考えてみますと、我々の共同研究の中にも葛西論文があって（葛西弘隆「丸山真男の「日本」」『ナショナリティの脱構築』所収)、丸山さんの論理構築を国民国家論のレヴェルで批判的に再吟味する作業が進められているんですが、私なりにその点について感じていたことをお話ししましょう。

あの丸山さんの『日本政治思想史研究』(東京大学出版会、一九五二年)の中での荻生徂徠の位置づけというのは、中国の朱子学に始まる政治哲学の仕組みを新しい観点に立って根本から組み直し、「自然から作為へ」という方法によって異質な領域へと開いていった、その担い手として荻生徂徠を捉えているわけです。丸山さんは「荻生徂徠というのは、ヨーロッパ政治史の脈絡に照らしていうならばマキァベリの位置に対比できるんだ」ということを、註の中でおっしゃっています。これはとても印象的な部分でした。本居宣長についても、荻生徂徠の作業の延長上に現われてきて国民国家的統合を強力に推し進めていく思想的な原理として展望されているわけです。

丸山さんのこの著作は、よく知られているように彼が戦時期に遂行した作業であって、その作業は出征という外的契機に触発されて、急いで仕上げられた上で出版社に渡されたものなんですね。この著作の後書きだったでしょうか、その中では、アジアの中での日本の位置の、政治学の領域から見た独自な性格、位置ということが強調されているんですね。丸山さんは「徳川時代に既に日本ではヨーロッパ政治思想の合理化のレヴェルに対比できるかたちで、つまりマキァベリに対比されるものとしての荻生徂徠が生まれていた。また、それとの関連で本居宣長が出てくる。そうした政治思想の合理化のダイナミズムを、中国の朱子学の思想はもっていなかった」と論じています。アジアにおける日本のそういう意味での合理化の正の位置と、中国の負の位置というのが、非常に明確に出されているわけです。

それを拝読していて次第に考えるようになったんですが、確かに丸山さんは一貫してリベラリストであり続け、日本の帝国主義的な侵略に思想的にコミットするということを断固拒否し続け、むしろその反対の立場に立ち続けた方ではあるわけです。が、しかし丸山さんの論は理論の枠組みとしては、近代的合理化レヴェルにおいて日本は先進国であって、中国はその点で――日本にかつて大きな文化的な影響を及ぼしたにもかかわらず――停滞し遅れをとっている、と。そして、その遅れをとった中国に対して、日本が近代化を成し遂げたアジアにおける先進国としてリーダーシップを発揮できるのだという、そういう性格になってしまいます。その問題は今、改めて問い直されざるを得ないんじゃないかと思うんですね。

付け加えておきますと、実は丸山さんの学問的研究の出発点は、学部の学生の時代に書かれ、緑会の懸賞論文として受理された「政治学における国家の概念」という論文、あそこにすでにあったと言えます。

この論文の中で、丸山さんはカール・マンハイムの『イデオロギーとユートピア』を非常に丹念に読まれた上で、ファシズム体制というものを「ヨーロッパの合理化された近代的市民社会そのものの内的論理に即してもたらされたものであり、従って近代市民社会の必然的帰結として捉える」という発想を、そこで提示しておられるわけです。その筋道からすると、『日本政治思想史研究』における荻生徂徠論というのは、〝転向〟と言ってしまっては語弊がありますが、ある変換が既にあって、そのズレの問題というのを、やはり私どもはもう一度問い返さないといけないと思うんです。「ファシズムを生み出したものは日本の前近代的な遅れといったようなものではない。ヨーロッパ市民社会そのものに内在するモーメントの中にファシズムを生み出す契機がある」という観点が「政治学における国家の概念」の筋道でした。ところが『日本政治思想史研究』では、中国のアジア的停滞に対比される形で日本の近代化の進展が語られ、そのことにプラスの評価が与えられています。どうして丸山さんはズレ落ちていったのでしょうか（笑）。

石田雄さんの『社会科学再考』の中では、丸山さんが戦後になって「悔恨共同体」という立場を語ったということ、このことに非常に大きなウェイトがおかれています。この知識人の「悔恨共同体」によって、戦時期日本の非合理的な思想的営為から脱却していくということを、問題として提起されました。それが石田さんたちの世代の〈市民社会派〉の出発点でありました。石田さんによると戦後の思想的出発点をなした「悔恨共同体」は未だに意味を持ち続けているとされます。しかし、そうだとすると、この「悔恨共同体」の立場は『日本政治思想史研究』の荻生徂徠論とどのように関わるのか。さらにはそれ以前の立場、つまり、ヨーロッパ市民社会は合理化された政治体制を創ったにもかかわらず、実はその中に非合理的なファシズムを生みだす内在的根拠があったとする論点と、どう関わるのか。私が先述した国家論のレヴェルで言えば、〈理性的反省の場としての国家〉というものから、〈非合理的な感情的結集の場としての現代ファシズム国家〉がどのようにして生まれてきたのか、というこの初発の丸山さんの問いは、一体、どこにいってしまったのでしょうか。

ここで私たちは、ジョン・ダワーさんがその著書（John Dawer, *War without Mercy*, 1995. 邦訳『人種偏見』TBSブリタニカ、一九八七年）で問題提起された事柄を想起すべきでしょう。確かにニューディール的なアメリカ体制の中では、普遍的な合理性というのが戦時期においても貫かれたとは思います。けれども、その普遍的な合理性を貫いたアメリカ体制の中でも、対戦している当の相手国日本は、市民社会的規範からすればまったくまともに相手にする必要のない、カリカチュアの対象としかなり得ないようなものとして描き出されていました。つまり、アメリカの体制は確かにファシズムではないですけれども、そこでは、我々の仲間の小熊英二さん（「有色の植民帝国――一九二〇年前後の日系移民排斥と朝鮮統治論」『ナショナリティの脱構築』所収）がかつて書かれた論文のタイトルを借りて言えば、「普遍という名のナショナリズム」というかたちで、普遍的なものそれ自体が感情的結集のシンボル、統合のシンボルになります。ここでも極めて感情的なかたちで敵を描写するというエクセントリックな作法から免れていなかったということが、やっぱり問題とされなければならないだろうと思います。

「日本」と主体

――〈市民社会派〉はしばしば近代主義として批判されてきましたが、八〇年代にはポストモダンの潮流がでてきて、九〇年代に入るとこんどはポストモダン批判がでてくるなど状況はめまぐるしく動いています。こうしたなか、昨年（一九九五年）来、加藤典洋さんに代表されるようなナショナリティの復権とでもいうべき議論もでてきています。たとえば、加藤さんは戦争責任の問題をめぐって、責任主体をうちたてる過程を通じて〈日本〉をたちあげていくのですね。こうした言説の状況はどのようにごらんになっていますか。

山之内　私も、他ならぬ『思想の科学』に依る思想家集団の中からそういう議論が出てきたということに、ちょっとビックリしているわけです。その他にも、ついこの間までポストモダンの旗手として活躍していた人々の中から丸山眞男さんの市民社会派の路線にそっくり乗り換えるというような現象も出てきていて、これも曰く不可解という感じがします。日本の思想状況は、いま、大きな再編の過程にあると思います。そこで問われているのは、国民国家体制の揺らぎの中でどのような方向を見いだしてゆくか、ということでしょう。〈国民国家〉というのは、容易には解消できないと思うんですね。なぜかというと、我々は国民国家のシステムの中に絶えず辺境化されていく社会集団を産まざるを得ないからです。例えば最近しきりに取り上げられる老人問題がありますし、女性問題があったり外国人労働者の問題があったり、あるいは在日の人々の問題やアイヌの問題、沖縄問題等々があるわけです。これらの諸問題は、当面、いずれも国民国家的枠組みに即して考察し、対処していかざるを得ません。だから「国民国家のシステムはもう終わった。今我々が問題にすべきはコスモポリタン的な世界国家だ」などというふうに飛躍できないことは、事実その通りだと思います。

しかしそうであったとしても、国民国家がもつ解決能力には、すでに限界がみえていることも、はっきりさせておかなくてはなりません。我々は長年の間、国民国家的統合という状況の中で市民権を獲得していく、そういう市民権獲得の運動を通して、第二級市民、第三級市民としてしか位置づけられなかった人々を一般市民の領域に引き上げていく、そういう歴史的プロセスを、民主化の名においてたどってきました。二級市民だったものを一級市民化するという運動の中には、例えば労働者階級であるとか農民であるとか、あるいは外国人とか女性とかというものも主体として登場してきたわけです。そうした二級市民、三級市民が市民権を正当に獲得するという運動は、これは今後もずうっと長期にわたって持続されていかざるを得ないし、いかなければならないでしょう。

かといって、国民国家へと市民権を内在化させ、付与していく運動が持つ限界ということをはっきりと自覚しないと、どういう問題が起こるでしょうか。そうした運動は、絶えず強い国民国家、経済的に豊かな配分資源を持ち得るような国民国家を期待するというかたちで、対外的に見るとやはり非常に強い国家を要求することになります。こうした国民国家的集合体を単位として政治的責任を考えていくという手法は、たとえそれが近代市民社会的な意味での人権概念に基礎づけられたとしても、やはり国の外部に対して大きな差別を生み出していくことになるのです。さらには国民国家が強大になることを通して、国民国家それ自体の中に、例えば過疎の問題といったかたちで格差も生んでいくし、国民国家の外側に対しては資源の乱獲といった問題ということを生み出してきていることは、もう周知の通りなわけです。

以上のように、〈国民国家〉を単位とし、そこにおいて均質で平等な市民権を構想していくという方法の限界を問うていくということこそ、いま我々に課されている課題なのであって、国民国家的な体制を前提とした市民社会派の議論に乗って、国民的結集体としての責任ということを問うというのは時代錯誤であると（笑）、そう思いますね。

文化多元主義と戦時体制

――最近の歴史学研究、社会学の研究では、文化多元主義＝従来論じられてこなかった国民国家における様々な文化的な差違を歴史的に辿ってくる研究がみられます。こうした文化多元主義にもとづく研究と、今回の『ナショナリティの脱構築』『総力戦と現代化』の作業の間にある〝違い〟はいかなるものであるのでしょうか。

山之内　その問題については、私というよりも『ナショナリティの脱構築』のほうに投稿された諸論文、とりわけその巻頭におかれた酒井直樹さんの論文が参照されるべきだと思います。そこで私なりに受けとめたところがあるとすれば、それはどういうことかというと、〈文化多元主義〉というのは、文化の領域において譲りがたい固有な特殊性というものがあり、この特殊性を前提として容認してしまっているという点です。こうして容認してしまった文化的な固有性が多元的なものとして並立していて、それが相互に融和できる状況をよしとしているわけです。

しかし、そういうかたちで我々の社会関係を分断化し、閉鎖的な領域性をつくってしまうということによっては、恐らく我々が直面している現代の諸問題は解決がつかないだろうと思います。やはりそうした領域を超えていくような場面に注目していかなくてはなりません。そうした文化的に分断化されている存在が、現代の高度テクノロジー化された世界においては実は固定化し得ないのであり、接触を続けざるを得ないわけです。それはメアリ・プラットの言葉を使えば、「コンタクト・ゾーン」が至る所に存在しているということです。

分断化したもの同士の間で、避けがたい接触が繰り返されている。その避けがたい接触の中で様々な軋轢が起こるわけですが、その軋轢そのものを直視して、軋轢の中から、新しく問題が起こった度毎に解決していくという手法こそ、中心に置かれるべきであってね。最初からそのように文化的に閉鎖された、分断化された諸領域を前提として立ててしまうという方法は、問題の解決に到る道ではないだろうと思われます。

―― 問題が少しもどりますが、先ほど野口悠紀雄さんとの議論の違いについて説明していただきました。ただ、考えを異にされているとはいえ、ある種の〈戦時体制〉というものが現在をつくっているという点では、野口さんと山之内さんで一種、共通されている点があるわけですね。一方で九〇年代に入ってきて、やはり戦時体制（＝戦時動員体制）というものの揺らぎが本格的に見えてきた、というふうにいえると思います。それは、卑近な例を挙げれば住専問題などですが、こうした事態に対して、野口さんは「これは規制緩和で乗り切ればいいんだ」でとおるのですが、山之内さんは戦時動員体制の揺らぎという状況、戦時動員体制が根底的にかなり壊れていくという事態を、どのように見ていらっしゃるのでしょうか。

山之内 戦時期に出来上がったシステムの中で、経済の領域に焦点を合わせてみますと、これは佐口さんの研究の中でも強調されているわけですし、岡崎哲二さんの議論でもそうだと思いますが、戦時期に出来上がった経済構造というものが、戦後において、いわゆる日本型の企業体制を作り上げていくわけですね。そこでは労働組合が企業の中に内部化されていて、高度な技術開発を企業が進めた場合に、労働者の配置転換なども組合が積極的に協力して行うというようなことがやられてきたわけです。ですから戦後における重化学工業・機械工業を中心とする日本の経済発展にとって、戦時期に築き上げられた体制がかなり効率的な意味をもって機能してきたというのは、事実だと思います。

戦時期に大きな危機があったということを言っているわけではありませんが、私が翻訳をしたロナルド・ドーアの『イギリスの工場・日本の工場』(ちくま学芸文庫、一九九三年)は、その点をめぐる大変にすぐれたフィールド・サーヴェイでした。原著はちょうど私がイギリスへ留学していた一九七三年に向うで出版されたものです。それは従来の日本の、ヨーロッパ経済史研究の常識を逆転させるような議論を導入し始めていたわけです。長いこと日本では、ヨーロッパやアメリカの社会システムを到達の目標としながら、どうやってそこに追いついていくかという構想が基調をなしてきたわけですが、ドーアは、イギリスには一九世紀の競争型産業社会の時点において出来上がった一つの制度化があって、イギリス社会の労使関係はその時期に出来上がった制度化にステロタイプ化され、型が出来上がってしまった、と。で、そこからはなかなか抜け出せないだろうと言っているわけです。

イギリスでは例えば、同一の企業・工場の中に多数の全国的なレヴェルの職種からなる組合があって、経営者はそのすべての労働組合と協調・協定を重ねながらしか問題解決ができない。で、ある一つの組合がストライキをうつと、他の組合はストライキをしていないのに全工場がストップしてしまう、というような非合理が現われてきている。それと比べると、技術革新を進めていく企業側の要請に対して、労働組合もまた積極的にそれに呼応していくような、そういう日本型のシステムがもっている合理性というのは、ヨーロッパ型、イギリス型にはない〝合理性〟なのだ、というんですね。こうしてドーアは、日本の近代化におけるシステム的合理性を強調するという立場を押し出したわけです。この観点は、私は、それはそれとしてやはり極めて重要な〝発見〟だったと思います。そうした合理性を、一九六〇年代から七〇年代にかけての日本経済は、十分に享受してきたんだろうと思います。

しかし、我々がいま直面している二つの大きな問題があります。一つは、そうした重化学工業・機械工業では非常に巨大化した設備投資がなされ、それに対応して何万人という労働者を雇用する大企業体制が成立していて、そこにおける合理性の問題が労使関係の中心を占めていたわけです。しかし現在、先端のところで技術革新をやっているのは、もうそうした重化学工業・機械工業ではなくなってきているんですね。それはコンピュータを中心とする新しい電子化されたデバイスであり、あるいは情報化されたコミュニケーションを進めていくような、そういう企業であるわけです。かつての重化学工業・機械工業は、こうした情報化革命に対応しかねている。それに対して、例えばアメリカのマイクロソフト社に代表されるように、ベンチャー企業の中から次々と新しく急成長していく企業が出てくるということです。一方では、産業技術のあり方に規定され、情報化された社会に大きく変質していったということによって起こってくる性格変換というのがあるわけです。

もう一つ、問題になるのは、このように情報化された先進産業社会が、重化学工業から情報化された段階へと産業構造を変質させていくということが、同時に国境を越えた多国籍企業体の展開と関連してきているということです。このことが〈国民国家〉という枠組みのゆらぎと組み換えを要請してきています。その中にすべての製造業をワンセットで抱え込んで、あらゆる製造業の領域において他国を圧倒するというような国民国家を単位とする経済運営ということが、もはや不可能な時代に直面している。かつて先進産業社会で中心をなした重化学工業・機械工業は、いまではかつて低開発地域と呼ばれた諸国にどんどん移転しています。これをレギュラシオン学派では〈周辺部フォード主義〉という名称で呼んでいるわけです。こうした周辺部フォード主義の一つの現象形態として、いま東南アジア地域における新しい経済発展を推し進めていく諸領域が出てきています。現に、いまではインドに至るまでがはっきりと離陸をして、新しい成長段階に入ってきているわけですね。

　こういう状況の中で、もはや我々は古典的な意味での〈国民国家〉体制をそのまま維持していくことはできなくなっています。だから今、官庁エコノミスト系とか、あるいは官庁の外側にいながらしかし合理主義的な経済理論の立場に立って政策を生み出していこうとするような経済学者が、一斉に規制緩和の声を上げているわけです。そのことは避けて通ることのできない道であって、それを頭から否定するということはもう不可能であると思います。かといって、この問題が深刻な雇用問題を生み出してくることを見過ごすわけにはいきません。とりわけ中小企業とか農業の領域に非常に重大な影響を及ぼすわけですから、〈規制緩和〉をまるで〝錦の御旗〟とし、それですべてがうまくいくかのように主張するとすれば、それは事態のもつ深刻さをあまりに軽く見ているということだと思います。この点をめぐってアメリカ内部で深刻な政治的亀裂が起こっていることは、大統領選挙におけるイッシューをみれば明らかな通りです。日本もまた恐らく、この亀裂をめぐって後々大きな紛争を経過せざるを得ないだろうと思います。そういう点で、我々にとってこれは非常に微妙な問題になってきていると思いますね。

　ここでもう一つ言いたかったことがあります。「規制の緩和はいい」とか「規制緩和はすべきではなくて、ワンセットの製造業を維持すべきだ」とか、そういう単純な政策的議論に我々がコミットすることは難しいと思うのですけれど、ここではっきり強調しておきたいのは、戦時動員体制によって培われてきた「階級社会からシステム社会への移行」は、これ自体は不可逆的な過程なのであって、「戦時期に異様なシステムが作り出されてきたのであって、戦前のノーマルな体制に戻るべきである」とか、あるいは「欧米社会は到達すべき一つのモデルなのであって、そこに近づいていくかたちで規制緩和が考えられるべきである」というような、そういう安易な発想は問題の本質を捉えることにならないだろうということです。日本社会の隅々に到るまでの諸社会層が、国民国家的システムの中に統合されたからこそ、逆に、今の規制緩和の状況の中で抵抗しがたいかたちで緩和が推し進められていく状況も生み出されているんですね。かつてガルブレイスがカウンターヴェイリング・パワーと呼んだ力もすっかり社会システム内に統合されてしまった。労働運動も農民運動も強力な抵抗運動として機能しがたい状況になっている。逆に言うと、我々は政策選択の上で非常に賢明でなければ、恐るべき事態が発生するということも考慮しておかなければならないと思います。

ファシズムと現代化

―― 戦時期は、論争をふくみながらですが、〈天皇制ファシズム論〉として分析されてきていました。〈天皇制ファシズム論〉もさまざまな文脈がありますが、山之内さんの議論とどのような関係にあるのか説明して頂けますか。それからもう一つ、『総力戦と現代化』の〈現代化〉の部分についてもうかがいたいと思います。戦時期に〈近代化〉が進行したという議論は出されていますが、そうではなく、あえて〈現代化〉としたことについても説明して頂けますでしょうか。

山之内 〈天皇制ファシズム論〉の議論が展開されたとき、「戦時期日本の動員体制は極めて非合理なものであり、感情的なレヴェルに根ざしたところの、あってはならないシステムである。言論を著しく統制し、かつ一面的な情報を国民に与えることによって、理性的な判断が生じる可能性を大きく制約してしまった」というふうに言われたわけです。事実、それはその通りであったと思うわけですが、私どもが忘れてはならないのは、他面において日本の戦時体制が、技術者的合理性の欲望を大幅に満足させるという性格ももっていたということです。日本社会のハイテク技術者層、エリート官僚層によるリーダーシップの支えなしには、総力戦体制も遂行できなかった、という問題を軽視してはなりません。

この点は、ドイツについて、惜しくも早世してしまったポイケルトが、マックス・ヴェーバー研究との関わりで『ウェーバー　近代への診断』（名古屋大学出版会、一九九四年）という非常に優れた著作を我々に遺してくれているんですね。ポイケルトのこの著作を読んでいると、第四章に「理性の夢」という非常に印象深い一章があります。この章には「近代のヤヌスの顔」という節と、「合理化——ユートピア的構想と危機による撤回との間」という節とが含まれているんですが、ここで述べられていることを私なりに要約してみるとこうです。

ドイツは第一次大戦の敗戦後、ワイマール共和国の時代に技術者的なユートピアの時代がやってきた。そこでは、アメリカで折しも始まるようなフォード主義とかテーラー主義の影響もあって、技術者による社会設計を通して、ロマン的な〝夢〟を科学技術の延長上に生み出していくことができるのだ、という期待がふくらんでいた。そこで社会設計について様々な夢が語られる。そういう実験的な構想が、技術者を主体として、しかもロマンをもったものとして語られた。しかしそれは一九二九年の恐慌によって一挙に挫折してしまうわけです。そうした夢を可能ならしめるような国家財政も、企業の利潤も途絶えてしまって、技術者の夢を生かしていく可能性が失われてしまう。そのときに、技術者たちがどういうふうに対応していったのか、ということです。

例えば技術者たちの夢の中には、理想的な病院——特に精神病院——を作って、どのように精神病に罹った患者たちを癒していくか、それについての理想的な治療の手法があった。それから教育についても、人間の心理的な諸特性を科学的に分析した上で理想的な教育を行うにはどうしたらいいかというロマンが語られていたわけです。その科学的な「技術者の夢」として語られたものが不可能になったとき、技術者たちの発想の中では、社会にとってお荷物になるような余計なものは〝排除〟してしまうという考えが起こりました。例えば、精神の病いを抱えたような人々が子供を作るとすれば、必ずまた劣等な人間が出てきてしまう。そういう社会のお荷物になるようなものについては、これは排除し、結婚させないようにしてしまう、あるいは結婚しても子供ができないようにする、そういう意味での合理主義が出てきます。

こうしてポイケルトは、「技術者の夢」が二九年恐慌によって挫折したとき、その「技術者の夢」が今度は強烈な社会管理の構想へと変質していく、そういうことを書いているんですね。ここでポイケルトが語っているのは、若い時代の丸山眞男さんが捉えたまさしくその事態なのであって、近代社会の根底に流れているところの「技術を通して自然を改造していく」ということ。そして「技術を通して人間が構成している社会をも設計していく」ということ。そうした技術主義的な思想そのものが、二九年恐慌という事態にぶつかったとき、今度はラディカルに「社会にとってお荷物になるものは排除していく」という意味での合理化に向かっていく。そこにファシズムが生まれる、ということを語っているわけです。

恐らく丸山さんが「政治学における国家の概念」を書かれたとき、そうした潮流を見ていて、同じように考えられたろうと思うんですね。それと同じように、大河内一男さんの初期の社会政策論研究には、そういう角度が非常に濃厚に出ていたというふうに読み取れる。それが後に、どのようなかたちで大河内さんが昭和研究会の中に入っていき、戦時動員体制を合理的に設計していくという思想の側にコミットしていくか、ポイケルトの描き出したものとパラレルな動向が、日本思想史の中でも生まれたように私は思っているんです。

つまり〈天皇制ファシズム論〉についての批判を要約すると、ここでも二項対立図式の破綻が言われなければならない。一方では確かに古事記や日本書紀に遡り、天孫降誕といった神話的政治概念を唱える連中がいて、そうした人々を動員のイデオロギー的道具として使いながら、しかし実は戦時動員体制全体の運営というのは、合理主義の精神に徹した改革派官僚とか技術者の協力なしにはできないわけです。そうした体制の中における非合理なものと合理的なものとの癒着の関係というのを分析しないで、天皇制ファシズムというかたちで戦時体制を一色に非合理として描き出すということでは、現実の戦時動員体制のリアリティを見損なうことになるだろうと思います。

もう一つ出された問題は、我々が論文集のタイトルを『総力戦と近代化』とせず『総力戦と現代化』としたことの意味です。ここで〝現代化〟という言葉を用いた意味ですが、近代というのは、〈文明〉と〈野蛮〉とか、〈合理性〉と〈非合理性〉という二項対立が、ある程度リアリティをもち得た時代であった。それに対して、理性的反省の場である国家が感情的動員の場になっていくというように、現代では事情が変わってくる。総力戦の時代においては、理性と感情性との間の区分が曖昧化し、相互浸透がはじまる。そのような時期においては、もはや〝近代化〟という概念で語ること自体が非常に大きな誤解を生む、と考えたわけです。これは国家論レヴェルの問題です。

もう一つは階級とか階層の差別が固定化されていて、その固定化された階級的階層的差別との関連で批判理論を組み立てていくという近代社会の方法自体も、実は通用しなくなってくる、ということが挙げられます。戦時動員体制の下で、出征兵士として多数の労働者・学生・農民が動員されていくわけですけれども、そうした人々が例えば小作地を取り上げられてしまうとか、内地に残した家族が困窮あるいは病気になって誰も助ける者がいないというような状況の中では、総力戦は戦えないわけです。ですから社会のすべての人々を戦力として動員するということは、戦場においてであると同時にホーム・フロント、つまり〝銃後〟という言葉で語られているように、銃後の人々すべてをも動員するということなんですね。だから、例えば汽車の運転士や機関士から学校においては小学校の教師に到るまで、これは戦力としての人間を運搬し、あるいは戦力としての子供を育てるというかたちで、すべてが戦力のために動員されていくわけです。

そういう状況の中で、〈支配している者〉と〈支配されている者〉という二項対立もまた大幅に変更され、関係としては統合の方向へと進めていかなければならない。戦時期ファシズム国家では一様に〈コーポラティズム〉ということが強調されたのは、そのためであったと思います。アメリカ合衆国においても、移民法によって排除されていたアジア系の人々に、日本人は除きましたけれど市民権を与えてゆく。フィリピン人とかインド人とか中国人あるいは韓国人、そういった人々の市民権要求に対しては、第二次世界大戦における人的資源としての貢献と引き換えに大幅に譲歩していくわけです。この点についてはロナルド・タカキの著書の中で述べられていて、私どもの大学院生の一人がその延長上にいま研究を進めてくれているところです。

〈近代の超克〉をめぐって

―― もう一つ補足的に伺いたいのは、近代が問われる、近代の二項対立が問われるということでは、一九三〇年代に〈近代の超克〉論がありました。この近代の超克論と、今の議論との関係を、もう少し展開して頂けますか。

山之内 〈近代の超克〉に関わる議論というのを聞きますと、どうしてもある一つのシーンが思い出されてしまいます。それは、去年（一九九五年）アメリカに行ってコロンビア大学のキャロル・グラックさんの演習で私が報告しましたときに、日本の戦時期において「近代の超克」論のもつ意味などをお話ししていましたら、グラックさんに「何で日本ではそんなに〈近代の超克〉ということが問題になり続けるのか？」と、やや詰問調に質問を頂いた。そのとき私は思わず「なぜアメリカでは〈近代の超克〉が問題にならないのですか？」と反語的に聞き返してしまったのです（笑）。このことをキッカケに議論が大変に盛り上がったのでして、とても印象深いことでした。

私にとってみると、アメリカにしても日本にしても戦時動員体制の下で、「〝近代〟はそのままではもはや解決できない問題を抱え込んでしまった」という認識が出てきていたはずであって、それをトータルに不健全なものだというふうには言えないと思うんですね。〝近代〟は二〇世紀に入って、とりわけ二つの世界大戦を経ることによって、その仕組みが大幅に組み替えられ、「階級社会からシステム社会」への移行と呼んでよいような大きな変化が起こっている。にもかかわらず、一七、一八世紀の市民革命が起こった時点に形成された市民社会像に固執し、その立場に立って〝あるべき近代〟が今後も一つの規範として生き続けるのだとすると、大変なギャップが生じてしまいます。ですから私は、ハーバーマスは尊敬すべき社会理論家ではありますけれども、いつもその点で違和感を感じざるを得ないわけです(笑)。

「絶えず内的な葛藤を通してより高次の人間の解放された世界へと歴史が進展していく」というような意味での、そういう社会理論。ヘーゲルの「主と奴の弁証法」に集約され、マルクスに受け継がれていくような近代の社会理論。これは絶えず〈より優れた方向を生み出していくような力〉と〈そうでない力〉という二項対立を前提とする議論を生み出さざるを得なかったわけです。しかし、システム化された段階へと移行していくとともに、そうした二項対立が成立しがたくなっていきます。例えば、戦時期と戦後期の間に、断絶というより連続がみられるとすれば、戦争と平和は二項対立的には処理できませんし、民主化と国民国家的統合も対立概念ではなくなってゆきます。ですから、そうしたリアリティを、目を逸らすことなくしっかりと受け止めたうえで、どのように新しく批判理論を構築していくか、ということを考えるべきだろうと思うんです。そういう意味を込めて、私どもは「総力戦と近代化」という言葉を敢えて避けて、「総力戦と現代化」という課題を立てたわけです。ですからこのタイトルには「安易な二項対立的思考を歴史学や社会学のカテゴリーとして生み出していくような、そういう理論構築はもう終わったんだ」ということをはっきりさせたい、そういう意味を込めたつもりです。

――総力戦のもつ決定的な意味、また、総力戦によって社会が変容するという議論は、西谷修さんが提出する世界戦争とそのもとでの、〈人間〉のあらたな段階への突入という議論(『夜の鼓動にふれる』、東京大学出版会、一九九五年)と類似しているようにみえます。西谷さんはハイデガーを援用しつつ論じられているのですが。

山之内　実は西谷さんのものについて、是非読めと言われながらもまだ読んでいないんですが、お話を伺うかぎり、非常に近いところで作業を進めてきたんじゃないかと思っています。

ハイデガーの名前が出たので言うと、私も「システム社会と歴史の終焉」(『岩波講座社会科学の方法』第一巻、一九九三年)という論文を書いたことがあるんです。そこでコジェーヴの、ヘーゲル『精神現象学』についての独特な解釈、これまたまさしく第一次世界大戦と第二次世界大戦の戦間期という深刻な時期に語られているわけですが、それについて触れております。このコジェーヴのヘーゲル解釈というのは、『精神現象学』を一方ではマルクスの『経済学・哲学草稿』に拠りながら、他方ではハイデガーの『存在と時間』を手掛かりとしながら読む、という作業をしているんです。考えてみれば、ヘーゲル『精神現象学』が執筆されたのも、これまたフランス革命の余塵がまだ残っている、ヨーロッパの一九世紀初頭という状況の中でなんですね。

その『精神現象学』の中に、有名な「主と奴の弁証法」という部分があります。これは〈主〉と〈奴〉の階級関係を、マルクス主義のような生産手段の所有／非所有という関係というよりは、〈死をも厭わずに闘い抜く主体〉と〈死を恐れ、闘い抜く決意をもった人間に自己の主体性を譲り渡す人間〉との関係として考察している。その関係の中でヘーゲルは〈主〉と〈奴〉の最初の形成を考えていく。そういう敵対関係の中で、にもかかわらず、どのようにして人間の相互承認の関係が進展していくのか。つまり〈相互承認の関係〉と、絶対的に相容れない〈死を巡る闘争〉との重ね合わせの中でヘーゲルの『精神現象学』を考えるという、大変に示唆深い新鮮な解釈をコジェーヴは出してくれたと思います。

このコジェーヴによる『精神現象学』の解釈の中でハイデガーが大きな役割を果たしたということは、私にとって非常に示唆深いものがありました。『総力戦と現代化』の冒頭にイントロダクションとして書かせてもらった「総力戦とシステム統合」は、実はコジェーヴによるヘーゲル解釈に依拠しながら書き進めたといえる部分があるわけです。その点で恐らく、西谷さんとの間にかなりな重なりがあるんだろうというふうに思っております。

システム論へ向けて

——山之内さんは、システム論の方法を歴史分析の理論として援用し『総力戦と現代化』という問題を立てられました。これまで歴史的・具体的に問題を語って頂いたのですが、ここまで展開された問題意識と状況認識を社会思想史のコンテクストで語るとどのようになるのでしょうか。方法の領域から『総力戦と現代化』『ナショナリティの脱構築』へといたる筋道を語って頂くことになります。山之内さんがこのプロジェクトと併行しておこなわれている、ニーチェ＝ヴェーバー研究との関連ということになるかと思いますが、少しまとめてお話し頂けますか。

山之内　〈システム論〉について言えば、日本に最初に入ってきたシステム論としてはタルコット・パーソンズのものがあったわけですが、これはご存じのように一九六〇年代の末から七〇年代初頭にかけて吹き荒れたアメリカでの反戦運動の中で、現代社会に内在している紛争要因を過小評価しているということで権威を失墜していきました。そういう、不幸な経過の中で見落とされてしまったわけですけれども、実はタルコット・パーソンズのシステム論の最初の成立の経緯を見てみますと、非常に重大な問題が出発点になっていたと思います。

パーソンズの最初の著作である『社会的行為の構造』（一九三七年）の中で中心に置かれた観点というのは、〈ホッブズ的秩序問題〉と彼が呼んでいるものでした。日本の市民社会派に代表される社会科学の中では、ヨーロッパ近代社会の原理的な組み立てを構成する体系としてはまずジョン・ロックが置かれ、その延長上にアダム・スミスを位置付ける――これが規範的な意味を持ち続けてきたわけです。ところがパーソンズは、その筋ではなくてトマス・ホッブズをその出発点に置くわけです。ここで、現代におけるシステム論のレヴェルを代表するルーマンから一つの論文を持ってくるのが適当だと思いますが、ルーマンには「いかにして社会秩序は可能か」（邦題『社会システム理論の視座』木鐸社、一九八五年）というタイトルを持った論文があります。つまりルーマンは、現代における社会理論の出発点となる根本的な問題設定というのは「社会秩序というのは一体いかようにして成立可能となるのか（成立可能であるのか）？」という問いである、というわけです。実はこの問題設定に、タルコット・パーソンズもまたその出発点を求めていたわけです。そのことが〈ホッブズ的秩序問題〉を中心に置いたということの意味だと思います。しかも、このことのなかに一九世紀型社会理論との根本的な断絶が示されているということに注目すべきだと思いますね。

それでは、〈一九世紀型の社会理論〉というのはどういうものかというと、典型的にはアダム・スミスであり、ヘーゲルはそれを哲学的に表現したと思うわけですが、〈社会秩序〉というのは客観的なものとして既に現存しているわけです。それをどう発見するかというのが社会科学の方法の問題であって、そこでは〈社会秩序〉というのは主観を超えた、感覚的な知覚を超えたレヴェルで、〝神の見えざる手〟という比喩的な表現に示されるような、一種の超越性として存在しているわけです。それは個々の人間の主観性や感覚的能力を超えたところで働いている。だからこそ、社会科学者というのは、普通の市民生活を送っている日常性のレヴェルでは捉えられないある真理を認識し得るという、特権的地位というものを、暗黙のうちに要求しているわけです。

そういう意味では、〈近代社会科学〉というのは、キリスト教神学の古いタイプのものを否定して出てきたということも間違いないわけですけれども、にもかかわらず、キリスト教神学と似たような相似形をもっていて、これら両者はほとんど双子だといってもいいだろうと思うんです。つまり「見えざる秩序を可視化する」ということ、これが近代の社会科学を成立せしめる根本的前提であった、ということです。しかも、そこでは「人間の身体的能力というのは限られているのだ」「その身体的能力を社会科学者は超えているのだ」ということで、社会科学的知識に特権性が与えられるんですね。そして、その〝見えざる秩序〟は、ヘーゲル、マルクスになると〈進化〉とか〈内在的な矛盾をはらんだ弁証法〉というかたちで、〝時間の秩序〟としても提示されることになります。

このような立場が、「人間は、歴史的世界は、絶えることなく解放に向かって進んで行く」という発想と結びついたわけです。そうして、その背後に様々なかたちの二元論（二項対立図式）が出てきたということは、既にここで何度も問題としてきたことです。つまり、〈一九世紀型の近代の社会科学〉というのは、一種の〈神学〉だったわけですね。古いタイプの神学のなかでは、人間の世界は〝原罪を負った世界〟ですから、原理的に言うと秩序がないわけです。しかし「世俗の世界の中に秩序が働いている」「様々な矛盾を孕みながら、実はその矛盾そのものが秩序を構築していくのだ」というかたちで、いわば神学が世俗化された——それがヘーゲルであり、マルクスでもある、ということです。

そうだとすると、「世俗化された神学」という性格を持った〈近代の社会科学〉は、ある時期に危機を迎えざるを得ない宿命を負っていたということが明らかになると思います。つまり、二重の意味での危機が出てくるわけですね。その一つは、見えざるかたちで働いている秩序そのものが秩序として機能しなくなってくるという意味での危機。もう一つは、特権的な地位に立っていて、その秩序を一般の市民・民衆とは別のレヴェルで可視化できているという社会科学者の地位が揺らぐという意味での危機です。この二つのものが同時に揺らぐということになった。で、そのところで出てくるのがニーチェであったと思います。ニーチェによる、あの強烈なキリスト教批判というかたちをとって提出された哲学的命題、あるいは哲学解体の課題というのは、こうして、一九世紀型社会科学の背後にあってそれを根拠づけていた神学体系を解体させるということだった、というわけです。

この点を確認してみると、ヘーゲルやマルクスの弁証法もやっぱり一種の神学であることは明らかであって、敢えていえばこれは〈ブルジョワ哲学〉であった、と。マルクスはブルジョワ哲学、あるいはブルジョワ哲学の最高の到達点であった、というわけです。その点で私は初期マルクスに立ち戻って考えてみたいわけです。初期マルクスの『経済学・哲学草稿』は、フォイエルバッハとその著『キリスト教の本質』(一八四一年)から大きな示唆を受けていました。フォイエルバッハの疎外論は、キリスト教神学の批判であると同時に、キリスト教神学の哲学化＝世俗化として展開されたヘーゲルに対する批判でもあった。『経済学・哲学草稿』には、このフォイエルバッハによるヘーゲル批判のモーメントが現れてきます。とりわけ第三草稿には、何度もフォイエルバッハの名前が出てきますし、第一草稿の「疎外された労働」の〝疎外〟という観点にしても、実はフォイエルバッハの『キリスト教の本質』の方法を受け止めていたことが明らかです。

ところがにもかかわらず、私の見るかぎり、マルクスはフォイエルバッハをまったく誤読していたと思うんですね。フォイエルバッハというのは、マルクス主義者によって、「マルクスが若い時代に一時経過し、その後まもなくその限界を認識して捨て去り、超えていったもの」というふうに片付けられました。フランスのアルチュセールにせよ日本の廣松渉にせよ、同様の立場を主張したし、一九七〇年代の日本の社会科学にかかわる哲学も、圧倒的にアルチュセール、廣松の方法に影響を受けてきたわけです。しかし私は、それは根本的な誤解の上に成り立っていたと思います。彼らは、「フォイエルバッハは近代主義的な主体の立場を立て、人間の本来的な主体が疎外されて、そのことを回復する方法として疎外論を展開した」というふうに誤読したわけですが、それはまったくの間違いだと思うからです。

フォイエルバッハが言おうとしたのは、「人間の主体の中には理性の働きがあるが、この理性は身体性を置き去りにしたまま自己関係的・自己増殖的に肥大してゆき、完全な合理性を求める、そういう筋道が内在している」ということなんですね。つまり、完全な理性を求めて合理性をどこまでも突き詰めていくとき、〝完全無欠な神〟という概念が出てくる。〝完全無欠な神〟という概念を生み出すという、生物としては非常に逸脱した人間の在り方、これがフォイエルバッハの言う疎外なのです。だからフォイエルバッハは『キリスト教の本質』第一版の序文の中で「人間というのは本来、精神病理学的に分析すべき対象である」と述べることになったわけです。ですからフォイエルバッハ(とその方法)というのは、明らかに一九世紀末になって出てくるニーチェやフロイトとの関連において理解されるべき哲学者だった、というべきでしょう。そのことを全く誤読して、「フォイエルバッハは近代的主体の立場を疎外論によって展開した」というふうに読んだところに、七〇年代以降のマルクス主義哲学の欠陥があったと思います。

そのことに関連してもう一つ付け加えると、そうした〝完全なる理性〟の立場に立って〝完全無欠な唯一神（絶対神）〟を構想していく、そこに最も合理化された宗教意識としてのキリスト教が生まれてくる――これが『キリスト教の本質』の基本的な筋道でした。このキリスト教批判を行う場合、彼はキリスト教以前の精神世界、つまり古典ギリシャの精神世界に立ち戻る必要を強調していたわけです。その点でもフォイエルバッハは明らかにニーチェと結びつくべき人であって、近代的主体などという立場に立つ人では本来なかったわけです。

こういった点を確認してみると、戦後の日本社会科学において有力な潮流をなしたところの市民社会派が、その中心テーマとして掲げていた〈マルクスとヴェーバー〉という問題設定が、根本から揺らぎ、かつ問い直されなければならないということとなります。つまり市民社会派の中では、マルクスとヴェーバーの接合を通して、マルクスの欠点であるところの観念の世界の役割について、それをヴェーバーによって補完するという試みがなされてきました。歴史における合理性の展開は、社会構造に内在する無機質的な論理の必然性において進行するのではない。それは、観念の世界に形成される情念とか信仰といった、非合理なものを媒介としつつ進展してゆく。この人間の非合理性を媒介しながら進んでいく合理性という問題、つまり〈宗教社会学〉をヴェーバーから持ってきて、それとマルクスの〈唯物論的経済分析〉とを相互補完のものとして考えるという、そういうことが試みられたわけですね。これが「マルクスかヴェーバーか」あるいは「マルクスもヴェーバーも」でもなくて、『マルクスとヴェーバー』という命題として、内田義彦さんによって結晶化されたわけです（『日本資本主義の思想像』岩波書店、一九六七年）。

しかしこの市民社会派の命題の中では、一九世紀型社会科学理論の根本的な特質、つまりは「キリスト教神学の世俗化」という尻尾をマルクスも背負っている、そのような位置にマルクスがあったということの認識はまったく欠けていたと思います。そのために、マルクスとヴェーバーは同じレヴェルで、一方は観念論の領域から、もう一方は唯物論の領域から、社会科学に方法的根拠を与えたものとして補完させようとした。けれどもこれは、位置関係の設定が間違っていると思われます。ヴェーバーはニーチェの問題提起を正面から受けとめながら、むしろキリスト教神学の終焉を語った。キリスト教神学の影響を受けた社会科学の終焉を語っているわけです。それは、彼の「職業としての学問」という最晩年の講演（一九一九年）の中で姿を現わしてくるわけです。

そこではニーチェの『善悪の彼岸』（一八八六年）の主題を借りながら、はっきりと「ヨーロッパ世界の哲学は、キリスト教の影響を受けて以後、二千年にわたって真実を受けとめる目を曇らされてきた」と語っています。そしてボードレールの『悪の華』を参照しながら、リアリティについて、「真実の目を曇らされずに見れば、善と悪との間の二項対立とか、美しいものと醜いものとの二項対立は解体してしまう」とも言っています。こうしてヴェーバーは「近代ヨーロッパ世界が暗黙のうちに前提してきたような価値体系というものは、実のところある種の神学的前提に立っている」というわけですね。ヘイドン・ホワイトの言葉を使わせてもらうとすると「一種の詩学（ポエティックス）の上に成り立っている」ということを、ヴェーバーは既に語ったんだと思います。そしてヴェーバーの言う理念型（イディアル・テュープス）で語られている〈イディアル〉ということの意味は、ヘイドン・ホワイトの言うところの〈ポエティックス〉とほとんど同じ価値を持ったものとして、置換可能なものであったと思います。

このようにして、二項対立図式に基づいて社会や歴史を考察していくという、一九世紀的な社会科学や歴史学の考察の方法が終焉したことを語った——それがマックス・ヴェーバーだったと思います。だから彼の「職業としての学問」のなかで登場してくるのは〈神々の闘争〉という命題になってくるわけですね。「我々は神々の闘争という状況の中で生きていて、「ヨーロッパ近代が前提とした価値体系が唯一絶対なものだ」というようなことは、もはや言えなくなってくる」と。で、「他の文化圏が生み出したような様々な価値＝イデイアも、〈悪魔〉ではなくて〈神〉なのだ」といって、すべての価値が相対化されています。この、全面的なニヒリズムに行き着かざるをえないような言明は、あたかも現代のポストモダンの哲学の中で語られていることの、一種の先取りといっていい面が濃厚にあったと思います。

ヴェーバーは、ニーチェに非常に近づいていきながら、一九世紀的な社会科学との断絶を語るわけです。ニーチェは〈超人（イーバメンシュ）〉というカテゴリーを持ってくるわけですが、ヴェーバーは〈カリスマ〉というカテゴリーを持ってくるわけです。ニーチェの〈超人〉にせよヴェーバーの〈カリスマ〉にせよ、これはまったく非‐民主主義的な、あるいはラディカルに反‐民主主義的なモーメントを持っているわけですから、これはきわめて危険な発想だということは明らかなわけです。ところがニーチェから継承されヴェーバーの中に入ってくるこの〈超人〉や〈カリスマ〉という考え方を、戦後日本の社会科学や歴史学はできるだけ排除しようとした、あるいはヴェーバーの中にそんなものはなかったかのように蔽い隠して、見えないようにしてしまっていたわけです。

けれども、あらゆる二項対立が権威を失墜してしまったような現代社会においては、このニーチェやヴェーバーが出したきわめて危険な反‐民主主義的な響きをもっているこのカテゴリーを、我々の民主主義概念を問い直す一つの必要不可欠なテコとして、積極的に導入しなければならないだろうという気がするんですね。それはどういうことかというと、民主主義というのは不可避的にマス（大衆社会）を生んでいきます。ですからニーチェにおいてもヴェーバーにおいても、〈大衆〉という概念は避けることのできない重要な概念になってくるわけですが、この〈超人〉と〈大衆〉という対の関係についても、その根拠を問い直す必要があるだろうと思うからです。

ニーチェやヴェーバーの〈超人〉や〈カリスマ〉という概念で問われたのは、人間を〈本来、優れた素質をもった優等種に生まれついた人間〉と、〈精神の弱さをもっていて、絶えず自分の外側に権威を求めなければ不安で仕方がないというような弱者〉とに分けたということがあります。と同時に、さらに問題なのは、ニーチェの場合、「優等な種が劣等な種に対して勝利をおさめて、人間の歴史は次第に良いほうを向く」というのではなくて、「劣等種が勝利をおさめて、優等種が次第に淘汰されてしまう」という、逆説的な〈退化の理論〉であったということです。ヴェーバーも、明らかにニーチェの退化の理論の影響を濃厚に受けたと思うんですね。これは確かに危険な思想であるわけですけれども、しかしこれを現代の時点で、民主主義という概念を組み替えるために我々がテコとして利用するとすれば、以下に述べるようなことがいえると思います。

現在、我々の目の前で官庁とか、権威のあるきわめて合理的な組織として運営されていた巨大金融機関などが、いかに非合理的な事実の隠蔽を行ってきたかということが暴露されて、恐るべき事態が明らかになってきたわけです。問題は、恐るべきこのようなリアリティを受け容れかつ直視するという能力を持った者、これがニーチェやヴェーバーの言う〈超人〉であり〈カリスマ〉だった、ということです。民主主義にとって、情報公開というのはきわめて重要な意味をもっているということは、いま我々はいやというほど確認させられました。しかし、それは単に情報が公開されればいいという問題ではないだろうと思います。情報の中には、例えば「もんじゅ」という増殖炉でナトリウムが漏れたというような、非常に恐ろしいものがあって、けれどそれをひた隠しにした原子炉の現場のエリートたちは、それによって利得を得ようとしたわけではなくて、この情報が一般大衆に洩れたときにどんなに彼らが恐れるだろうか、ということを恐れたんですね。「情報公開こそは今後の民主主義にとって決定的な意味を持つ」ということは、ヴェーバーが既に彼の『支配の社会学』の中で、近代官僚制のコントロールを超えていくモーメントとして、まさしく指摘しているわけです。そこでヴェーバーが問題視したかったことは、どんなに恐るべき情報を我々が知ったとしても、それによってうろたえたりパニックに陥らないだけの〝強靭な精神を持つ〟ということであり、それが〈超人〉とか〈カリスマ〉という概念によって語られたというふうに、我々は理解すべきだと思うんです。

ニーチェの〈超人〉やヴェーバーの〈カリスマ〉を、反-民主主義のカテゴリーとしてこれを排除してしまうというだけで済ませてしまおうとするならば、我々がいま直面しているような、恐るべきリアリティに立ち向かう精神もまた、同様に排除されてしまうだろう。ここで問われているのは、真の意味で強靭な精神をもち、どんな恐るべき情報をも敢えてそれを受けとめることによって、そこでうろたえることなしにどのようにその情報に立ち向かい、社会的に共同で処理していく可能性を自分たちの中から作り出していくことができるだろうか、ということですね。そういう〝精神の鍛練〟ということを抜いたまま情報が万人に公開され、その時々の投票行動によって多数決で誰かを処罰するというようなことだけが民主主義であるとするならば、いま現在というのは、そんな民主主義はもはや長期にわたって維持できないということがはっきりしてしまったということではないでしょうか。

システムの中の「主体」

―― 何だかそら恐ろしいような社会を垣間見た気がします。山之内さんが言われるのは〝強靭な主体〟が要求されるということですか。そうするとその都度、毎回主体が呼び戻されるという、そういう話になるのでしょうか。〈システム社会〉のなかで、主体が拡散していく状況があり、そのシステム社会において二項対立を検討した結果、もう一度主体が呼び戻されるという話に聞こえましたが。

山之内 そうですねえ。私もまた、構造主義以来の、主体を消し去るという方法的レヴェルに大きな示唆を受けてきたんですけれども、しかし、そのままでは済まない問題が社会科学の中に出てくると思っているんです。主体を消し去ることの中に現代の社会科学の方法のあるべき道があるということだけを強調し、それで済ますというわけには、多分いかないだろうと思います。

構造主義が提起した問題をシステム論のレヴェルに置き換えてみると、そこでは制度化ということにゆきあたると思います。つまり我々にとって〈主体〉というものは、予め在る（存在する）ところの動かしがたい出発点ではなく、そういう意味では〈実体〉というものではなく、社会的関係性の中で〈主体〉も構成されていくわけです。現代社会において〈主体〉というのは、個人の中にはっきりと明確な形象をとってビルトインされているというよりも、制度の中に拡散したかたちで個人の存在に先立って形成されている。いいかえれば、近代世界の精神は、制度の中に埋め込まれている、ということであると思うんです。

例えば、学校というのは行くべき所であって、六、七歳になると毎朝必ず七時半頃に起床して、ご飯を食べてランドセルを背負って行くのだと、そういうようなかたちでいわば制度化されている。これによってかつてマックス・ヴェーバーが古プロテスタンティズムの信仰生活のうちに見いだした禁欲主義的な規律化された精神というのが、現代ではもはや特別の宗教的規律を必要とすることなく、社会生活の中であらかじめ制度化されているわけです。このように、制度化されたシステムの中で、我々はいつのまにか自分の主体というものを構成されていくわけです。

しかし、そのままであるならば、人間は文字通り社会システムの機能的因子そのものということにとどまってしまう。このようなシステム統合に対しては、つまり、システムの内部に統合され、システムの機能的因子として適合するような主体の意識に対しては、恐らく、身体のレヴェルに発するところの、それ故に初発には無意識的な感覚的・非合理的な表現形態をとるところの反抗が噴出してくるでしょう。こうした、身体レヴェルに発する無意識的な反抗が一定の社会的レヴェルに達したとき、そのとき、あらためて理性の働きを介して新たな主体のあり方が必要なものとして要請され、模索されてゆくことになる。そうした経路を介して、既成化された制度の中で構成された主体について、どこかでこれを相対化し、ブレヒト流に言えば〈異化する（Verfremdung）〉過程を経過するということは、やっぱり必要なことだと思っているんです。

――システム社会のなかに存在しながら、システム社会をいかに描き出していくのか、また、そのことがいかにして可能かという問題と通底するようにみえますね。

山之内　そうですね。確かに、〈階級社会〉から〈システム社会〉への移行ということを強調したわけですから、ある意味では私も〈主体〉を消し去ったわけです。つまり私も、階級という主体は、社会科学の方法の中で依拠すべき根拠だと考えるような意味での〈主体〉は、現実に消えてしまった、と考えたわけです。

現代社会では、第二級、第三級の市民として押しとどめられている様々な〈主体〉が、自分たちは正当に一般市民として認められる権利を与えられるべきだという運動を絶えず繰り返しています。例えばフェミニズムの運動にしてもそういう性格をもつと思いますが、こうして第二級、第三級の市民たちが市民的権利を社会の中に獲得し、それを制度化させていくという運動は、今でも非常に重要な意味を持ち続けているし、今後もまだそういう要請が絶えることなく続くでしょう。

しかし、既にお話ししたように、そういう運動の結果というのは、絶えず社会に「より豊かな配分資源を産出せよ」という要求、つまりは全体としてのパイの大きさを果てしなくふくらませろ、という要求となって累積していきます。そのような形で、人間のためにいわば利己的に動員できる資源を無限に拡大してゆくということは、ほかの生命系との共存を危機に陥れるということが、すでにはっきりしてしまっている。そういう意味で一九世紀的な社会理論が根本に置いてきた人権概念とか、その人権概念に出発する主体概念というものについて、その正当性、根拠を疑わざるを得ないような困難な局面に、もう現代社会は入ってしまっている。そういう意味で、私自身も〈主体の消去〉ということに積極的に加担しているわけです。けれども、にもかかわらず私は、この〈システム社会〉が、あらゆる権利要求を内包しながら、永久に一種の生命体であるかのように自己言及的に問題解決していくという、ルーマンに代表されるような考え方はやっぱり同意できないし、疑いをもっています。

つまり、この社会システムがどんなに完璧なかたちで、様々な逸脱していく要素をシステムの中に内在化させていくとしても、内在化の過程が進行すればするほど、それは〈社会システム〉と社会システム全体の環境をなす〈自然システム〉との間に、和解不能なコンフリクトを生んでゆくだろう。コンフリクトと言った場合、一般には人間の社会関係の中で、言語をもつ人間が相互に取り交わすコミュニケーションの過程でのコンフリクトを社会理論の中で考えてきたわけですが、我々はもう既にそういうレヴェルを超えた次元に突入しています。というのも、我々は、言語を持たない自然生命体のシステムについては、実はほとんど何も解明されていないといっていいくらいのレヴェルにとどまっている。現代自然科学は、個体として取り出された鉱物や細菌、あるいは個体としての身体のメカニズムについては大変なところにまで解明の手を届かせてきました。しかし、生命系としての自然システム全体については、いわば「暗黒の中に置かれている」といっていい状態にとどまっていると思います。

そういうことを言うと「医学をはじめとする自然科学は、ずいぶん自然の神秘を解明したではないか」という反論が出てくると思います。しかし従来の自然科学――特に医学――は、自然の中からある単体を人為的に取り出してきて、実験装置の中でその単体が単体としてどう動作するかということを、非常に見事に取り出して見せたにすぎないのではないか。パストゥールの仕事がその典型だと思いますが、彼は空気中や土中で見えないかたちで活動している細菌を取り出してきて、それを他の細菌とは隔離したかたちで単体として純粋培養した。この純粋培養された単体としての細菌についてその生理作用を調べ、それがもたらす病気の原因に対して抵抗性をもつ血清を作り、注射をするというかたちで奇跡的ともいえる力を発揮させたわけです。

自然の中から単体としての力を取り出してくるということ、このことはもっと大きな意味での工学的テクノロジーの場合でも、結局同じ手法をとったと思うんですね。つまり単体として引き出された自然の力というものを、〝自然の力そのもの〟と我々は思い、それを統治できると思い違いしてきたのではないか。実際には、〈自然〉というのは無数に複雑な生命体の、人間によっては最終的にはおそらく解明不可能な複雑な構成体です。遺伝子にしても、数えがたいような無数のものの連関の中にあります。そして人間もまた、その生命体の一つにすぎないわけです。無数の生命体間の、共存状態にある複雑なネットワークについては、ようやく今、エコロジーという観点のもとに研究がされ始めたにすぎません(中村桂子『生命科学から生命誌へ』小学館、一九九一年、を参照)。そういう意味では、従来の自然科学が解明できたのは、実は自然の中のある実験室化された、人為化された自然の力だったということを、考えなければいけないと思いますね。

その領域からする〝反逆〟というのは、我々には言語を媒介とするかたちでは伝わらないわけです。ある日北海のアザラシが何万頭と海岸に打ち上げられたというような、人間の生命存在の根拠を脅かすような、そういう恐ろしさとなっていきなり表れてくる。あるいはシュバルツバルトの森（黒森）がほとんど枯れてしまうというような、恐るべき事態として初めて自覚される。そういう領域の問題というもの、つまり言語を超えたところに何か表れてくるということのもつ意味を、私どもは考えざるを得ないと思います。そういう言語的コミュニケーションの彼方にある問題を、これまでの〈社会科学〉も〈自然科学〉も、ネグってきたんじゃないかと思いますね。

新しい社会運動

——山之内さんの今の話は、『総力戦と現代化』『ナショナリティの脱構築』のプロジェクトと同様のスタンスをもっているように思います。すなわち、日本における社会思想の解釈の批判の延長線上にあると思うんですね。五〇年代、六〇年代の〈市民社会派〉の社会思想の解釈＝レールの敷き方に対する批判、それから七〇年代、八〇年代の〈ネオ・マルクス主義〉の解釈＝レールの敷き方に対する批判の延長線上にあると。さらに言えば先ほどの〈主体〉の問題も、その延長線上で考えられていると思うんです。ここで、先にちょっと触れられた、七〇年代、八〇年代のネオ－マルクス主義との違いを、もう少し展開して頂けますか。つまり先ほど、廣松渉、アルチュセールという名前を出されたのですが。

山之内　私の理解するかぎり、廣松さんについて限定して話をさせて頂くことにします。

廣松さんは、マルクスの「フォイエルバッハ・テーゼ」（一八四六年）の中にでてくる

「社会的諸関係の総体」という論点を持ち出され、『経済学・哲学草稿』（一八四四年）時代のマルクスとそれ以後のマルクスを決定的に区別されたわけです。私はその問題提起がもった重要な貢献までをも否定しようというのではありません。とりわけポストモダンの時代において、人間の主体の問題を社会的関係性という視点に立って問い直したということがあり、一つの項と項との関連というかたちに置き直していく作業が、それによって進んだわけですから、先駆として重要な意味をもったと思います。

しかし私は、「社会的諸関係の総体」という議論を徹底させていくかぎりの方法では、このシステム化された現代社会においては結局、批判の根拠はどこかに消えてしまい、見失われてしまうのじゃないかと思うんです。事実そうであって、非常に重要な哲学的問題提起をしたポストモダンの方法にせよ、結局それは批判の根拠が明確ではなく、既存の体系がそのうちに内在させている暗黙の価値前提を暴露する作業を永遠に積み重ねる、という循環作業から脱出できない。そういう方法がもつ限界ということが語られるようになったわけです。

だからこそ、ポストモダンの旗手だった人々が市民社会派にスッと戻るというような現象が（笑）起こってしまっていると思いますよね。だけど、そういう意味で廣松さんの提起した課題というものも、あるいはポストモダンで語られた課題というものも、やはり人間の言語的にコミュニケートしあうその圏域内において語るべきことを語り尽くし、その中で批判の根拠を構築しようとして結局のところ挫折したんだろうと、私は思います。〈システム論〉ということを私が持ち出すのは、言語論を中心として展開された廣松さんやポストモダンの方向性に限界を感じざるをえないからであり、そうしたミクロ的な手法ではなく、マクロな社会理論の復権が必要だと考えているからです。言語論的展開の中では、しばしば、ミクロ化された社会的関係の中でズレが起こっていくという。しかしその〝ズレ〟は、どんなに起こっても、結局、根本的な歴史的な質の変化は展望できないような状況に、多分もう人類は来ちゃったんだろうと思うんです。そういう意味で私は、ある面では「歴史の終焉」という設定は間違ってないと思う（笑）。歴史の終焉という問題について、はっきりとこういうふうに反論できるという根拠を展開した人は、少なくとも私は知りません。

もし今後、持続される歴史があるとすれば、あらゆるものを自己言及的にシステムの中に組み入れていく、そういうシステムの自己運動——これは完成された姿においてはもう、歴史は終焉しているわけですが——の中心には、やはり宗教改革以来生み出されてきた近代の精神が制度化されたかたちで生き続けており、匿名化されたかたちで働いているんですね。

事実上、我々はそれが自分の主体だと意識しないかたちで、我々の行為の動機を埋め込んでしまっている現代社会の制度に付き合わざるを得ないという、そうした関係の中に置かれています。そうした匿名化されたものによって我々の行為が動機づけられている、そういう状況に対して、批判的根拠がどこから生まれてくるかというと、市民社会の内部に権利として自分たちの影響を認めさせるという運動ではないタイプの運動、そういう従来は正当性ある運動としては認められてこなかったものの中から出てくるだろう、と。ですからそれは、従来の意味での政治的運動ではなく、おそらく、自分自身の生活スタイルの在り方を巡って、「このままでいいのか」という問題提起を自己自身、および自分の周辺の人々にアピールしていくという、なんらかの美的観点からする問題提起ということになっていくだろうと思います。

この点で、〈新しい社会運動〉について、アルベルト・メルッチが提起した問題に私は非常に示唆を受け、関心を持っているわけです（山之内「システム社会の現代的位相」『思想』一九九一年六-七月号、参照）。メルッチが出した問題を整理してみますと、現代社会における〈新しい社会運動〉が〈旧社会運動〉と違うのは、第一に自分たちは第二級、第三級市民として差別されているから社会の中で正当な権利を認められるべきだという、いわば制度化を要求する運動、これは歴史的な使命を果たし終えたし、今後持続するにせよ原理的には終えたんだ、と。そうではなく、社会システムの中心に未だに働いている近代の原理そのものが生み出している諸問題について、これにいわば美的な観点から疑問符を付けていくのが〈新しい社会運動〉だ、ということです。そういう意味では、市民社会の中に権利として設定され、正当化されていくようなタイプの運動ではない運動です。消極的ではありますが、〈新しい社会運動〉というものの定義をそうすべきだと思いますね。

だから、フェミニズムというのが出てきたから「これは新しい、だから〈新しい社会運動〉だ」というのではなくて、フェミニズムの中にも、単に第二級市民としての女性を第一級市民に認めよというのにすぎないような制度化要求もあるわけです。しかしそういう問題ではなくて、自分たちの生活スタイルを「これでいいのか？」というふうに問い掛けていくような意味の運動、そうした運動であるとすれば、そうしたフェミニズム運動は〈新しい社会運動〉を構成する一部なのだ、ということです。そういう意味では、まさに「美的感覚に基づく運動が政治的意味を持つ」という時代に我々は入ってきているのだ、と。つまり、明確に論理的には形象しがたいような、「これは美しいだろうか、醜いだろうか」というような意味での、言語以前的なシンボル化されたかたちでしか表現がむずかしいような領域に関わってくるだろうと、私は思っているわけです。私がヘイドン・ホワイトのものを関心をもって受けとめているのは、そういう筋道に即してなのです（Hayden White, *Metahistory. The Historical Imagination in Nineteenth-Century Europe*, 1973）。

―― 今までは本質主義的なところに批判の根拠、運動の根拠をもっていたが、本質主義的なものに根拠をもたないところに可能性を見出していく、ということですね。

山之内 そうですね。〈旧社会運動〉というのは、何か自分たちの階級とか階層とか身分とか、そういうものを固定した上で、そういう階級や階層、身分というものが新社会のシステムの中でどういうふうに位置づけられるべきか、正当な権利を認められるべきかというかたちで組み立てられた運動でした。そうしたタイプの運動は今後もやられるし、大いにやるべきだと思うんですが、それだけではいつも必ず、〈国民国家的体制〉あるいは〈世界政府的体制〉でもいいんですが、そうしたものを強化していく運動を永遠化していくことになります。我々はもう、近代以来の我々の生活スタイルを根本から問い直すという次元にきているのだということ、このことが、メルッチがその著『現在に生きる遊牧民』の中で提示したメッセージだろうと、私は解釈しております。

解説　山之内靖と「総力戦体制」論をめぐって

成田龍一

0

山之内靖が総力戦体制論を構想し始めたのは、時代の大きな転換期である一九八〇年代の半ばのことであった。その直接的な契機は、日本の社会科学がこの時代の転換を捉える構想を構築しえないことに対する苛立ちであったかもしれない。

1

山之内は、戦後日本の社会科学を代表する大塚久雄のもとで学び、経済史の研究者としてスタートしたが、生涯にわたり思想を含めた社会科学全般への関心を持ち続けた。一九六〇年の安保闘争のときに大学院生活を送り、一九七〇年前後の時期には教員として学生運動と向き合い、歴史的な転換を自らの学問のなかにいかに取り込んでいくのか、という課題とつねに格闘してきた。

一九六〇年代は冷戦体制のさなかにあり、山之内は、歴史的分析と現状の考察を往還させ、日本と世界の幅広い事例に関心を持ち続けた。社会科学や思想の新しい流れにもいち早く取り組み、時代を批判するあらたな理論の構築をめざすとともに、現状の変化にともなってあらたな研究対象を設定し、たえず枠組みを模索していった。

山之内は、自らの各年代のステージにおいて、そのときどきの課題と真正面から向き合う議論を展開していっている。その一端として、山之内の翻訳に関与したものを概観するだけでも、多方面に及んでいることに驚かされる。

一九八七年のR・ドーア『イギリスの工場・日本の工場——労使関係の比較社会学』、一九九三年のM・J・ピオリとC・F・セーブル『第二の産業分水嶺』、一九九七年のメルッチ『現在に生きる遊牧民《ノマド》——新しい公共空間の創出に向けて』、二〇〇六年のデランティ『コミュニティ——グローバル化と社会理論の変容』、さらに二〇〇三年にはR・コーエンとP・ケネディ『グローバル・ソシオロジー』など、多岐にわたっている。

しかしこれらはその時々の日本の社会科学が直面した課題に向き合った結果であり、山之内の著作と重ね合わせるときに、日本の戦後社会科学が辿った軌跡が見えてくる。到達した自らの枠組みをより深めていくことが多い日本の学者のなかで、山之内は作り上げた枠組みに安住せず、たえず新しい課題を取り込んで時代への批判的な研究枠組みを追い求める、いまひとつの学者の型を示していたといえよう。

本書に収められる総力戦体制の考察は、自らの生まれ育った総力戦期の記憶と経験、そしてこれまでの研究の延長線上に、必然的に生まれたテーマであり、山之内の五〇代のプロジェクトから産み出されている。

2

まずは、山之内靖にとっての一九八〇年代半ばを、入口にしてみよう。一九八六年に刊行された『社会科学の現在』(未來社)の「あとがき」で、山之内は、

長い間、私は市民社会派の潮流の中にいて、特殊な構造性を負わされた近代日本を批判的に考察する視角として、西欧近代社会の理念化された像を基準としてきた。しかし、ほぼ一九七〇年代以来、近代西欧社会自体の巨大な構造変化に目を向けるようになり、近代から現代への移行という新たな視角を見定めねばならないと思う様になった。

と記し、『現代社会の歴史的位相』(日本評論社、一九八二年)をその「一応の解答」としている。一九七〇年代の思索をまとめあげたのがこの著作であり、その後、あらたな方向性を探ったものとして、『社会科学の現在』を提供したということとなる。

しかし、山之内はすぐにこの論文集を絶版とし、あらたに『ニーチェとヴェーバー』

（未來社、一九九三年）を提出するなど、大きな転換を伴う模索を繰り返していた。この模索のなかで、社会科学の方法の探究と併行して、総力戦体制論が追求されていったのである。

別言すれば、この時期の山之内の関心は「市民社会派の理論的盲点」の追求にあり、その答えを理論的に検討する一方、歴史的に総力戦のもとで進展した「社会科学の変質（パラダイムチェンジ）」に着目し、その双方をあわせて総力戦体制論として考察していくことにあった。

そうした議論の地平が見えてきたとき、山之内は、「一九九〇年代の私は、いわば一皮むけた」（「総力戦・グローバリゼーション・文化の政治学」『日本の社会科学とヴェーバー体験』筑摩書房、一九九九年）とまで述べている。一九八〇年代半ば以降の山之内にとって、これほど総力戦体制論が重要な位置を占めていた。

さきに記したように、山之内は、東京大学経済学部で大塚久雄に師事し、産業革命（世界資本主義）の考察から、その知的探究を出発させた。『イギリス産業革命の史的分析』（青木書店、一九六六年）は、このときの成果である。

続けて、山之内はマルクスの世界史認識の考察に向かい、『マルクス・エンゲルスの世界史像』（未來社、一九六九年）を上梓する。戦後の社会科学の圧倒的中心を占めていたマルクスの理論－その戦後的解釈に対する真正面からの検討である。アジア的生産様式に関わる論争や複線型の歴史発展段階論の隆盛など、当時の「発展途上国」への関心の高まりに照応して、マルクスの歴史認識に関してもさまざまな議論が展開されていたことへの山之内の応答といえよう。同じく大塚史学にあって、夭折した赤羽裕『低開発経済分析序説』（岩波書店、一九七一年）には、大きな共感を覚えたと語っている。注目すべきは、山之内の『マルクス・エンゲルスの世界史像』が「市民社会派」のマルクス理解とともに、それと共振し互いに補完関係にあった「戦後歴史学」への挑戦となった点である。

戦後社会－戦後思想の核心である「市民社会派」と「戦後歴史学」。その成果を存分に学びながら、その枠組みを検討するところに、山之内の出発がある。

その後、山之内の関心は初期のマルクスの考察へとむかい、一九七六年から七八年にかけ、「初期マルクスと市民社会像」と題し、マルクス『経済学・哲学草稿』を検討した論考を連載していく（『現代思想』一九七六年八月－七八年一月）。疎外論への着目であり、後期のマルクスを規準として考える哲学者・廣松渉との緊張関係を生み出しながらの営みであった。

この仕事は、のちに『受苦者のまなざし』（青土社、二〇〇四年）としてまとめあげられるが、さきの『現代社会の歴史的位相』もこの流れにあり、同書には「疎外論の再構成をめざして」という副題がつけられている。『現代社会の歴史的位相』では、のちのマルクスからは消えてしまった「フォイエルバッハのモーメント」に目を向ける。

さらに『現代社会の歴史的位相』では、ヴェーバーの主著『プロテスタンティズムの倫理と資本主義の精神』に着目しヴェーバーのあらたな解釈を試み、(大塚久雄に代表される)これまでのヴェーバー理解を批判し、パーソンズとシステム論を検討した。(マルクスとヴェーバーという)「市民社会派」と「戦後歴史学」の理論的支柱に対する、山之内なりの検討がこうして継続されていくのである。

このとき、山之内が疎外論に着目したのは、そこに一九七〇年代を軸とする世界理解が凝縮していると考えたためである。山之内は、「マルクスの体系的理解」そのものを目的とするのではなく、マルクス理論の全容を踏まえたうえで、なお「歴史的現実に対してマルクスの論議をどのように適用するか」(『受苦者のまなざし』)という点に重きを置く。これはマルクスの議論に留まらず、山之内が理論に向き合うときの姿勢に通じている。

一九八〇年代半ばは、いったん『現代社会の歴史的位相』で枠組みを提示した山之内の、さらなる模索がなされていく時期となる。この時期、山之内の関心は、あらたにニーチェにむかう。『社会科学の現在』、『ニーチェとヴェーバー』は、ニーチェを軸に社会科学を再検討しようとする試みとなっている。これは「ニーチェの筋道によるニーチェ批判」という性格を持つ、とも述べられている。

総力戦体制論は、こうした時期の山之内によって選びとられた主題にほかならない。総力戦体制とニーチェへの着目は、資本主義分析を軸として近代社会を考察していた山之内の関心と思考の大きな転換をうかがわせよう。「近代批判」と「現代社会」の考察の開始である。

あらためて、一九八〇年代の半ばを考えるとき、世界史的な巨大な転換の時期であることに思いが至る。一九八九年前後を旋回点とする冷戦体制の崩壊、すでに進行していた新たな知としての「現代思想」の活況、そして日本経済が爛熟しバブル化がはじまりはじけるのもこの時期のことであった。

この事態を、山之内は（近代社会から）現代社会への転換とみ、その起点を総力戦体制に求めていくのである。こうした探究の軌跡をかかえての、山之内の一九八〇年代半ばであった。総力戦体制論は、螺旋状に自らの思考を練り上げ、そのことによって自ら作り上げた思考を解体しつつさらにつくりなおして行く営みのひとこまとなっている。

3

総力戦体制論の提唱は、「戦時動員体制の比較史的考察――今日の日本を理解するために」（『世界』一九八八年四月、本書第2章）によってなされ、『総力戦と現代化』（柏書房、一九九五年）がひとつのまとめとなった。『世界』論文から『総力戦と現代化』をはさむ、およそ一五年間、山之内は総力戦体制論に集中していく。

総力戦体制論は、これまで「市民社会派」と「戦後歴史学」によって帝国主義の文脈で把握されていた戦争（第二次世界大戦－アジア・太平洋戦争）を、「総力戦」と規定しなおし、そのことを介しながら、歴史像の再解釈、歴史認識の転換、歴史分析の方法的検討をおこない、現在の位相をあらためて測り直すという意図を有していた。

山之内は、後述するように、総力戦体制論をプロジェクトとしてたちあげ、多くの国内・国外の研究者を巻き込んだ共同研究として組織し、まずはその成果を『総力戦と現代化』として提供した。山之内は、巻頭に「方法的序論——総力戦とシステム統合」（本書第3章）を寄せている。

『総力戦と現代化』は、「第一部　総力戦と構造変革」「第二部　総力戦と思想形成」「第三部　総力戦と社会統合」と構成され、「総力戦体制による社会の編成替え」を主張する。

私たちは、国民国家が第二次世界大戦期の総動員体制によって（階級社会から—註）社会のシステム統合という段階にいたりついたことを確認し、そのことを出発点として現代の問題性に取り組もうとした。（「編集方針について」）

総力戦体制論は、総力戦にともなう戦時総動員体制の形成を、社会的再編成の過程と把握し、そこで「現代化」が進行し、「階級社会からシステム社会」へ移行したとする認識をもつ。家族－市民社会－国家という近代社会が作り上げてきた領域区分が解体され、社会は「社会システムの全体的運営」という観点のもとに統合されるというのが、山之内の主張である。

総力戦体制のもとで進行するシステム社会化。ここでは、「階級利害の対立」は「制度的調整」の対象となり、国家的共同性に向かって社会の統合化が推し進められるものとして考えられる。「福祉国家は戦争国家」であり、「社会国家的な福祉体制」は、総力戦のもとでの「一つの理念」とさえなるとも、山之内は主張した。

こうした山之内の総力戦体制論は、三重構造となっている。すなわち、①理論的水準として「階級社会からシステム社会」への移行を指摘し、②歴史的考察として「戦時動員体制」の展開を具体的に描き出す。総力戦体制の過程で公・私の区別が曖昧となり、人びとはあらためて「国民」として把握されたうえで、戦争遂行の「合理化」が目指されるとするのである。

さらに、あわせて、③総力戦体制のもとで、（「危うさ」と「新しい水準」とを抱え込みながら）社会科学の知も転回したとする。山之内は、この三つの水準の複合した考察対象を総力戦体制論とし、その分析をおこなっていった。

とくに力が込められたのは、③の論点である。たとえば、大河内一男の戦時の営みが、

「参加と動員」――「戦時動員体制の合理的設計に参画することを決意した」(「戦時期の遺産とその両義性」、本書第5章)という観点から俎上に載せられる。大河内は総力戦が階級関係を越え、あるべき社会政策を「現実」のものたらしめる環境となっていると認識し、それによって「大きく方向転換」したと、山之内は主張する。「近代の原点」をなしていたはずの「個人」から離れ、(大河内はあらたに)「社会的なシステムの総体」という立場を選択したというのである。

総力戦体制下に「国家の性格」に変化が生じた、と認識する大河内の評価替えを指摘するのだが、山之内がここに見出すのは「戦時期知識人」の「理論的転身」である――「社会科学は、いまや、社会の運営をその外側に立って観察するものではなくなり、社会システムの機能的運行においてその役割を担う装置の一つとして位置づけられた」(「日本の社会科学とヴェーバー体験」、本書第6章)。

むろん、こうした知識人の「転身」ないし「転回」は、従来から着目されており、大河内のばあいも「転向」として取り上げられていた。しかし「例外的ケース」とされてきており(石田雄『日本の社会科学』東京大学出版会、一九八四年、など)、逆にそれに対し山之内は、この転身の方向こそが主潮流をなすと主張したのである。

この論点は、「市民社会派」の論理的・歴史的検討となった。大河内をはじめ、大塚久雄、丸山眞男らの主導のもとの戦後プロジェクトは、あらためて戦時プロジェクトの戦後的理解によるものと位置づけられる。山之内は、(「市民社会派」の自己像のような)戦後における画期ではなく、(総力戦体制論として)戦時における画期を見出そうとする。

こうして、戦時期に起こった変化を「社会科学の変質」とし、①「市民社会派」はこのことに「無自覚」であったこと(戦時転向ではなく、戦後転向)をいい、反転して②自らの営みは、この点を踏まえたうえでのさらなる「市民社会派」批判であるとした。したがって、③あらためて大河内の主張、および大塚、丸山の理解を「近代への懐疑」(「近代の超克」)を軸に再構成して見せるのが、山之内の総力戦体制論の要となった。

いまひとつ、総力戦体制論は、戦争を「戦闘」から切り離し、社会編成‐システムとして把握したことが挙げられる。そのうえで、スターリニズム、ニューディール、ファシズムを併置し、総体としての近代を批判していくことを提唱する。現代史を、ファシズムとニューディールの「対決」として描きだすよりも以前に、総力戦体制による「社会の編成替え」として把握し、「ファシズム型」と「ニューディール型」の相違を、総力戦体制による社会的編成替えの分析のなかの「内部の下位区分」とするのである。

これは、戦時の評価をめぐる議論であるが、同時に、戦後における戦時評価の基準をめぐっての論争であり、戦後といまの歴史的位置をめぐる問いかけに他ならない。

山之内にみられるのは、戦時下における「合理性」の議論は、抵抗ではなく戦時動員の局面であり、その動員に代表される戦時の「合理性」が、戦後を作りあげていったという認識である。この観点によって、戦時‐戦後の連続／断絶に留まらず、断絶を支えてきた認識と方法そのものを問うことが、山之内の総力戦体制論の根幹をなしていく。

　このように「市民社会派」を歴史的・論理的、戦時の行為・戦後の解釈と、二重三重に複合的な批判を展開するところに、山之内による総力戦体制論の主張がある。「市民社会派」の評価とともに、「市民社会派」の描きだした歴史像、「市民社会派」の歴史認識が、総力戦体制論によって反転してしまうということである。「市民社会派」が戦時の抵抗を貫き、戦後を導き、戦後民主化を推進したという構図と歴史像、それを支える歴史認識に対する真っ向からの挑戦となっている。

　他方、山之内は、戦闘が終了しても、総力戦下でのシステム統合は継続し、現代社会のシステム統合がなされたと解析し、ここから総力戦体制論のいまひとつの主張が導きだされる。すなわち、戦時‐戦後の断絶／連続説に対し、あらたにネオ連続説を唱え、一九四五年八月で歴史を切断せず、その連続性に着目を促した。

　こうした総力戦体制の認識は、これまで議論されていた日本の「特殊性」ではなく、日本を「普遍性」の文脈で把握することに通じている。日本の「特殊性」が戦争に行きついたとするのではなく、合理性という「普遍性」を戦争のなかに見出そうとする。したがって、ここにみられるのは、総力戦を遂行していく「近代」に対する批判‐「近代批判」（山之内は、ときに「近代の超克」といういい方もしている）であり、これまで近代批判とされていたのは「近代化」批判であったと指摘することともなった。

「市民社会派」と「戦後歴史学」が、「ヨーロッパ近代」をモデル化しているという認識にもとづく批判だが、山之内は、パーソンズ、フランクフルト学派の議論を念頭に置き、市民社会がそれ自体の転回のなかでシステム社会へと「変質」したとの見解を示す。すなわち、近代そのものの根拠のうちに「全体主義化や再封建化」の傾向が「内包」されていること、そしてマルクスもヴェーバーも「ヨーロッパ近代」をモデル化したのではなく、近代のもつ「合理性」を批判し、そこから生ずるものとして疎外を論じた、という解釈を示すのである。

大きな論理‐認識の枠組みとして出された総力戦体制論は、したがって戦後の認識‐戦後史の過程を批判するものであった。いくらか誤解を招くいい方になるが、総力戦体制論は、「市民社会派」と「戦後歴史学」が描きだした図と地を逆転する営みであった。

かかる戦後批判としての総力戦体制論は、一九四〇年体制論（野口悠紀雄『1940年体制』東洋経済新報社、一九九五年）と差異を有することにも、言及しておく必要があるだろう。野口は、副題に「さらば戦時経済」といい、現時が「戦時経済」からの転換期にあることをいう。総力戦にともなう戦時体制が、戦後の日本経済に大きく関与し「日本型経済システム」が戦時期に誕生したとの認識が背後にある。

山之内が戦時と戦後を貫く総力戦体制を否定的に把握するのに対し、野口は四〇年体制が高度経済成長を実現し支えたと肯定的にいう。そして、次の日本経済の将来の展望をひらくため、そこからの脱却時期として、九〇年代を位置づける見解を示した。さらに山之内と野口とは、その評価とともに、野口がこの時期を「特殊」な時期と把握している点に差異をもつ。

4

山之内が提起した総力戦体制論の意義と特徴は、一九八〇年代の日本と世界のありようの変化と、それにともなう「知」の変化を見据えたあらたな社会理論の構築ということにある。

「日本」に焦点を当てれば、「戦後」から離陸し、これまで「西洋」にモデルを求めていた状況から、逆に「日本」がモデルとされる様相が生じてきた（たとえば、さきのロナルド・ドーア『イギリスの工場・日本の工場』など）。また、併行して、ポスト・モダンの議論がさかんになった。

他方、「世界」では、戦後の国際関係を規定していた冷戦体制が崩壊し、社会科学を含むこれまでの知の営みが冷戦体制－戦後の価値軸にもとづくものであったことが露呈し、そのこと自体の歴史化の必要性を促した。その双方をにらんでの総力戦体制論であった。

こうして、総力戦体制論は冷戦崩壊の予感のもとでの議論であったが、一九九〇年前後とあわせ「六八年」の総括という局面ももっていよう。講座派批判、「市民社会派」批判、近代批判であり、戦後思想の総批判である。

このことは、山之内の総力戦体制論が、『総力戦と現代化』とともに、『ナショナリティの脱構築』(柏書房、一九九六年)とセットであったことに示されている。酒井直樹、伊豫谷登士翁、ブレット・ド・バリーが編集する『ナショナリティの脱構築』は、酒井直樹の序論(「ナショナリティと母(国)語の政治」)のあと、「第1部　ナショナリズムとコロニアリズム」「第2部　表象としてのナショナリティ」「第3部　ナショナリティの現在」のもとで一〇本の論文がならぶ。現時のナショナリズムを、歴史をふまえつつ政治、文学、社会思想などの面から関係的に取り上げ、批判的な考察を展開する。『総力戦と現代化』とあわせ、山之内は、こうしてナショナリズム–国民国家と結びついて展開されてきた社会科学への批判を図る。総力戦体制論は社会科学の学知への批判的総括でもあった。

共同研究として実践されてきたということを、総力戦体制論のいまひとつの特徴として挙げることができよう。山之内の提唱のもとに集まったのは、①日本に在住する「日本研究」者のほか、アメリカにおける日本研究者を核とし、そのほかドイツの日本研究者、さらに比較の視点から、各地のドイツ研究者も参加している。のちには、オーストラリア、中国、韓国、カナダ、フランス在住の研究者へと広がっていった。

この広がりを「国境」という境界の越境とすれば、②専門分野の越境も図られた。すなわち、山之内の専攻する経済学・経済史のほか、政治学、歴史学、教育学、社会学から、哲学・社会思想、文学研究まで、人文学・社会科学に大きく開かれていった。共同研究としての総力戦体制論は、それぞれの「学知」を持ち寄るとともに、その「学知」のもつ制度性、そこに由来する自明性を、あらためて検討する作業ともなった。

必然的にこの共同研究は、③大学という制度を越えた知的な共同体の営みとなり、山之内の周囲は「知の梁山泊」の如き活況を呈していた。頻繁にゲストを招いての研究会がおこなわれ、海外からの論者を交えたシンポジウムが開催されるとともに、毎年、チームを組んでアメリカを中心に世界各地へも出かけ、議論を行っていた。おりしも、アメリカの日本研究があらたな展開をみせる時期であり、その中心にいたコーネル大学の酒井直樹、ブレット・ド・バリー、ビクター・コシュマンは、アメリカでの総力戦論の担い手となった。

そのほか、キャロル・グラック（コロンビア大学）、ハリー・ハルトゥーニアン（ニューヨーク大学）、アンドルー・ゴードン（ハーバード大学）、テッサ・モーリス＝スズキ（オーストラリア国立大学）、タカシ・フジタニ、リサ・ヨネヤマ（当時、カリフォルニア大学）ら気鋭の日本研究者と連動しながら、総力戦体制論は展開されていった。また、ドイツのドイツ研究者として、ミヒャエル・プリンツ（ウェストファリア地域史研究所）らも加わり、比較の軸を複数化していった。

これは、総力戦体制論を海外にも発信したということである。『総力戦と現代化』の英文版は、一九九八年にコーネル大学出版会から刊行されている（*Total War and "Modernization"*, East Asia Program, Cornell University, 1998, Ithaca）。「日本」を事例とした考察から、とくにアメリカをはじめとする世界への発信であった。

認識としては、「日本の特殊性」ではなく、普遍性、そのことに伴う近代批判、そこから導き出される現代日本論――現代社会へのシステムの考察へとむかうことになる。

地方、総力戦体制論は、「少国民」として戦時期を送った山之内が、戦後史の描き方を問いかけたという側面を有している。徐々にあきらかにされるのだが、軍人を父に持つという自分史の検証ともなっている。だが、そのことを支えるのが、「現在」の認識からの出発であり、それを「学知」批判の「学知」とした山之内の強靭な論理であったことは確認しておかなければならないであろう。

5

山之内の総力戦体制論はさまざまな意味において、戦後における戦争認識と対立するものであった。いや、正確にいいなおせば、戦後－近代－講座派の見解に準拠する（「市民社会派」と「戦後歴史学」の）戦争観に対しての挑戦であり、論争である。

したがって総力戦体制論が提起されたとき、その対応は大きく二つに分かれた。第一は、（総力戦体制論の枠組みに批判的な見解をもつ）歴史学界主流との議論である。そのひとつとして、一九九六年五月に『総力戦と現代化』の合評会がおこなわれた。そして、このときの議論をもとに『年報日本現代史』「総力戦・ファシズムと現代史」（第三号、一九九七年）が提供される。

そのなかで、赤澤史朗は合評会に対し「まことに近来希に見るとも言える白熱した論争が展開され」「当初予定していた終了時刻を延長しても、なお議論が尽きないほどであった」と記している。赤澤は「日本近現代史の分野で基本的な枠組みの認識に関する論議を実りあるものにしたい」と、「総力戦体制をどうとらえるか」の特集意図を記している。赤澤をはじめ、執筆に係わった面々も真正面からの議論を展開している。

第二は、（総力戦体制論の問題提起を受けたうえで批判的見解を示す）社会学・経済学などの領域との議論である。座談会「空間・戦争・資本主義」（山之内＋岩崎稔＋米谷匡史、『現代思想』一九九九年一二月）は総力戦体制論の意義を評価しつつ、植民地論（外部）が欠如していることを指摘した。帝国分析としての不充分さの指摘でもある。

こうした議論を経たうえでの評価として、上野千鶴子『ナショナリズムとジェンダー』（青土社、一九九八年）と、吉田裕「近現代史への招待」（『岩波講座　日本歴史』近現代1、岩波書店、二〇一四年）をあげておこう。

上野は、山之内の議論をネオ連続説と認めて評価する一方、システム社会化の指摘には疑義を呈し、評価を保留する。上野が問いかけるのは、国民国家論と総力戦論の関係でもある。

他方、吉田は、ここ二〇年の近現代日本史研究の総括をおこなうなかで、「国民国家論」「総力戦体制論」「明治時代の評価」そして「歴史学における認識論」をとりあげ、総力戦体制論が、従来のファシズム論の文脈での議論と異なる「新たな視角を提示」し、近現代史研究に「新たな地平を切り開くこととなった」と評価した。

そのうえで、吉田は、総力戦の過程で、格差の是正や社会の平準化が一方的に進行するのではないこと、いつ、どのレベルで決定的な転換があったかがあいまいであるとも指摘した。

総力戦体制論はこうしてひとつの解釈枠組み、歴史的問題設定――パラダイムとして受けとめられ、議論の対象となっていた。しかし、山之内の関心は「現代」という「システム社会」との両輪であったため、総力戦体制論を主軸とした論文集は編まれなかった。主要論文は『システム社会の現代的位相』（岩波書店、一九九六年）と『日本の社会科学とヴェーバー体験』（筑摩書房、一九九九年）とに分散されている。

本論集は、そうしたなか、両著に収められなかった論考も含めて、山之内の総力戦体制論をあらためて提供することになる。

6

この後の山之内の思索について簡単に触れておこう。このあと山之内は、「新しい社会運動」とグローバリゼーションを直接の対象とし、環境問題と「受苦的人間」――ハイデガーへ関心を推移させ、さらなる探究を続けていく。「総力戦体制を経過することにより資本主義世界中心部の社会システムは対抗的利害の統合に向かった」という認識のもと、「近代の生活原理」を根拠とするのではなく、その革命性のなかに「疎外に向かう転倒的意識の動因」「官僚制的合理化に向かう形式性の動機」を探ろうとする。

一九七〇年代に入っての変化に次ぐ、一九八〇年代末の資本主義システムの再度の変容をみてとり、

資本主義システムは、総力戦状況のもとで経験した変質を第一とした場合、グローバリゼーションに直面して第二の変質を経験しようとしている。

という。「巨大な戦時動員」―総力戦体制によってつくりだされた社会のシステム統合

こそが、グローバリゼーションにとってもその基盤となるとし、「二つの世界大戦とその動員体制が用意した国民国家的統合は、その軍事力ともども、グローバリゼーションの時代の世界システムへと遺産継承される」との認識を示す。

山之内は、グローバリゼーションと呼ばれてきた事象を明らかにするだけではなく、現代という時代におけるナショナルを越える新たな事象を明らかにするために、再度、これまでの社会科学の分析枠組みを問い直そうとした。グローバリゼーション研究を通して、日本、さらには「西洋」中心の社会科学に対して挑戦する姿が見られる。近代的な知のあり方の限界を明らかにするとともに、近代と呼ばれた時代の転換としてのグローバリゼーションの歴史性を再考する姿勢が見て取れる。

近代社会の新たな解釈を経て、それを現代社会への批判的考察へと展開することが、山之内の一貫した問題意識であった。その大きなプロジェクトのひとつとしての総力戦体制論であったが、さらに状況とともに課題を再設定し、自らの理論を検証し、あらたな地平を探っていくのである。

山之内が理論的主柱としたのは、「市民社会派社会科学」——「毛沢東的マルクス主義」——「ヴェーバー・パーソンズ・マルクス」——「ニーチェとハイデガー」であり、ある時期からは「市民社会派社会科学」を批判するために、「市民社会派社会科学」の理論的根拠を再解釈し、自らの枠組みを壊していった。その軌跡は、戦後日本の社会科学そのものの軌跡に重なっているようにみえる。

本書は、補論を除いて、山之内が目を通した最後の版を底本とした。しかし、第3章「方法的序論」に限っては、初出の『総力戦と現代化』から採った。この論考をもとに多くの議論がなされてきたことを、その理由としている。また、編者の責任において、あきらかな誤記・誤植を訂正するとともに、最低限の表記の統一をはかったが、その他は底本の表記に従っている。

初出一覧

第1章 「総力戦の時代」(『世界』臨時増刊、岩波書店、一九九七年四月号所収。山之内靖『日本の社会科学とヴェーバー体験』筑摩書房、一九九九年への再録稿を底本とする)

第2章 「戦時動員体制の比較史的考察——今日の日本を理解するために」(『世界』岩波書店、一九八八年四月号所収。前掲『日本の社会科学とヴェーバー体験』への再録稿を底本とする)

第3章 「方法的序論——総力戦とシステム統合」(山之内靖、成田龍一、V・コシュマン編『総力戦と現代化』柏書房、一九九五年所収)

第4章 「戦時期の社会政策論」(『社会政策学会一〇〇年』啓文社、一九九八年所収。前掲『日本の社会科学とヴェーバー体験』への再録稿を底本とする)

第5章 「戦時期の遺産とその両義性」(『岩波講座　社会科学の方法』第Ⅲ巻「日本社会科学の思想」岩波書店、一九九三年所収)

第6章 「日本の社会科学とヴェーバー体験——総力戦の記憶を中心に」(『現代思想』青土社、一九九九年五月号所収。前掲『日本の社会科学とヴェーバー体験』への再録稿を底本とする)

第7章 「一九三〇年代と社会哲学の危機」(『思想』岩波書店、二〇〇〇年一一月号所収)

第8章　「総力戦体制からグローバリゼーションへ」（山之内靖・酒井直樹編『総力戦体制からグローバリゼーションへ』平凡社、二〇〇三年所収）

補　論　「特別インタヴュー　総力戦・国民国家・システム社会」（聞き手　大内裕和・成田龍一、『現代思想』青土社、一九九六年六月号所収）

本書は「ちくま学芸文庫」のために新たに編集したものである。

ちくま学芸文庫

総力戦体制《そうりょくせんたいせい》

二〇一五年一月　十　日　第一刷発行
二〇二〇年九月二十五日　第二刷発行

著　者　山之内靖（やまのうち・やすし）
編　者　伊豫谷登士翁（いよたに・としお）
成田龍一（なりた・りゅういち）
岩崎稔（いわさき・みのる）

発行者　喜入冬子
発行所　株式会社　筑摩書房
東京都台東区蔵前二―五―三　〒一一一―八七五五
電話番号　〇三―五六八七―二六〇一（代表）

装幀者　安野光雅
印刷所　中央精版印刷株式会社
製本所　中央精版印刷株式会社

ISBN978-4-480-09649-4 C0131